W. Clement Stone

DER UNFEHLBARE WEG
ZUM ERFOLG

THE SUCCESS SYSTEM THAT NEVER FAILS
Original English language edition published by Prentice Hall, Inc.,
Englewood Cliffs, N.J., Copyright © 1962
by W. Clement Stone

Deutsche und französische Ausgabe bei Ariston Verlag/Genf
Alle Rechte, auch die des auszugsweisen Nachdrucks und jeglicher Wiedergabe, vorbehalten.
4. Auflage
Printed in Germany 1981
ISBN 3 7205 1003 4

W. Clement Stone

DER
UNFEHLBARE WEG
ZUM ERFOLG

ARISTON VERLAG · GENF

IHNEN UND ALLEN, DIE
DIE WAHREN REICHTÜMER
DES LEBENS SUCHEN

Inhaltsverzeichnis

	Seite
Einführung	11

Teil I: DIE SUCHE BEGINNT

Kapitel 1: *Ein kleiner Junge beginnt die Suche* 17

    Die Suche des Jungen geht weiter 19
    Der Aufstieg 20
    Ein Entschluß ist nur von Bedeutung, wenn er ausgeführt wird . 22
    Geben Sie nie auf, ehe das Ziel erreicht ist 23
    Zusammenfassung 24

Kapitel 2: *Bereit für das Morgen* 25

    Sichern Sie sich den Gegenwert 25
    Leisten Sie zweimal so viel in der Hälfte der Zeit 27
    Denken Sie selbständig 28
    Wie ich Scheu und Furchtsamkeit überwand 29
    Wie man Sicherheit gewinnt 30
    Den rechten Zeitpunkt erkennen 31
    Wie man einen anderen dazu bringt zuzuhören 32
    Spielen Sie, um zu gewinnen 32
    Warum ich Erfolg hatte 34
    Was bedeutet dies für Sie? 34
    Zusammenfassung 35

Kapitel 3: *Selbsterkenntnis und Selbstvervollkommnung* 37

    Auf die geistige Einstellung kommt es an 38
    Machen Sie Inventur 39
    Er entwickelte einen Zeitverwendungsanzeiger . . . und strebte nach
    Selbstvervollkommnung 41
    Willenskraft 44
    Der Verstand ist das Tor zur Seele 45
    Reißen Sie die unsichtbaren Mauern nieder 46
    Machen Sie etwas aus sich selbst 47
    Zusammenfassung 48

Kapitel 4: *Lassen Sie Ihre Zukunft nicht hinter sich liegen* 49

    Liegt Ihre Zukunft hinter Ihnen? 50
    Er ließ seine Zukunft hinter sich liegen 51

Inhaltsverzeichnis

Seite

Wie man sich selbst überwindet	51
Tun Sie das Rechte, weil es das Richtige ist	52
Von Armut zu Reichtum	54
Die richtige Einstellung und die Inspiration der Unzufriedenheit	55
Wo Dr. Joe ist, da ist Gott	56
Der Segen der Arbeit	57
Zusammenfassung	58

Teil II: DER WEG ZUM SCHATZ

Kapitel 5: Erfolg ist leichter als Mißerfolg 61

Erfolg erfordert weniger Arbeit als Mißerfolg	62
Ich lernte viel über wenig	63
Kurzer Erfolg, dauernder Mißerfolg	65
Tun Sie das, wovor Sie sich fürchten	66
Die Tür, vor der ich Angst hatte	67
Kurzer Mißerfolg, dauernder Erfolg	69
Wie man findet, wonach man sucht	71
Zusammenfassung	73

Kapitel 6: Schlagen Sie den richtigen Kurs ein 75

»Wissen-Wo«	75
Er verwandelte eine Niederlage in einen Sieg	76
Übung nimmt jede Hürde	77
Drei sind nicht drei, wenn einer fehlt	78
Vom Erfolg zum Mißerfolg	79
»Sie haben Rückgrat...Sie sind der Mann, den wir brauchen!«	80
Man braucht nicht alle Antworten zu kennen	83
Der wichtigste Bestandteil des Erfolgs	84
Zusammenfassung	84

Kapitel 7: Die Triebkraft 85

Eine Vereinigung von Gefühlen verstärkt die Triebkraft	85
Die größte aller Triebkräfte	86
Setzen Sie sich ein Ziel und verwirklichen Sie es	88
Sprechen Sie das Gefühl an	89
Der Glaube gibt Kraft	89
Inspiration zeigt den Weg	91
Seien Sie ein »Selbststarter«	93
Zusammenfassung	94

Teil III: EINE EREIGNISREICHE REISE

Kapitel 8: Ich sammelte eine gute Mannschaft 97

Haben Sie den Mut, das Unbekannte zu tun	98
Schaffen Sie die nötige Grundlage	99

Seite

        Ein heißes Würstchen und ein Glas Milch 101
        Sammeln Sie Ihre Kräfte 102
        Ich beschloß, mich zu vervielfältigen 102
        Bitten Sie den um Rat, der Ihnen helfen kann 104
        Es ist nie zu spät zum Lernen 106
        Zusammenfassung 107

Kapitel 9: Wir überstanden den Sturm 109

        Das einzige, was zu fürchten ist, ist die Furcht selbst 109
        Das Ziel des Lebens ist das Leben selbst 110
        Rüsten Sie sich für den Kampf 112
        Lernen Sie aus den Erfahrungen anderer 112
        Ich nahm mein Problem in Angriff 114
        Was ich nicht wußte 116
        Meine Notlage zwang mich zu handeln 117
        Versuch und Erfolg 118
        Charakter ... Einstellung ... Lernbereitschaft 119
        Ihre geistige Einstellung machte sie zu Versagern 121
        Zusammenfassung 122

Kapitel 10: Man muß nur wissen wie 123

        Begeisterung ist ansteckend 124
        Ich hatte ein Problem 125
        Geplanter Erfolg 126
        Erfolg braucht eine passende Umwelt 129
        Verwandeln Sie jeden Nachteil in einen Vorteil 130
        Die erstaunliche Entdeckung 131
        Das Verkaufslogbuch 132
        Zusammenfassung 132

Kapitel 11: Geheimnisvolle Quellen der Kraft 133

        Ihre Gebete wurden erhört 133
        Der Mann mit den Radaraugen 134
        Die verborgenen Kanäle des Geistes 135
        Vorhersagen 136
        Zyklen 137
        Wachstumstendenzen 139
        Befreien Sie sich von jeder Sklaverei 143
        Zusammenfassung 144

Kapitel 12: Der Weg allen Fleisches 145

        Gibt es ein Mittel gegen Vererbung? 147
        Suggestion führt in Versuchung ... Suggestion schützt vor Unrecht ... 147
        Zusammengehörigkeit 149
        Der Verräter 152
        Rüsten Sie sich schon jetzt zum Widerstand 153
        Zusammenfassung 154

Inhaltsverzeichnis

Seite

Kapitel 13: Der Weg zum Ziel 155

    Beschaffen Sie sich selbst den Posten, den Sie wünschen 156
    Es lohnt sich zu studieren, zu lernen und ein Erfolgssystem anzuwenden 158
    Er schmiedete eine Kette ohne Ende 158
    Die Anziehungskraft guter Mitarbeiter 159
    Das seltsamste aller Bücher 159
    Denke nach und werde reich 160
    Ein Brocken Kohle ... und noch mehr 162
    Der Weg zum Ziel ist nunmehr klar 163
    Eine Lebensphilosophie 164
    Zusammenfassung 167

Teil IV: WOHLSTAND UND DIE WAHREN REICHTÜMER DES LEBENS

Kapitel 14: Die Grundlagen des Wohlstandes 171

    Unser großes Erbe 171
    Wie Wohlstand entsteht 172
    Steuern sind gut 174
    Der Reichtum der Nationen 176
    Schenken führt zu vermehrtem Wohlstand 178
    Die internationalen Zahlungsbilanzen 178
    Ein schnellerer Sieg im kalten Krieg 179
    Ihre Chancen, reich zu werden 180
    Zusammenfassung 180

Kapitel 15: Wie man den Ehrgeiz weckt 181

    Jeder Mensch braucht einen Lebensinhalt 182
    Wie ich ihm neuen Auftrieb gab 183
    Träume werden wahr 184
    Der Reiz der Romantik 186
    Wecken Sie den Ehrgeiz mit Hilfe des unfehlbaren Erfolgssystems 189
    Wie werde ich besser in der Schule? 190
    Wie man eine Stellung findet 191
    Zusammenfassung 192

Kapitel 16: Begabte Menschen werden erzogen, nicht geboren ... 193

    Sind Sie begabt? 193
    Kommentare zu den Meinungen der Fachleute 197
    Motive sind von größter Bedeutung 198
    Machen Sie Bekanntschaft mit einem potentiellen Genie 198
    Sie können Ihren Intelligenzquotienten verbessern 199
    Zusammenfassung 200

Seite

Kapitel 17: Die Macht, die den Lauf des Schicksals ändert 201

    Nützen Sie die Macht, die den Lauf des Schicksals ändert . . . 202
    Streng' deine Birne an 203
    Ein brennender Wunsch ließ ihn das Falsche tun 204
    Seine ethischen Wertmaßstäbe geboten ihm nicht Einhalt 205
    Hohe Wertmaßstäbe schützen vor strafbaren Handlungen . . . 206
    Hohe, unverletzliche Wertmaßstäbe machen schlechte Suggestionen unwirksam 207
    Wie man die Macht entwickelt, die den Lauf des Schicksals ändert 209
    Zusammenfassung 210

Kapitel 18: Die wahren Reichtümer des Lebens 211

    Was sind die wahren Reichtümer des Lebens? 212
    Die schönen Künste und die wahren Reichtümer des Lebens . . 216
    Er läßt andere Anteil haben an seiner Liebe zur Musik und findet wahren Reichtum 219
    Zusammenfassung 221

Teil V: WIR SIND AM ZIEL

Kapitel 19: Der Erfolganzeiger bringt Erfolg 225

    Vorzeichen 226
    Der Geisinger Indikator 226
    Verständnis und Anwendung 227
    Der Zeitverwendungsanzeiger und das unfehlbare Erfolgssystem . 228
    Ohne Nachprüfen kein Erfolg! 233
    Seien Sie ehrlich mit sich selbst 235
    An Ihnen liegt es! 235
    Zusammenfassung 236

Kapitel 20: Der Verfasser als sein eigener Kritiker 237

    Mein Geist hat sich geöffnet 238
    Erweitern Sie Ihren Gesichtskreis 239
    Der strenge Erzieher mit dem guten Herzen 240
    Zusammenfassung 241
    Der Schatz ist gefunden 241

Einführung

Gibt es wirklich ein Erfolgssystem?

»Ein kleiner Tropfen Tinte wird zu einem Gedanken, der Tausende, ja vielleicht sogar Millionen beschäftigt«, schrieb Byron in seinem Buch »Don Juan«. Was aber das Denken dieser Millionen vor allem beschäftigt, ist die Suche nach Erfolg in ihren persönlichen, familiären und geschäftlichen Angelegenheiten.
Heute, in diesem Augenblick und überall auf der Welt gibt es Menschen, die sich Gedanken darüber machen, wie sie sich vervollkommnen und ihre Ziele erreichen können.
Viele werden das Geheimnis, das sie zu großen Leistungen anspornt, auf dem Grunde ihres Herzens oder in den Tiefen ihrer Seele finden. Die meisten von ihnen aber werden fortfahren zu denken, zu träumen und zu wünschen. Und eines Tages werden sie voll Entsetzen erwachen und feststellen, daß sie immer noch an derselben Stelle stehen, wo ihre Jugendträume begonnen hatten. Jetzt aber sind ihre Träume verflogen, und sie fragen sich, warum.

Jeder Mensch hat Wünsche

Gleichgültig was es im einzelnen sein mag: Geld, eine Pension, Achtung, eine ganz besondere Leistung, eine Chance, der Menschheit einen Dienst zu leisten, Liebe, glückliches Ehe- und Familienleben — jeder Mensch sehnt sich nach irgendeiner Art von Erfüllung, nach Erfolg in irgendeiner Form. Glücklich zu sein... gesund zu sein... reich zu sein... und die wahren Reichtümer des Lebens zu erringen — dies ist es, was sich jeder Mensch wünscht. Und diese Sehnsüchte sind uns Ansporn zum Handeln.
Sie und ich bilden keine Ausnahme. Sie haben die gleichen Aussichten wie andere Männer und Frauen, ob hoch oder niedrig, Erfolg oder

Mißerfolg zu haben in dieser Welt unbegrenzter Möglichkeiten, wo viele ihre guten Wünsche verwirklicht haben — und wo andere am Wegrand zurückgeblieben sind.
Warum gelingt es dem einen und mißlingt es dem anderen? Es gibt eine Antwort auf diese Frage, und sie ist in diesem Buch zu finden.
Denn es gibt Formeln, Rezepte, Vorschriften — Regeln, Grundsätze, Systeme — ja, wenn Sie wollen, genaue Landkarten —, deren richtige Beachtung und Befolgung diejenigen zu den guten Dingen dieses Lebens führen, die danach suchen. In vielen Fällen sind die Regeln des Erfolgs so einfach und augenscheinlich, daß man sie übersieht. Wenn Sie aber danach suchen, können auch Sie sie finden.
Und auf dieser Suche machen Sie eine wundervolle Erfahrung: Sie erwerben Wissen... Sie gewinnen Erfahrung... Sie finden Erleuchtung. Und dann werden die Bestandteile des Erfolges vor Ihnen liegen.

In diesem Hause

Kürzlich nahm ich eine Einladung an, ein privates Kinderkrankenhaus in Kentucky zu besuchen. Ich hatte gehört, daß Dr. Lorraine Golden, die Leiterin, ihre überaus einträgliche Privatpraxis aufgegeben hatte, um mit Hilfe ihrer Begabung, ihrer Erfahrung und der Unterstützung einer höheren Macht verkrüppelte und gelähmte Kinder zu heilen, so daß sie wieder gehen konnten.
Auf meinem Gang durch die Klinik bemerkte ich, daß alles vor Sauberkeit glänzte. Ich blieb bei einem kleinen Mädchen stehen, das in einem Stuhl saß.
»Wie heißt du?« fragte ich sanft.
»Jenny«, antwortete sie.
Die Mutter des Mädchens saß daneben, und so bat ich sie, mir von Jenny zu erzählen.
Die Mutter blickte mir tief in die Augen, als sie sagte: »Jenny ist sechs Jahre alt. Die ersten vier Jahre ihres Lebens war sie ein Krüppel und konnte nicht gehen. Wir hatten kein Geld, und deshalb brachte ich sie hierher. Dr. Golden sagte mir, daß Jenny ein Nervenleiden habe. Jetzt kann Jenny gehen.«
Die Mutter zögerte. An ihrem Gesicht sah ich, daß sie noch etwas sagen wollte — etwas Persönliches. Ich wartete.
»Mr. Stone... ich muß Ihnen das sagen...« Ihre Stimme stockte. Und

dann sprach sie es aus: »Abgesehen von meiner Kirche ist dies das einzige Haus, in dem ich die Gegenwart Gottes fühle.«
Während ihrer letzten Worte hielt sie den Kopf gesenkt, wie um ihre Gefühlsbewegung, vielleicht auch eine Träne, zu verbergen. Jenny, das kleine Kind, das die ersten vier Jahre seines Lebens nicht hatte laufen können, ging zu seiner Mutter hinüber, legte die Arme um ihren Hals und küßte sie.
Als ich meinen Weg durch die Klinik fortsetzte, kam mir zu Bewußtsein, daß es Dr. Goldens heiße Sehnsucht gewesen war, der die »Kentuckiana« ihre Existenz verdankte. Es war ein großzügiger, selbstaufopfernder Traum, der nach Verwirklichung drängte. Um aber zu einer treibenden Kraft zu werden, muß sich eine solche Sehnsucht mit Ehrgeiz und Unternehmungslust verbinden.

Der Wunsch ist die Wurzel aller menschlichen Leistung

Wie entwickelt man Ehrgeiz, wenn man nicht ehrgeizig ist? Wie entwickelt man Unternehmungslust, wenn man nicht unternehmungslustig ist? Wie soll man sich selbst oder andere zum Handeln bewegen? Diese Fragen wurden mir oft von Menschen aller Gesellschaftsschichten gestellt: von Eltern, Lehrern, Geistlichen, Vertretern, Verkaufsleitern, leitenden Angestellten — und auch von Schülern und Studenten.
»Erwecken Sie zunächst einmal den Wunsch«, ist meine Antwort darauf. Wie soll man aber beginnen? Was ist zu tun? Die Antwort auf diese Fragen wird sich von selbst ergeben, wenn Sie weiterlesen.
Denken Sie immer daran: Jeder Wunsch hat eine magische Wirkung, ganz wie die Geschicklichkeit eines Zauberers eine magische Wirkung besitzt. Und diese Geschicklichkeit hat drei feste Bestandteile. Tatsächlich hängt der dauernde Erfolg jeder Art menschlicher Tätigkeit immer von diesen drei wichtigen Bestandteilen ab. Das habe ich gelernt. Und das habe ich auch bewiesen, als ich mein unfehlbares Verkaufssystem entwickelte, dem ich später eine erstaunliche Entdeckung verdankte... das unfehlbare Erfolgssystem.

Ein Leben im Überfluß liegt vor Ihnen

Ich habe gesehen, wie sich die Grundregeln des Erfolges im Leben von Hunderten von Männern und Frauen, in allen möglichen Zweigen menschlicher Tätigkeit, ausgewirkt haben. Nach unermüdlichem Studium und oftmaliger Überprüfung meiner Beobachtungen gelang es mir, die Gründe festzustellen, die Erfolg oder Mißerfolg bestimmen. Ja noch mehr: ich entdeckte, wie man sogar jene zum Erfolg anspornen kann, die vorher versagt haben.

Ich bin zutiefst davon überzeugt, daß der Reichtum an Gutem und Schönem, den ein Mensch besitzt, um so mehr zunimmt, je mehr er davon an andere verschenkt. Aus diesem Grunde will ich Sie in diesem Buche Anteil haben lassen an dem unfehlbaren Weg zum Erfolg, den ich gefunden habe.

Und ich weiß aus Erfahrung, daß Sie mich Kapitel um Kapitel durch dieses Buch begleiten werden — auf der Suche nach einem Schatz. Denn auch Sie werden durch das *unfehlbare Erfolgssystem* Ihre guten Wünsche verwirklichen können.

Als die Götter die Welt erschufen, so erzählt eine alte Hindu-Legende, sagten sie: »Wo können wir die wertvollsten Schätze verbergen, so daß sie nicht verlorengehen? Wie können wir sie verstecken, so daß die Lust und die Begierde der Menschen sie nicht stehlen oder zerstören können? Was können wir tun, um sicherzugehen, daß diese Reichtümer von Generation zu Generation vererbt werden zum Nutzen der Menschheit?« Und so wählten sie in ihrer Weisheit ein Versteck, das so augenscheinlich war, daß es niemand sah. Dorthin brachten sie die wahren Reichtümer des Lebens, die die magische Eigenschaft besitzen, sich immer wieder selbst zu ergänzen. In diesem Versteck kann jeder Mensch in der ganzen Welt diese Schätze finden, wenn er das *unfehlbare Erfolgsrezept* anwendet.

Wenn Sie dieses Buch lesen, so lesen Sie es, wie wenn ich Ihr bester Freund wäre, der diese Seiten für Sie, und zwar für Sie allein, geschrieben hat. Denn dieses Buch ist Ihnen gewidmet und all denen, die die wahren Reichtümer des Lebens suchen.

W. Clement Stone

TEIL I

Die Suche beginnt

Ein Entschluß, dem nicht die Tat folgt, ist wertlos

Mißerfolg kann nützlich für Sie sein

Reißen Sie die geistigen Schranken nieder

Ordnen Sie Ihre Gedanken, beherrschen Sie Ihre Gefühle, bestimmen Sie Ihr Schicksal

KAPITEL 1

Ein kleiner Junge beginnt die Suche

Ich war sechs Jahre alt und hatte Angst. Zeitungen in den Slums von Chicago zu verkaufen war nicht einfach, besonders wenn die älteren Jungen die günstigen Plätze für sich in Anspruch nahmen, lautere Stimmen hatten und mich mit geballter Faust davonjagten. Die Erinnerung an diese trüben Tage ist noch lebendig in mir, denn damals verwandelte ich zum ersten Male eine Niederlage in einen Sieg. Es ist eine ganz einfache Geschichte ... und doch war dieses Erlebnis der Anfang. Hoelles Restaurant lag in der Nähe der Straßenecke, wo ich meine Zeitungen zu verkaufen suchte, und das brachte mich auf eine Idee. Es war ein gut besuchtes exklusives Restaurant, das auf ein Kind von sechs Jahren einschüchternd wirkte. Ich war zwar nervös, ging aber schnell hinein und verkaufte glücklicherweise schon am ersten Tisch eine Zeitung. Gäste am zweiten und dritten Tisch nahmen mir ebenfalls einige Exemplare ab. Auf dem Weg zum vierten Tisch aber fing der Besitzer mich ab und warf mich hinaus.
Aber ich hatte drei Zeitungen verkauft! Und als Mr. Hoelle gerade nicht herschaute, ging ich wieder hinein und sprach am vierten Tisch vor. Dem Herrn, der dort saß, gefiel offensichtlich mein Mut. Er kaufte mir eine Zeitung ab und gab mir obendrein noch zehn Cent, ehe mich Mr. Hoelle ein zweites Mal hinauswarf. Nun hatte ich aber bereits vier Zeitungen abgesetzt und darüber hinaus einen »Bonus« von zehn Cent verdient. Ich betrat das Restaurant von neuem und begann wieder, meine Zeitungen anzubieten. Es gab ein großes Gelächter. Die Gäste genossen das Schauspiel. Als Mr. Hoelle auf mich zueilte, rief ihm einer der anwesenden Gäste zu: »Lassen Sie ihn doch!« Ungefähr fünf Minuten später hatte ich alle meine Zeitungen verkauft.
Am nächsten Abend kam ich wieder, und wieder wies mir Mr. Hoelle die Tür. Als ich mich aber auf der Stelle umdrehte und in das Restaurant zurückkehrte, warf er die Arme in die Höhe und rief aus: »Ich

geb's auf!« Von da an durfte ich meine Zeitungen im Restaurant verkaufen, und im Laufe der Zeit wurden der Besitzer und ich gute Freunde.

Wenn ich viele Jahre später an den kleinen Jungen dachte, der ich damals war, so schien es mir, als ob es sich nicht um mich selbst handelte, sondern um irgendeinen schon fast vergessenen Freund. Nachdem ich bereits zu Reichtum gekommen war und an der Spitze eines riesigen Versicherungsunternehmens stand, analysierte ich die Handlungsweise dieses Jungen im Lichte meiner späteren Erfahrungen. Ich kam zu folgendem Schluß:

1. Er brauchte das Geld. Die Zeitungen wären wertlos gewesen, wenn er sie nicht verkauft hätte. Zu jener Zeit konnte er noch nicht einmal lesen. Die paar Pfennige, die er geborgt hatte, um sie zu kaufen, wären ebenfalls verloren gewesen. Für einen Jungen von sechs Jahren wäre dies eine Katastrophe gewesen, so daß er sich angefeuert fühlte, es immer wieder zu versuchen. Somit hatte er den notwendigen *Ansporn zur Tat*.

2. Nachdem es ihm einmal gelungen war, in jenem Restaurant drei Zeitungen zu verkaufen, ging er wieder hinein, obwohl er wußte, daß er damit einen peinlichen Hinauswurf riskierte. Nach dreimaligem Hin und Her hatte er die nötige Technik erworben, um Zeitungen in Restaurants verkaufen zu können. Somit hatte er das notwendige *Wissen-Wie* erworben.

3. Er wußte, was er zu sagen hatte, denn er hatte die älteren Jungen die Schlagzeilen ausrufen hören. Er brauchte also nur zu jemandem hinzugehen und mit leiserer Stimme die Rufe zu wiederholen, die er gehört hatte. Er hatte somit die *Fachkenntnisse* erworben.

Ich lächelte, als mir bewußt wurde, daß mein »kleiner Freund« als Zeitungsjunge Erfolg hatte, indem er dieselben Techniken verwendete, die später zu den Grundlagen eines Systems wurden, mit dessen Hilfe er und andere Vermögen anhäuften. Ich eile aber den Geschehnissen voraus. Für den Augenblick genügt es, daß Sie sich diese drei Ausdrücke merken: Ansporn zur Tat, Wissen-Wie und Fachkenntnisse. Dies sind die Schlüssel des ganzen Systems.

Die Suche des Jungen geht weiter

Obwohl ich in einem armen, heruntergekommenen Viertel aufwuchs, war ich glücklich. Sind nicht alle Kinder glücklich, gleichgültig wie arm sie sind, solange sie ein Bett haben, etwas zum Essen und Platz zum Spielen?

Ich lebte mit meiner Mutter im Hause von Verwandten. Als ich heranwuchs, feuerte der Großvater eines Mädchens, das in der obersten Wohnung lebte, meine Phantasie mit Indianer- und Cowboy-Geschichten an, während wir zusammen Puffreis aßen und Milch dazu tranken. Und jeden Tag, wenn er des Erzählens müde geworden war, stieg ich hinab in den Hinterhof und war Buffalo Bill oder irgendein anderer großer Held. Mein Pferd — ein Stecken oder ein alter Besenstiel — war das schnellste im Wilden Westen.

Stellen Sie sich eine Mutter vor, die abends von der Arbeit heimkommt, ihren kleinen Jungen zu Bett bringt und ihn auffordert, von seinen Erlebnissen während des Tages zu berichten. Von allen Erlebnissen — den guten und den schlechten. Stellen Sie sich vor, wie der kleine Junge, am Ende seines Berichtes, aus dem Bett klettert und sich neben seine Mutter kniet, während sie um Gottes Rat und Führung betet. Wenn Sie all diese Bilder in sich aufnehmen, werden Sie verstehen, an welchem Punkt meine Suche nach den wahren Reichtümern des Lebens ihren Anfang nahm.

Meine Mutter hatte Gott um vieles zu bitten. Wie alle guten Mütter war sie davon überzeugt, daß ihr Sohn ein braver Junge war, aber sie machte sich Sorgen, weil er sich in »schlechter Gesellschaft« befand. Insbesondere aber machte es ihr das Herz schwer, daß er sich das Zigarettenrauchen angewöhnt hatte.

Tabak war teuer, und wenn ich ihn mir nicht leisten konnte, wickelte ich mir statt dessen Kaffeesatz in mein Zigarettenpapier. Wahrscheinlich wollte ich mich damit nur wichtig machen, denn ein anderer Junge und ich rauchten nur in der Gegenwart anderer Kinder, und je entsetzter unsere Zuschauer waren, um so mehr freuten wir uns. Wenn wir zu Hause Besuch hatten, pflegte ich zu demonstrieren, wie erwachsen ich war, indem ich eine selbstgemachte Zigarette rauchte. Eine Verhaltensweise begann sich hier zu formen. Aber es war keine gute.

Wie andere Kinder, die auf den falschen Weg kommen, schwänzte ich die Schule. Nicht daß mir dies besondere Freude machte — ich hatte nur ein schlechtes Gewissen. Vielleicht wollte ich damit nur beweisen, daß ich anders war als die Jungen in meiner Gruppe. Eine gute Gewohnheit aber behielt ich bei: abends, wenn ich mit meiner Mutter sprach, sagte ich ihr immer die Wahrheit — die ganze Wahrheit. Die Gebete um den Rat und die Führung Gottes wurden erhört. Sie schrieb mich im Spaulding Institute, einer konfessionellen Internatsschule in Nauvo, Illinois, ein. Unter dem Einfluß einer gesunden Umgebung, in der die drei Bestandteile des unfehlbaren Erfolgssystems zur Anwendung kamen, geschah etwas mit mir — etwas Gutes.

Wo könnte man einen stärkeren *Ansporn* erhalten, sich selbst zu vervollkommnen, als an einer religiösen Schule? Und wer hätte größere *Kenntnisse* von der Art und Weise, *wie* man Charaktere formt, als Menschen, die ihr Leben der Kirche geweiht haben und sich bemühten, ihre eigenen Seelen von allem Irdischen zu reinigen, während sie die der anderen retten? Während die Wochen zu Monaten und die Monate zu Jahren wurden, erwachte in mir der geheime Ehrgeiz, meinem geistigen Vater zu gleichen — dem Seelenhirten, den ich bewunderte und liebte.

Ich liebte aber auch meine Mutter und vermißte sie sehr. Wie viele andere Jungen, die fern von Zuhause in Internatsschulen leben, hatte ich Heimweh, und wie alle anderen bat auch ich meine Mutter bei jedem Besuch und in jedem Brief, mich wieder dauernd zu sich nach Hause zu nehmen.

Nach zwei Jahren in Nauvo fühlte sie, daß ich reif dazu war. Und, was genauso wichtig war, auch zu Hause war alles so weit. Vielleicht entsprang ihr Entschluß ihrer Mutterliebe, denn auch sie sehnte sich danach, mich wieder bei sich zu haben. Obwohl zunächst einige Zweifel bestanden, ob ich mich einer so völlig neuen Umwelt anpassen könne, wußte sie, daß sie mich — wenn nötig — immer wieder nach Nauvo zurückschicken konnte. So geschah, was wir beide wünschten.

Der Aufstieg

Schon als junges Mädchen hatte meine Mutter das Nähen gelernt, und weil sie Unternehmungslust, Begabung und Einfühlungsvermögen besaß, brachte sie es bald zur Meisterschaft in dieser Fertigkeit. Kurz nachdem ich nach Nauvo gegangen war, fühlte auch sie den Wunsch nach einer neuen Umgebung in sich erwachen. Sie war ja nun auch in der Lage, ihren Arbeitsplatz und ihre Wohnung zu wechseln, denn nun mußte niemand mehr auf mich aufpassen, während sie arbeiten ging.

Sie fand Anstellung bei Dillon, einem sehr exklusiven Salon für importierte Damenkleidung. Innerhalb von zwei Jahren war sie zur Direktrice aufgerückt und hatte sich bei ihrer vornehmen Kundschaft einen Namen als hervorragende Modeschöpferin und Schneiderin gemacht. Sie verdiente nun genug, um eine eigene Wohnung in einer besseren Gegend zu mieten.

Ganz in der Nähe dieser Wohnung befand sich eine Pension, wo ich meine Mahlzeiten einnahm. Das Essen war hervorragend, wenn sich auch die erwachsenen Pensionäre und Kostgänger manchmal zum Spaß darüber beklagten. Für einen elfjährigen Jungen waren diese Pensionsgäste die interessantesten Menschen der Welt: sie waren beim Theater oder beim Varieté. Auch mich mochten sie gerne, denn ich war dort das einzige Kind.

Wie Tausende von Männern und Frauen, die die Gelegenheit ergreifen, in dieser Welt unbegrenzter Möglichkeiten *aufzusteigen*, legte Mutter Geld zurück, um selbst ein Geschäft zu eröffnen. Ihr Ruf als Modeschöpferin und Schneiderin zog gute Kunden an, aber es mangelte ihr an dem nötigen Wissen, wie man sich Bankkredite zunutze macht. (Viele kleinen Geschäfte würden zu großen Unternehmen aufblühen, wenn die Besitzer nur einmal einsehen wollten, daß die Banken dafür da sind, auf dem Wege gesunder Finanzierung kleinen Unternehmen zu helfen, große Unternehmen zu werden.)

Da nicht genug Betriebskapital vorhanden war und meine Mutter es nicht verstand, die Möglichkeiten eines Bankkredites auszuschöpfen, hatte sie nie mehr als zwei Angestellte und arbeitete auch selbst mit. Wie die meisten, die sich geschäftlich auf eigene Füße stellen wollen, hatte sie ihre finanziellen Probleme. Gerade diese Schwierigkeiten aber brachten uns viele der echten Reichtümer des Lebens ein, wie zum Beispiel die Freude des Schenkens.

Ich verdiente mein Taschengeld (ich gab nicht alles davon aus, sondern zahlte einen Teil auf ein Sparkonto ein), indem ich Zeitungen und Zeitschriften austrug. Obwohl mich meine Mutter jeden Abend fragte, ob mich vielleicht etwas bedrücke, erzählte sie mir nie etwas von ihren eigenen Sorgen. Trotzdem fühlte ich, daß ihr Herz schwer war. Eines Morgens bemerkte ich, daß sie in tiefer Sorge war. Bevor sie am Abend nach Hause kam, hob ich einen beträchtlichen Teil meines Sparkontos ab und kaufte ein Dutzend der schönsten Rosen, die ich finden konnte. Die Freude meiner Mutter über diesen Beweis meiner Liebe öffneten mir Augen und Herz für die Freude des Schenkens. Mit dem Stolz einer Mutter pflegte sie auch in späteren Jahren noch oft unseren Freunden von dem Dutzend schöner, langstieliger Rosen zu erzählen und was diese Aufmerksamkeit für sie bedeutet hatte. Aus dieser Erfahrung lernte ich, daß es schön war, Geld zu besitzen — des Guten und Schönen wegen, das man damit tun konnte.

Der 6. Januar war immer ein wichtiges Datum in dem Leben meiner Mutter und dem meinen, denn es war ihr Geburtstag. Als an einem solchen 6. Januar aus irgendeinem Grunde — vielleicht infolge der Weihnachtseinkäufe — mein Konto auf weniger als einen Dollar zusammengeschrumpft war, war ich sehr betrübt, denn ich wünschte mir nichts sehnlicher, als meiner Mutter ein Geburtstagsgeschenk zu machen. An jenem Morgen betete ich um Gottes Rat und Führung.

Als ich in der Mittagspause von der Schule nach Hause ging, hörte ich das Eis unter meinen Schritten krachen und splittern. Plötzlich blieb ich stehen und drehte mich um. *Etwas* sagte mir, ich solle zurückgehen und mich umschauen. Ich ging zurück, hob ein zerknülltes Stückchen grünes Papier auf und sah zu meiner Verblüffung, daß es eine 10-Dollar-Note war! Von jenem *Etwas* werden Sie noch mehr hören.

Mein Herz klopfte vor Aufregung, aber ich beschloß, doch kein Geschenk zu kaufen. Ich hatte einen besseren Plan.

Mutter war zum Essen nach Hause gekommen. Als sie den Tisch abräumte, fand sie unter ihrem Teller meinen Geburtstagsbrief und den 10-Dollar-Schein. Wiederum war ich erfüllt von der Freude des Schenkens, denn gerade an jenem Tag hatten alle anderen ihren Geburtstag vergessen. Sie freute sich sehr über dieses Geschenk, denn es stellte damals für uns eine recht beträchtliche Summe dar.

Ein Entschluß ist nur von Bedeutung, wenn er ausgeführt wird

Diese persönlichen Erlebnisse zeigen, daß jede neue Entscheidung, die ein Kind oder ein Erwachsener in einer gewissen Lage trifft, Denkgewohnheiten schafft, die einen bestimmenden Einfluß auf das spätere Leben haben. Wenn ein Erwachsener eine Entscheidung trifft, so hängt es von der Erfahrung seiner früheren Entscheidungen ab, ob sie richtig oder falsch ist. Denn *die kleinen Dinge, die gut sind, reifen heran zu großen Dingen, die gut sind.* Und die kleinen Dinge, die schlecht sind, reifen heran zu großen Dingen, die schlecht sind. Und dies gilt auch für Entschlüsse. Gute Entschlüsse müssen aber auch ausgeführt werden. Ohne dies wird selbst die beste Entscheidung bedeutungslos, denn selbst der Wunsch, der sie auslöste, gerät in Vergessenheit, wenn kein Versuch gemacht wird, ihn zu erfüllen. Deshalb sollten Sie einen guten Entschluß sofort ausführen.

Geben Sie nie auf, ehe das Ziel erreicht ist

Ich war zwölf Jahre alt, als mich ein älterer Nachbarjunge, den ich bewunderte, einlud, zu einem Pfadfindertreffen mitzukommen. Ich ging hin, und das Ganze machte mir so viel Spaß, daß ich seiner Gruppe beitrat, die von einem gewissen Stuart P. Walsh, einem Studenten an der Universität Chicago, geführt wurde.
Ich werde ihn nie vergessen. Er war ein Mann von Charakter. Er wollte, daß jeder Junge in seiner Gruppe innerhalb kurzer Zeit ein hervorragender Pfadfinder werde, und er erweckte in jedem Mitglied dieser Gruppe den Wunsch, die beste Pfadfinderschar von Chicago zu werden. Vielleicht war dies der Grund, warum sie das auch wurde. Ein weiterer Grund dafür lag in der festen Überzeugung, daß *gute Ergebnisse dauernde Wachsamkeit verlangen.* Das heißt, daß man sich mit eigenen Augen von den Fortschritten derer überzeugen muß, die man lehrt, ausbildet und führt.
Jeder Pfadfinder dieser Gruppe gab wöchentlich Bericht über die guten Taten, die er an jedem Tag der Woche getan hatte — die Gelegenheiten, bei denen er anderen geholfen hatte, ohne sich dafür irgendwie belohnen zu lassen. Aus diesem Grunde hielt jeder Junge die Augen offen, nach Möglichkeit eine gute Tat zu tun — und weil er sich umschaute, fand er auch die Gelegenheit.
Stuart P. Walsh prägte jedem Mitglied seiner Gruppe unauslöschlich die Vorschriften des Pfadfindergesetzes ein: »Ein Pfadfinder ist zuverlässig, treu, hilfreich, freundlich, höflich, gehorsam, fröhlich, sparsam, tapfer, reinlich und fromm.«
Was aber noch wichtiger war: er *überzeugte sich selbst,* ob jeder Pfadfinder seiner Gruppe jeden dieser Grundsätze auch wirklich verstand und anwendete. Es genügte ihm nicht, daß man sie wie ein Papagei nachplapperte, sondern man hatte sie auch zu befolgen wie ein Mann.

Ich höre ihn noch heute sagen: »Gebt nie auf, ehe das Ziel erreicht ist!« Im nächsten Kapitel werden Sie sehen, daß dieser Grundsatz, den mich mein Gruppenführer lehrte, sich so tief in mir verwurzelte, daß er später — und zwar ohne daß es mir zunächst bewußt wurde — zu einer weiteren Stufe auf dem Weg zu dem unfehlbaren Erfolgssystem wurde. Der sechs Jahre alte Zeitungsjunge, von dem Sie am Anfang dieses Kapitels gelesen haben, war sich noch nicht des Zieles bewußt, auf das er zustrebte — aber er war auf dem Weg dorthin.

ZUSAMMENFASSUNG

Jeder Erfolg hat drei Grundlagen. Sobald Sie ihre Bedeutung voll erfaßt haben, sind Sie auf dem Weg zu einer goldenen Zukunft. Die folgenden Kapitel dieses Buches vertiefen Ihr Verständnis für diese drei Grundlagen – Sie brauchen nur mitzudenken und die Augen offenzuhalten. Diese drei Grundlagen sind:

1. der Ansporn zur Tat,
2. das Wissen-Wie,
3. Fachkenntnisse.

KAPITEL 2

Bereit für das Morgen

Eine der wichtigsten Erkenntnisse meines Lebens gewann ich ungefähr um die Zeit, als ich die höhere Schule abschloß. Diese Erkenntnis wurde mir zu einem bestimmenden Grundsatz: *Jeder Mensch wird durch seine Umgebung beeinflußt.* Wählen Sie deshalb diejenige Umgebung, deren Einflüsse am besten dazu geeignet sind, die Voraussetzungen für den gewünschten Erfolg zu schaffen.
Obwohl ich damals diesen Gedanken noch nicht so klar formulieren konnte, war ich mir der Wirkung des ihm zugrunde liegenden Gesetzes voll bewußt. Als der Augenblick für mich gekommen war, in die höhere Schule überzuwechseln, kam ich zu der Überzeugung, daß die Senn Highschool besser war als die Lakeview Highschool, die für die Schüler des Stadtviertels bestimmt war, in dem wir damals wohnten. Aus dringenden geschäftlichen Gründen mußte zu diesem Zeitpunkt meine Mutter nach Detroit ziehen, und sie brachte mich bei einer guten englischen Familie unter, die im Einzugsgebiet der besseren Senn Highschool wohnte.
Ich beschloß auch, mir meine Freunde in der neuen Schule mit Sorgfalt und Bedacht auszuwählen — die entscheidenden Eigenschaften sollten dabei Charakter und Intelligenz sein. Und weil ich suchte, fand ich auch, was ich mir vorgestellt hatte: feine und wundervolle Persönlichkeiten, deren guter Einfluß mein Leben unschätzbar bereicherte.

Sichern Sie sich den Gegenwert

Nachdem ich so in einer guten Familie und einer guten Schule untergebracht war, investierte meine Mutter ihr gesamtes Kapital in eine kleine Versicherungsagentur, die die United States Casualty Company (eine Versicherungsgesellschaft) in Detroit, Michigan, vertrat.
Ich werde dies nie vergessen. Sie versetzte ihre zwei Diamanten, um

sich so das nötige zusätzliche Barkapital zum Ankauf der Agentur zu beschaffen. Wie schon gesagt: Sie wußte nicht, daß sie zu diesem Zweck einen Bankkredit hätte bekommen können. Sie mietete sich ein Zimmer in einem Bürogebäude der Innenstadt und wartete mit Spannung darauf, wieviele Abschlüsse sie am ersten Tag tätigen würde. An jenem Tag hatte sie Glück. Sie arbeitete schwer, verkaufte aber nicht eine einzige Versicherungspolice — und das war gut so!

Was tut man, wenn alles schiefgeht? Was tut man, wenn man sich nirgendwo hinwenden kann? Was tut man, wenn man sich einem ernsten Problem gegenübersieht?

Später erzählte sie mir, was sie in dieser Lage unternahm: »Ich war verzweifelt. Ich hatte mein gesamtes Bargeld investiert, und nun mußte ich einfach den entsprechenden Gegenwert daraus ziehen. Ich hatte alles getan, was in meinen Kräften stand, aber ich hatte keinen einzigen Abschluß getätigt.

In jener Nacht betete ich um Gottes Rat und Führung. Und am Morgen darauf bat ich Gott noch einmal um Erleuchtung. Daraufhin machte ich mich auf den Weg zur größten Bank von Detroit. Dort verkaufte ich an den Kassier eine Police und bekam die Erlaubnis, während der Geschäftsstunden interessierte Bankkunden für eine Unfallversicherung zu gewinnen. Ich fühlte mich von einer Kraft getragen, die so stark war, daß sie alle Hindernisse beseitigte. An diesem Tag setzte ich 44 Policen ab.«

Die mißglückten Versuche des ersten Tages hatten meine Mutter gezwungen, nach neuen Wegen zu suchen. Sie erhielt einen *Ansporn zum Handeln*. Sie wußte, bei WEM sie Rat und Hilfe suchen mußte, wenn es darum ging, eine Existenz zu gründen, genau wie sie vorher gewußt hatte, bei WEM sie Rat und Hilfe finden würde, als sie sich Sorgen um ihren Sohn machte.

Dem erfolgreichen Versuch des zweiten Tages jedoch verdankte sie das notwendige *Wissen-Wie*, das für den Verkauf von Unfallversicherungen nötig ist, und entwickelte so ein erfolgreiches Verkaufssystem. Die drei Bestandteile waren nun beisammen: Ansporn zur Tat, Kenntnisse und die richtige Verfahrensweise. Der *Aufstieg* war schnell.

Für den Verkauf, wie für alle anderen Tätigkeiten, trifft zu, daß die Betreffenden oftmals nur deshalb nicht aufsteigen, weil sie die Grundsätze, die sie an erfolgreichen Tagen anwendeten, nicht in einer Erfolgsformel zusammenfassen. Leute dieser Art kennen zwar die Tatsachen, aber sie ziehen nicht die nötigen Folgerungen daraus.

Meine Mutter war inzwischen zu einer erfolgreichen Versicherungsvertreterin geworden und baute als nächstes eine Verkaufsorganisation auf, die im ganzen Staate Michigan unter dem Namen Liberty Registry Company verbreitet war.

Mutter und ich sahen uns nur an Feiertagen und während der Ferien. Die Sommerferien während des zweiten Jahres an der höheren Schule verbrachte ich in Detroit. Damals lernte auch ich, wie man Unfallversicherungen verkauft, und begann, nach einem eigenen Verkaufssystem zu suchen — einem System, das niemals fehlschlagen würde.

Leisten Sie zweimal so viel in der Hälfte der Zeit

Das Büro der Liberty Registry Company befand sich im Gebäude der Freien Presse. Ich verwendete einen Tag darauf, die Versicherungspolice zu lesen und zu studieren, für die ich vom nächsten Tag an Kunden werben wollte.

Ich erhielt folgenden Auftrag:

1. Kundenwerbung im Gebäude der Dime-Bank.
2. Beginne im obersten Stock und besuche jedes einzelne Büro.
3. Vermeide das Büro der Hausverwaltung.
4. Sage zur Einleitung: »Darf ich einen Augenblick Ihre Zeit in Anspruch nehmen?«
5. Versuche jedem, den du aufsuchst, eine Police zu verkaufen.

Ich befolgte alle diese Instruktionen auf das genaueste. Schon als Pfadfinder hatte ich gelernt: Gib nie auf, ehe du dein Ziel erreicht hast.

Hatte ich Angst? Und ob.

Es wäre mir aber niemals eingefallen, meinen Instruktionen nicht Folge zu leisten. Gehorsam war mir zur festen — und guten — Gewohnheit geworden.

Am ersten Tag verkaufte ich zwei Policen — zwei mehr als ich je zuvor verkauft hatte. Am zweiten Tage vier — und das war bereits eine hundertprozentige Zunahme. Am dritten Tage sechs — eine fünfzigprozentige Verbesserung. Und am vierten Tag lernte ich eine wichtige Lektion.

Ich besuchte ein großes Immobilien-Büro, und als ich vor dem Schreibtisch des Leiters der Verkaufsabteilung stand und zur Einleitung sagte: »Darf ich einen Augenblick Ihre Zeit in Anspruch nehmen?«, fuhr ich erstaunt zurück. Denn er sprang auf, schlug mit der Faust auf den Tisch und schrie mich nahezu an: »Junge, solange du lebst, bitte nie wieder jemanden um einen Augenblick seiner Zeit! Nimm sie!«
Das tat ich denn auch und verkaufte ihm und 26 seiner Mitarbeiter Versicherungspolicen.
Das gab mir zu denken: Es mußte doch eine wissenschaftliche Methode zu finden sein, um jeden Tag viele Policen an den Mann zu bringen. Es mußte ein System geben, das einem erlaubte, mit einer Stunde Arbeit genausoviel zu verdienen wie ein anderer im Laufe vieler Stunden. Wie wäre es, wenn man eine Methode fände, doppelt so viel in der Hälfte der Zeit zu verkaufen? Warum sollte es mir nicht möglich sein, eine Formel zu entwickeln, die es mir erlauben würde, mit einem Minimum an Einsatz ein Maximum an Erfolg zu erzielen?
Von jenem Zeitpunkt an bemühte ich mich, die Grundsätze zu entdecken, die ich später zu meinem unfehlbaren Verkaufssystem ausbaute. Ich überlegte folgendes: »Es gibt eine Formel für Erfolg. Und es gibt auch eine Formel für Mißerfolg. Wende die eine an und vermeide die andere. Denke selbständig.«

Denken Sie selbständig

Gleichgültig wer oder was Sie sein mögen, es kann Ihnen nur von Nutzen sein, sich eine gute Verkaufstechnik zu eigen zu machen. Verkaufen heißt nämlich nichts anderes als einen anderen zu überreden, Ihre Dienstleistungen, Ihr Produkt oder Ihren Gedanken anzunehmen. In diesem Sinne ist jeder Mensch ein Verkäufer. Gleichgültig ob Sie im Verkauf tätig sind oder nicht, die Grundsätze — wenn auch nicht die Einzelheiten — eines Verkaufssystems können für Sie wichtig werden. Das Wichtigste ist zunächst, daß Sie die Hauptgründe Ihrer Erfolge und Mißerfolge, gleich auf welchem Gebiet, schriftlich festhalten und sie dann zu einer entsprechenden Formel verarbeiten. Vielleicht wissen Sie aber im gegenwärtigen Augenblick noch nicht, wie Sie aus dem, was Sie lesen, hören oder erfahren, die richtigen Schlußfolgerungen zu ziehen haben. Lassen Sie mich deshalb erklären, wie ich vorging. Aber *Sie müssen selbständig denken und Ihre eigenen Schlüsse ziehen.*

Wie ich Scheu und Furchtsamkeit überwand

Ehe ich beschreibe, wie ich die Scheu und Furchtsamkeit überwand, die mich immer befielen, wenn ich eine Tür öffnete und eines der eleganten Büros betrat, um als Teenager erfahrenen Geschäftsleuten Versicherungspolicen anzubieten, lassen Sie mich noch erzählen, wie ich dasselbe Problem als Junge löste.

Vielen meiner Bekannten fällt es schwer zu glauben, daß ich als Junge scheu und furchtsam war. Es gibt aber ein Naturgesetz, demnach jeden Menschen angesichts einer neuen Erfahrung und Umgebung eine gewisse Furcht befällt. Diese vermehrte Wachsamkeit dient dazu, den Betreffenden vor Gefahr zu schützen. Kinder und Frauen machen diese Erfahrung in stärkerem Maße als Männer, da ja auch ihr Schutzbedürfnis größer ist.

Ich erinnere mich, daß ich als Junge so furchtsam war, daß ich, wenn wir Besuch hatten, in ein anderes Zimmer zu gehen pflegte und mich sogar unter dem Bett versteckte, wenn es ein Gewitter gab. Eines Tages aber sagte ich mir: »Wenn der Blitz tatsächlich einschlägt, so wird es für mich genauso gefährlich sein, wenn ich mich unter dem Bett befinde, wie sonst irgendwo im Zimmer.« Ich beschloß, meine Furcht zu überwinden. Bald bot sich mir die Möglichkeit dazu, und ich nützte sie auch. Während eines Gewitters zwang ich mich ans Fenster zu gehen und die zuckenden Blitze zu betrachten. Ich machte eine erstaunliche Erfahrung — ich begann an der Schönheit der zuckenden Blitze Gefallen zu finden. Es dürfte heutzutage kaum jemanden geben, der ein Gewitter mit größerer Freude betrachtet als ich.

Obwohl ich, eins nach dem anderen, jedes Büro in dem Bankgebäude aufsuchte, hatte ich meine Furcht, eine Tür zu öffnen, noch nicht überwunden, insbesondere wenn ich nicht sehen konnte, was sich auf der anderen Seite befand (viele der Türen hatten nämlich Milchglasscheiben oder waren mit Vorhängen verhängt). Ich mußte also eine Methode entwickeln, die mich einzutreten zwingen würde.

Ich suchte nach einer Lösung und fand sie auch. Ich sagte mir folgendes: *Nur dem wird Erfolg zuteil, der sich einsetzt. Wenn bei einem solchen Versuch viel zu gewinnen und wenig zu verlieren ist — mache den Versuch auf jeden Fall!*

Je öfter ich mir dies wiederholte, um so mehr war ich rein verstandesmäßig davon überzeugt. Meine Angst war deshalb nicht geringer geworden, und ich brauchte nach wie vor einen Ansporn zum Handeln. Glücklicherweise fiel mir die folgende Losung ein: *Tue es gleich!* Da ich den Wert guter Gewohnheiten kennengelernt hatte und auch den Schaden, den schlechte Angewohnheiten verursachen können, fiel mir ein, daß ich mich zum Handeln zwingen könnte, wenn ich es mir fest angewöhnte, in dem Augenblick, in dem ich ein Büro verließ, ohne Zögern ins nächste zu eilen. Wenn mich dabei ein Zaudern überfiel, so würde ich mir die Losung zurufen: »Tu es gleich!« und sofort danach handeln. Genau das tat ich auch.

Wie man Sicherheit gewinnt

Sobald ich mich einmal im Büro selbst befand, fühlte ich mich zwar noch nicht restlos behaglich, ich lernte aber bald, wie man die Furcht davor überwindet, einen Fremden anzusprechen.

Ich machte die Erfahrung, daß, wenn ich laut und schnell sprach und da Pausen machte, wo sich bei einer schriftlichen Darstellung ein Komma oder ein Punkt befunden hätte, und wenn ich mich darüber hinaus bemühte, meiner Stimme Wärme und Ausdruck zu verleihen, das unangenehme Gefühl in meiner Magengrube sofort verschwand. Später erfuhr ich, daß diese Technik auf einem sehr wirksamen psychologischen Prinzip beruhte: Gefühlsregungen (so auch Furcht) können nicht unmittelbar durch den Verstand gesteuert werden, sondern sind nur durch Handlungen beeinflußbar. *Wenn Sie einer unerwünschten Gefühlsregung durch Gedanken nicht Herr werden können, so handeln Sie!*

Die Einleitung: »Darf ich einen Augenblick Ihre Zeit in Anspruch nehmen?« hatte dem Leiter der Verkaufsabteilung des Immobilien-Büros nicht gefallen. Außerdem hatten viele andere, die ich mit diesen Worten ansprach, mit »nein« geantwortet. Nach einigen Versuchen fand ich dann eine neue Eröffnung für mein Verkaufsgespräch, die ich noch heute benütze. Sie lautet: »Ich glaube, dies wird auch Sie interessieren!« Niemand hat mir darauf je »nein« zur Antwort gegeben. Die meisten fragten: »Worum handelt es sich denn?« Daraufhin sagte ich es ihnen natürlich und begann mein Verkaufsgespräch. Der Zweck einer solchen Einleitung ist ja nur, die Aufmerksamkeit des Gesprächspartners zu erregen.

Den rechten Zeitpunkt erkennen

»Versuche jedem eine Police zu verkaufen, den du aufsuchst«, war eine der Instruktionen, die mir meine Mutter gegeben hatte. Demzufolge blieb ich also so lange, bis entweder ich oder mein Gesprächspartner oder wir beide völlig erschöpft waren. In einer Reihe von Fällen gelang es mir trotzdem nicht, einen Abschluß zu tätigen, und ich verließ das betreffende Büro müde und niedergeschlagen. Ich kam zu der Überzeugung, daß sich meine Tätigkeit nur dann bezahlt machen würde, wenn ich pro Stunde einen bestimmten Mindestsatz von Abschlüssen erzielte. Es geschah ja nicht jeden Tag, daß ich in einem einzigen Büro 27 Policen verkaufte.

Aus diesem Grunde beschloß ich, nicht länger zu versuchen, *jeden* zum Abschluß einer Versicherung zu bewegen. *Ich setzte mir also eine gewisse Zeitspanne, innerhalb derer ich meine Police an den Mann gebracht haben mußte.* Gelang mir das nicht, so verließ ich den Betreffenden im besten Einvernehmen und in großer Eile, obwohl ich wußte, daß ich ihn zum Abschluß einer Versicherung hätte bewegen können, wenn ich noch mehr Zeit darauf verwendet hätte.

Dies Verfahren bewährte sich hervorragend. Die Anzahl der Policen, die ich jeden Tag verkaufte, schnellte in die Höhe. Ja, in mehreren Fällen, wo mein Gesprächspartner erwartet hatte, daß ich weiterhin versuchen würde, ihn zu überreden, war er durch meinen plötzlichen und freundlichen Abschied so überrascht, daß er mir ins nächste Büro nachfolgte, wo ich gerade mit einem neuen Kunden sprach, und sagte: »Aber das können Sie mir doch nicht antun! Jeder andere Versicherungsvertreter würde weiter auf mich eindringen. Kommen Sie zurück und schreiben Sie mir eine Police aus!« Anstatt mich durch ein langes und vergebliches Verkaufsgespräch ausgehöhlt zu fühlen, wandte ich mich von da an voll Begeisterung und Energie meinem nächsten Kunden zu.

Die Grundsätze, die ich auf diese Weise lernte, sind ganz einfach: Ermüdung vermindert die Leistungsfähigkeit beträchtlich. Wenden Sie niemals so viel Kraft und Energie auf, daß die Batterie leerläuft. Das Nervensystem bleibt wesentlich einsatzfähiger, wenn man dem Körper Zeit gibt, neue Energie aufzuspeichern. *Die Zeit ist einer der wichtigsten Bestandteile jeglicher Erfolgsformel für jegliche menschliche Tätigkeit.* Sparen Sie Zeit. Nützen Sie Ihre Zeit.

Wie man einen anderen dazu bringt zuzuhören

»Wenn du mit jemandem sprichst, so schaue ihm dabei in die Augen«, wurde mir als Kind beigebracht. Wenn ich dies aber später bei einem Verkaufsgespräch tat, pflegte mein Gesprächspartner des öfteren ablehnend den Kopf zu schütteln. Noch häufiger wurde ich einfach unterbrochen. Dies paßte mir nicht, denn dadurch verlor ich meinen Schwung. Bald entdeckte ich einen einfachen Trick, um dies zu vermeiden: Ich mußte meinen Gesprächspartner nur dazu bringen, daß er seine Augen und Ohren auf das konzentrierte, was ich ihm zu zeigen und zu sagen hatte. Deshalb deutete ich während meines Verkaufsgespräches auf die Versicherungspolice oder das Werbematerial. Seine Augen folgten ganz automatisch meinem deutenden Finger. Wenn ich aus den Augenwinkeln sah, daß mein Gegenüber den Kopf schüttelte, so beachtete ich dies gar nicht. Oft gelang es mir, trotzdem sein Interesse zu erwecken und bald darauf einen Abschluß zu tätigen.

Spielen Sie, um zu gewinnen

Jeder sportliche Wettkampf hat seine Regeln, die man selbstverständlich beachtet, und auch im Konkurrenzkampf muß man die Grundsätze der Fairness beachten. An beiden nimmt man aber in der Absicht teil, zu siegen und zu gewinnen. Dies gilt auch für die Verkaufstätigkeit, die wie jede andere Tätigkeit zum Vergnügen wird, wenn man sie einmal beherrscht.
Ich machte die Erfahrung, daß ich arbeiten, und zwar hart arbeiten mußte, wenn ich ein Fachmann werden wollte. *Versuchen, versuchen und noch einmal versuchen* ist die Grundregel, die man beachten muß, wenn man es zur Meisterschaft bringen will. Wenn man dann aber einmal sein Handwerk versteht, dann wird jede Tätigkeit zum Vergnügen und man entdeckt die Freude an der Arbeit.
Tag für Tag bemühte ich mich, meine Verkaufstechnik zu verbessern. Ich suchte nach Worten und Ausdrücken, die bei meinem Gesprächspartner die gewünschte Reaktion auslösen würden. Und die gewünschte Reaktion bestand darin, daß er sich innerhalb einer angemessenen Zeit zum Kauf entschließen würde, denn Zeit war für mich Geld.
Ich wollte das richtige Wort auf die richtige Weise sagen, um die richtige Reaktion auszulösen. Dies erforderte Übung, und Übung bedeutet Arbeit.

Alles hat einen Anfang und ein Ende. Die Einleitung ist der Anfang eines Verkaufsgespräches. Wie konnte ich dieses Gespräch in kürzester Zeit zu beidseitiger Befriedigung beenden?

Ich suchte und entdeckte deshalb auch die Lösung: Wenn Sie wollen, daß Ihr Gegenüber kauft, so kleiden Sie die Aufforderung in die Form einer *Frage*. Sie brauchen ihn nur zu fragen und ihm die Gelegenheit zu geben »ja« zu sagen. Machen Sie es ihm aber einfach »ja« und schwer »nein« zu sagen. Insbesondere kommt es hier darauf an, Überzeugungskraft mit Fingerspitzengefühl zu verbinden.

Und dies ist meine Entdeckung: Wenn Sie wollen, daß jemand »ja« sagt, so machen Sie *eine positive Feststellung und stellen Sie anschließend eine bestätigende Frage*. Die Antwort »ja« wird in diesem Fall fast zu einem natürlichen Reflex. Hier einige Beispiele:

1. Positive Feststellung: Ein schöner Tag heute...
   Bestätigende Frage: Nicht wahr?
   Antwort: Ja!

2. Eine Mutter, die will, daß ihr Kind am Samstag morgen eine Stunde Klavier übt, und weiß, daß es lieber hinausgehen und spielen möchte, könnte zum Beispiel sagen:
   Positive Feststellung: Du wirst jetzt sicher eine Stunde üben wollen, so daß du dann den ganzen Tag zum Spielen frei hast!
   Bestätigende Frage: Nicht wahr?
   Antwort: Ja!

3. Eine Verkäuferin, die einer Kundin ein Spitzentaschentuch anbietet, könnte sagen:
   Positive Feststellung: Dies ist ein schönes Tuch und sehr preiswert...
   Bestätigende Frage: Nicht wahr?
   Antwort: Ja!
   Bestätigende Frage: Darf ich es Ihnen also einpacken?
   Antwort: Ja!

4. Der wirkungsvolle Schluß, den ich fand, ist genauso einfach:
   Positive Feststellung: So darf ich Ihnen also diese Police gleich ausstellen...
   Bestätigende Frage: Nicht wahr?
   Antwort: Ja!

Warum ich Erfolg hatte

Ich erzähle hier meine Erlebnisse in dem Bankgebäude, weil sie die Methoden verdeutlichen, die ich allmählich zu meinem unfehlbaren Verkaufssystem weiterentwickelte. Ich erarbeitete mir Schritt für Schritt das notwendige Wissen-Wie für ein abgerundetes Verkaufsgespräch. Ich bemühte mich, die notwendige *Verfahrensweise* zu entwickeln — das heißt, durch wiederholtes Handeln die Erfahrung zu gewinnen, wie meine speziellen Kenntnisse auf die beste Weise genützt werden konnten.

Mit einem Wort: Ich versuchte mich daran zu gewöhnen, eine Formel zu gebrauchen, die mir *in jedem Fall* den größtmöglichen Verkaufserfolg in der kürzestmöglichen Zeit garantieren würde.

Obwohl mir dies damals noch nicht bewußt war, *bereitete ich mich in der Tat für das Morgen vor.* Denn einige Jahre später entdeckte ich, daß mein Verkaufssystem auf Grundsätzen beruhte, die der gemeinsame Nenner jeglichen andauernden Erfolges in jeder menschlichen Tätigkeit sind. Und so machte ich eine noch bedeutendere Entdeckung: *das unfehlbare Erfolgssystem.*

Was bedeutet dies für Sie?

Gesundheit, Glück, Erfolg und Reichtum gehören Ihnen, wenn Sie das *unfehlbare Erfolgssystem* verstehen und anwenden.

Denn das System nützt ... wenn Sie das System nützen

Vielleicht ist es Ihnen bis jetzt noch nicht gelungen, die in den eben gelesenen Geschichten und Erklärungen enthaltenen Erfolgsregeln so restlos zu erfassen, daß Sie diese bereits selbst anwenden könnten. Je weiter Sie lesen, desto klarer wird Ihnen aber alles werden.

Auf Ihrer Suche nach dem *unfehlbaren Erfolgssystem* werden Sie schnellere und bleibendere Fortschritte erzielen, wenn Sie sich unablässig die drei notwendigen Bestandteile vor Augen halten. Diese sind, in der Reihenfolge ihrer Wichtigkeit:

1. Ansporn zur Tat: Das, was Sie oder irgend jemand anderen zum Handeln bewegt, weil es wünschenswert erscheint.

2. Praxis: Das Wissen-Wie um die besonderen Techniken und Fertigkeiten, die Ihnen *andauernd* Erfolg verschaffen. Praxis bedeutet die *richtige Anwendung unserer Kenntnisse*. Durch immer wiederholte *Erfahrung* wird die *Praxis* zur *Gewohnheit*.

3. Fachwissen: Die Kenntnis der Tätigkeit, der Dienstleistung, des Produktes, der Methoden, der Techniken und Fertigkeiten, mit denen Sie insbesondere zu tun haben.

Um dauernden Erfolg zu erzielen, ist es notwendig, *bereit zu sein für das Morgen*. Doch um für das Morgen bereit zu sein, müssen Sie nach *Selbstvervollkommnung* streben. Wie Sie Selbsterkenntnis gewinnen und sich selbst vervollkommnen können, erfahren Sie im nächsten Kapitel.

ZUSAMMENFASSUNG

1. Letzten Endes wird jeder Mensch von seiner Umwelt geformt. Wählen Sie deshalb die richtige Umwelt, und vermeiden Sie Situationen, Bekannte und Geschäftsfreunde, die Ihre Entfaltung verhindern.

2. Der Erfolg gehört denen, die es *versuchen*. Wo viel zu gewinnen und wenig zu verlieren ist – *versuchen Sie es!*

3. *Gedanken* vermögen nichts gegen Furcht, aber *Handeln* besiegt sie.

4. Vergessen Sie niemals: das System nützt... wenn *Sie* das System nützen.

KAPITEL 3

Selbsterkenntnis und Selbstvervollkommnung

»Don, weißt du, wo ich eine Stellung finden könnte?«
Donald Moorhead stutzte, lächelte und sagte: »Ja, Jim! Komm morgen früh um 8.30 Uhr zu mir ins Büro.«
So endete die Unterhaltung. Sie begann, da Mr. Moorhead, ein leitender Angestellter der United Staates Casualty Company, eines Nachmittags einen Freund traf, als er die Wall Street entlangging.
Und als Jim am nächsten Morgen erschien, gab ihm Don zu verstehen, daß er mit dem Verkauf von Unfall- und Krankenversicherungen sowohl viel Geld verdienen als auch der Öffentlichkeit einen Dienst erweisen könne.
»Aber«, sagte Jim, »dazu brächte ich nie den Mut auf. Ich wüßte nicht einmal, wen ich aufsuchen müßte. Ich habe in meinem ganzen Leben noch nichts verkauft.«
»Darüber brauchst du dir keine Sorgen zu machen«, wurde ihm erwidert. »Ich werde dir sagen, was du tun mußt. Ich garantiere dir, daß es nicht schiefgehen kann ... wenn du fünf Leute pro Tag aufsuchst. Und ich werde dir jeden Morgen die Namen von fünf geeigneten Persönlichkeiten geben, wenn du mir eines versprichst.«
»Was soll ich versprechen?«
»Versprich mir, daß du jeden der Betreffenden noch an demselben Tag aufsuchen wirst, an dem ich dir ihre Namen gebe. Wenn du willst, kannst du ihnen gegenüber ruhig meinen Namen nennen. Sag' ihnen aber nicht, daß ich dich geschickt habe.«
Jim suchte dringend nach Arbeit, und deshalb fiel es seinem Freund nicht schwer, ihn zu überreden, daß er zumindest den Versuch machen solle. Jim nahm also die notwendigen Unterlagen und Instruktionen mit, um sie zu Hause durchzuarbeiten. Nach ein paar Tagen erschien er eines Morgens in Mr. Moorheads Büro, bat um die fünf Adressen und begann seine neue Laufbahn.

Auf die geistige Einstellung kommt es an

»Gestern war ein fabelhafter Tag!« rief er aus, als er sich am nächsten Morgen mit zwei erfolgreichen Abschlüssen und großer Begeisterung zurückmeldete. Am darauffolgenden Tag hatte er noch mehr Glück, denn er verkaufte drei Policen. Am dritten Morgen eilte er voll Begeisterung und Unternehmungslust mit fünf neuen Namen aus Mr. Moorheads Büro. Sie waren besonders gut ausgewählt gewesen, denn er hatte nun bereits bei vier von den fünfen Erfolg.

Als sich der neugebackene und begeisterte Versicherungskaufmann am nächsten Morgen wieder meldete, befand sich Mr. Moorhead gerade in einer wichtigen Sitzung. Jim wartete ungefähr eine Viertelstunde im Vorraum, bis Mr. Moorhead aus seinem Privatbüro kam und sagte: »Jim, ich befinde mich gerade in einer äußerst wichtigen Sitzung, die wahrscheinlich den ganzen Vormittag dauern wird. Verschwenden wir keine Zeit mehr. Hole dir doch selbst fünf Namen aus dem Telefonbuch. Das habe ich die letzten drei Tage auch getan. Hier, ich zeige dir, wie man das macht.«

Daraufhin schlug Don aufs Geratewohl das Branchenverzeichnis auf, deutete auf den Namen des Direktors eines Unternehmens und schrieb dessen Namen und Adresse auf. Dann sagte er: »Nun versuch's du einmal.«

Jim tat es. Nachdem er den ersten Namen und die dazugehörende Adresse aufgeschrieben hatte, fuhr Don fort: »Denk immer daran: Erfolg beim Verkaufen ist eine Frage der geistigen Einstellung — eben die typische Einstellung des geborenen Verkäufers. Deine ganze berufliche Zukunft kann davon abhängen, ob du die fünf Adressen, die du ausgesucht hast, mit derselben geistigen Einstellung besuchst wie die, die ich für dich ausgesucht hatte.« Und dies war der Beginn einer außerordentlich erfolgreichen Karriere. Denn Jim hatte eine grundlegende Wahrheit erkannt — *es hängt alles von der geistigen Einstellung ab.* Er verbesserte sogar noch die Methode, die ihm vorgeschlagen worden war. Um ganz sicherzugehen, daß der Betreffende erreichbar sein würde, meldete er sich telefonisch an. Natürlich mußte er noch die notwendige Praxis erwerben, um dabei nicht abgewiesen zu werden. Dies war aber nur eine Frage der Zeit. Das Wissen-Wie ist eben eine Frage der Zeit und der Erfahrung.

Hierher gehört auch die Geschichte eines Bankiers, der einen einzigen

Fehler machte, deshalb seine Stellung verlor, aber in eine noch bessere Position aufstieg, nachdem er eine positive Selbsterkenntnis gewonnen hatte. Ich hörte seine Geschichte kürzlich von Edward R. Dewey, Direktor des Instituts zur Erforschung der Zyklen.

Machen Sie Inventur

»Mike Corrigan war mit mir befreundet«, sagte Mr. Dewey. »Mike ließ sich durch seine persönliche Sympathie für einen Kunden dazu verleiten, diesem einen beträchtlichen Kredit zu gewähren, ohne die Geschäftslage genau genug zu prüfen. Der Kredit ging verloren. Obwohl Mike schon lange Jahre bei dieser Bank tätig gewesen war, vertraten seine Vorgesetzten die Auffassung, daß er für einen Mann seiner Erfahrung eine unverantwortliche Entscheidung getroffen habe. Mike wurde also entlassen und stand einige Zeit ohne Arbeit da.

Ich habe nie jemanden gesehen, der einen geschlageneren Eindruck machte: Sein Gang... sein Gesicht... seine Haltung... seine Sprechweise... alles zeugte von völliger Entmutigung und Niedergeschlagenheit. Er hatte, was Sie, Clem, eine negative Geisteshaltung nennen!« sagte Mr. Dewey zu mir. Dann fuhr er fort:

»Mike unternahm mehrere vergebliche Versuche, eine neue Anstellung zu erhalten. Dieser Mißerfolg war für mich keine Überraschung, denn er war ganz einfach eine Folge seiner negativen Haltung. Ich lieh ihm ein Buch, in dem dargelegt wird, wie man seine beruflichen Erfahrungen und Qualifikationen einem in Aussicht genommenen Arbeitgeber am überzeugendsten darstellt. Ich sagte ihm, daß er dieses Buch unbedingt lesen müsse und mich dann aufsuchen solle.

Mike las das Buch noch am selben Abend und besuchte mich am Tag darauf, denn er suchte dringend Arbeit.

»Ich habe das Buch gelesen«, sagte er.

»Du kannst dich sicher erinnern«, sagte ich, »daß darin der Vorschlag gemacht wird, man solle alle seine Aktiva zusammenstellen, *insbesondere alle Bemühungen, die dem vorhergehenden Arbeitgeber Geld eingebracht haben.*« Daraufhin stellte ich ihm mehrere Fragen, wie zum Beispiel:

1. Um wieviel stieg durch deine Bemühungen der Jahresumsatz der Bank, solange du dort Filialleiter warst?

2. Wieviel Geld hat die Bank dadurch eingespart, daß du den Betrieb rationalisiert hast?

Mike war klug genug, um zu sehen, worauf ich hinauswollte. Ich war erstaunt über die Verwandlung, die in ihm vorgegangen war! Er war ein neuer Mensch: ein offenes Lächeln... ein fester und freundlicher Händedruck... eine Stimme, die ihren sicheren Klang wiedergewonnen hatte — mit einem Wort, das Bild eines erfolgreichen Mannes.
Und ebenso erstaunt war ich, als ich las, worin seiner Meinung nach seine wirklichen Aktiva bestanden. Denn er hatte nicht nur aufgeführt, welche seiner Dienste für seinen früheren Arbeitgeber von Wert gewesen waren, sondern er hatte noch eine Reihe besonderer Punkte unter der Überschrift »*Meine wirklichen Aktiva*« zusammengefaßt. Als ich dies hörte, rief ich aus: »Mike Corrigan muß die Bedeutung der positiven Selbsterkenntnis und Selbstvervollkommnung erkannt haben!« Sie werden verstehen, was ich damit meinte, wenn Sie das Kapitel »Die wahren Reichtümer des Lebens« lesen.

Mr. Dewey fuhr fort: »Unter seinen *wirklichen Aktiva* führte er auf:

- Eine wundervolle Frau, die die Welt für ihn bedeutete.
- Sein einziges Kind, eine Tochter, die Freude, Glück und Sonnenschein in sein Leben brachte.
- Gesundheit der Seele und des Körpers.
- Viele Freunde — gute Freunde.
- Eine Philosophie und Religion, die seinem Leben Sinn und Richtung verliehen.
- Das Vorrecht, in einem freien Land zu leben.
- Ein Haus und ein Auto, die beide voll bezahlt waren.
- Ein paar Tausend Dollar auf der Bank.
- Jung genug zu sein, um noch viele schöne Jahre vor sich zu haben.
- Die Achtung und Hochschätzung derer, die ihn kannten.

»Mike war an jenem Abend ein blendender Gesellschafter«, sagte Mr. Dewey. »Er war so voll Begeisterung, daß er mich ansteckte. Ich dachte bei mir, daß er gerade der Mann war, den ich anstellen würde, wenn ich einen Posten zu vergeben hätte. In den nächsten zwei Tagen ging mir Mike kaum aus dem Sinn. Und als am Abend des zweiten Tages das Telefon läutete, ahnte ich, daß es Mike war. So war es auch.

»Ich möchte dir danken, Ned! Ich habe eine gute Position gefunden!« rief er glücklich aus.
Und Mike hatte tatsächlich eine sehr gute Stellung als kaufmännischer Direktor eines großen Krankenhauses in der Nachbarstadt bekommen, eine Position, die er nun schon seit vielen Jahren innehat!« schloß Mr. Dewey.

Er entwickelte einen Zeitverwendungsanzeiger ... und strebte nach Selbstvervollkommnung

Man braucht nicht gerade arbeitslos zu sein, um diese Art von Selbstbetrachtung durchzuführen. Menschen, die nach Selbsterkenntnis streben, streben in der Regel auch nach Selbstvervollkommnung — mit Erfolg! George Severance, der die Ohio National Life and Casualty Company (eine Lebensversicherungsgesellschaft) in Chicago vertritt, ist solch ein Mann.
Er war es, der den Zeitverwendungsanzeiger entwickelte, der ihm half, seine vielen lohnenden Ziele zu erreichen. Die Grundsätze, die er dabei entwickelte, können von jedem Menschen übernommen und angewendet werden, der sich die Zeit nimmt, seinen eigenen Zeitverwendungsanzeiger zu entwickeln und zu befolgen.
Falls auch Sie die ausführliche Anleitung zur Herstellung eines solchen Zeitverwendungsanzeigers (siehe Kapitel 19) befolgen, werden auch Sie ein vollkommenerer Mensch werden.
Denn ganz wie George Severance werden auch Sie mit Hilfe dieser Technik ausgeglichen und glücklich werden ... aus Ihrer Verschuldung herauskommen ... Geld sparen ... jede Verschwendung von Zeit und Geld vermeiden ... zu Reichtum kommen ... schlechte Gewohnheiten ablegen und gute Gewohnheiten annehmen. Die tägliche Verwendung dieses Zeitverwendungsanzeigers wird Sie zu höheren Leistungen anspornen. *Ich garantiere es!*
George ist mit mir befreundet. Ich kenne seine Geschichte gut. Als junger Mann begann er, Industrie-Versicherungen zu verkaufen, und fand bald Vergnügen an dieser Tätigkeit. Doch lassen wir ihn selbst erzählen:
»Ich glaube, ich habe damals an jede Tür in meinem Stadtviertel geklopft. Es gibt wohl kaum eine Gegend in jener Stadt, die ich nicht aufgesucht hätte. Mit der Zeit stieg die Zahl meiner Abschlüsse, und

doch befand ich mich in einer äußerst schwierigen finanziellen Lage, denn meine Schulden nahmen schneller zu als meine Einnahmen.
Eines Tages schmetterte mich die blitzartige Erkenntnis der Größe meiner Verschuldung nieder. Ich befand mich in einer gefährlichen finanziellen Krise. In diesem Augenblick erinnerte ich mich an einen Satz, den ich einmal gelesen hatte:

»Wenn Sie kein Geld sparen können, so ruht der Keim des Erfolges nicht in Ihnen.«

Mein glühendster Wunsch war aber, Erfolg zu haben. Ich wollte endlich aus meinen Schulden herauskommen. Ich fühlte, daß der Keim des Erfolges in mir ruhte. In dieser Lage und diesem Augenblick entschloß ich mich, einen entscheidenden Schritt zu tun.«

Wenn Sie kein Geld sparen können, ruht der Keim des Erfolges nicht in Ihnen.

Dieser Satz bewies mir, daß sich mein Freund — wie auch viele andere erfolgreiche Menschen — durch einen Satz hatte leiten lassen, den er in einem Buch zur Selbstvervollkommnung gelesen hatte. Es genügt aber nicht, solche Bücher zu lesen und sich ihre Lehren zu Herzen zu nehmen. Man muß auch danach *handeln*.
George erzählte mir, daß sein Zeitverwendungsanzeiger *ihm geholfen hatte, zu wahrer Selbsterkenntnis zu gelangen, sich seine Zeit einzuteilen, sich bestimmte Ziele zu setzen und den besten Weg zu wählen, diese zu verwirklichen.* Darüber hinaus aber fühlte er sich *angespornt zu handeln*. Doch lassen wir ihn weitererzählen:
»Nachdem ich den Zeitverwendungsanzeiger entwickelt hatte, stellte ich fest, daß ich in einem einzigen Monat 32 Stunden darauf verwendet hatte, mit meinen Freunden Kaffee zu trinken. Mit Verblüffung wurde mir bewußt, daß dies vier Arbeitstagen entsprach. Als nächstes erkannte ich, daß ich oft meine Mittagszeit eine volle Stunde länger ausdehnte als nötig. Auch die mangelnde Organisation meiner Reisen wurde mir bewußt. Ich eilte von einem Ort zum anderen, anstatt ein Gebiet sorgfältig durchzuarbeiten. Als nächstes bemerkte ich, daß ich viel zu spät zu Bett ging. Zu jener Zeit rief die Firma ihre Mitarbeiter oft am Abend zu einer Besprechung zusammen. Wenn die Versammlungen dann um acht oder neun Uhr zu Ende waren, setzte ich mich

noch mit anderen zusammen und spielte Karten oder verplauderte die Zeit bis nach Mitternacht. Jetzt aber gehe ich nach Hause und genieße den Abend im Kreise meiner Familie. Ich schlafe mich ordentlich aus und habe auch mehr Zeit, Bücher zur Weiterbildung und Selbstvervollkommnung zu lesen.

Und dann der Sport — manchmal besuchte ich Fußballspiele oder spielte Golf, anstatt meine Versicherungsverträge an den Mann zu bringen. Ich mag gar nicht an den Verdienstausfall denken, den ich dadurch erlitt. Die Besorgungen für meine Familie waren ein weiterer Punkt. Anstatt meine Zeit nutzbringend als Ernährer meiner Familie zu verwenden und zu arbeiten, machte ich Besorgungen. Rückschauend stellte ich fest, daß ich in vieler Hinsicht meine Arbeitszeit darauf verschwendet hatte, gesellschaftliche Erfolge zu erzielen. Nachdem ich aber meinen Zeitverwendungsanzeiger entwickelt hatte, wurde mir bewußt:

Wenn ein Arbeitstag gesellschaftlich ein Erfolg war, war er geschäftlich ein Mißerfolg.«

George legte sich von Tag zu Tag genauere Rechenschaft darüber ab, wie er seine Zeit verwendete. Seine Vorgesetzten kamen aus dem Staunen nicht mehr heraus, denn aus den Unterlagen ging hervor, daß George nach seiner Erfindung des Zeitverwendungsanzeigers wahre Wunder verrichtete:

1. Er verkaufte für seine Gesellschaft im Laufe eines einzigen Jahres Versicherungsverträge im Werte von mehr als 4 Millionen Dollar.

2. Er stellte einen Gesellschaftsrekord auf, indem er an einem einzigen Tag Neuabschlüsse in der Höhe von 1 Million Dollar erzielte.

3. Er war auf die Dauer als Versicherungsvertreter so erfolgreich, daß er in den »Million Dollar Round Table« aufgenommen wurde, ein Club, dem anzugehören für jeden Versicherungsfachmann die größte und begehrteste Auszeichnung ist.

Mit berechtigtem Stolz erzählte George dann, daß er seine Schulden abbezahlt und als nächstes ein Sparkonto eröffnet hatte. Endlich hatte er sich 6000 Dollar zusammengespart. Ein Freund und er investierten je 6000 Dollar in ein Unternehmen, dessen Restfinanzierung die Bank übernahm. Innerhalb eines Jahres hatte jeder der beiden einen Gewinn von 50 000 Dollar erzielt. Dies war ein bedeutender Schritt vorwärts auf dem Wege zum Reichtum.

Würden Sie gerne ein Faksimile von George Severances Zeitverwendungsanzeiger sehen? Möchten Sie genau erfahren, wie man ihn anwendet? Möchten Sie selbst für Ihre besonderen Zwecke einen solchen Zeitverwendungsanzeiger entwickeln?

Im Kapitel 19, das dem Thema gewidmet ist »Der Erfolganzeiger bringt Erfolg«, werden Sie Gelegenheit dazu haben. Es bedarf aber beträchtlicher Willenskraft, um die feste Gewohnheit zu bilden, jeden Tag eine solche Selbstinventur vorzunehmen.

Willenskraft

Vielleicht haben Sie sich, als Sie meine Erlebnisse im Gebäude der Dime-Bank lasen, die Frage gestellt, wie ein Teenager es an seinem ersten Tage als Versicherungsvertreter fertigbrachte, Verkaufstechniken zu entwickeln, deren Erfolg auf einer Kenntnis menschlicher Denkvorgänge und Denkgewohnheiten beruhte, während ältere und erfahrenere Versicherungsvertreter niemals auf solche Gedanken kamen.

Machen Sie nicht den Fehler, junge, heranwachsende Menschen zu unterschätzen. Schon in meinen ersten Jahren an der höheren Schule sah ich mich vor Probleme gestellt, die mich dazu bewegten, das Buch »Power of Will« von Frank Channing Haddock zu kaufen. In erster Linie wollte ich meinen Willen stärken. Ich war aber auch der Vorsitzende des Diskussionsklubs unserer Schule, wo wir über Themen diskutierten, wie zum Beispiel »Gibt es einen freien Willen?«, und ich hoffte, in dem obengenannten Buch viele wertvolle Anregungen zu finden. Diese Ausbildung und Erfahrung im Diskutieren und öffentlichen Sprechen gaben mir Sicherheit und Selbstvertrauen. Auch die Notwendigkeit, sofort überzeugende Gegenargumente zu finden, kam mir später in meinen Verkaufsgesprächen sehr zustatten; denn es handelt sich, im Grunde genommen, um dasselbe Prinzip. Sowohl der Diskussionsredner wie auch der Verkäufer müssen logisch denken und ein Gefühl dafür entwickeln, welche Aussage zum eigenen Vorteil genützt werden kann. Um hier Erfolg zu haben, muß man *überzeugen*.

Ich habe mich oft gefragt, warum die Schulen nicht auf solche Werke zur Selbstvervollkommnung hinweisen. In den mittleren und höheren Klassen befinden sich die Schüler in einem Alter, in dem sie beginnen, nach Wahrheit und persönlichem Rat zu suchen. Bücher, die die Bedeutung von Arbeit, Ehrlichkeit, Mut, einem anständigen Leben, guten Gedanken und guten Taten einprägen, könnten hier von größtem Wert sein.

Der Verstand ist das Tor zur Seele

Die Geschichte der Menschheit hat uns gelehrt, daß die besten Gedanken unserer Zeit identisch sind mit den besten Gedanken der ältesten Zeiten. In dieser Form drückte Nate Lieberman, ein anderer meiner Freunde, diesen Gedanken aus. Eine Unzahl von Menschen hat edle Gedanken gedacht und gute Taten getan, um — entsprechend den Lehren ihrer Religion — ein edles Leben aufzubauen. Wir finden unsere Morallehre in der Bibel und anderen religiösen Schriften. Wenn Sie nach Selbstvervollkommnung streben, so müssen Sie sich mit Religionsphilosophie beschäftigen und Rat in der Bibel suchen — dem Selbsthilfebuch, das mehr Menschen zu guten Taten angeregt hat als irgendein anderes Buch. Und wenn Sie die Bibel lesen, so lassen Sie sich durch deren Worte ermutigen, selbst wenn es Ihnen am Anfang noch an dem nötigen Wissen-Wie fehlt, die darin enthaltenen Grundsätze zu erfassen und anzuwenden. Denn: Wissen-Wie ist eben ein Produkt der Erfahrung.
Mit Hilfe der Bibel und Ihrer Religion finden Sie den Weg zu Ihrer Seele durch das Tor des Verstandes. Und in Anbetracht der Bedeutung eines gesunden Geistes und der heilenden Kräfte der Religion beginnen Vertreter aller Glaubensgemeinschaften die Notwendigkeit einer Zusammenarbeit zwischen Geistlichen und Psychiatern zu erkennen, um so dem einzelnen den wirksamsten Weg zu körperlicher, geistiger und moralischer Gesundheit zu weisen.
25 Jahre lang haben Dr. Smiley Blanton und der hochwürdige Dr. Norman Vincent Peale den Wert der Zusammenarbeit zwischen einem Psychiater und einem Geistlichen bewiesen, die dabei durchaus die jeweiligen Zielsetzungen ihres Berufs verfolgen können. Insbesondere durch die American Foundation of Religion and Psychiatry (Amerikanische Stiftung für Religion und Psychiatrie), die sie zusammen grün-

deten und deren Hauptbüro sich in New York befindet, wurden Geistliche aller Glaubensgemeinschaften in vielen Teilen der Welt ausgebildet, ihre Sendung wirksamer zu erfüllen.

Ich erwähne diese Philosophie hier, weil ich als Leiter der Verkaufsabteilung eine Reihe von Herren, die bei anderen Gesellschaften versagt hatten, angestellt und mit ihnen hervorragende Erfolge erzielt habe, und zwar dadurch, daß ich sie zur Selbstvervollkommnung anregte. Jeder Mensch, der etwas aus sich machen will, kann seine Ziele verwirklichen, indem er unermüdlich nach körperlicher, geistiger und moralischer Gesundheit strebt. Er darf nur keine unsichtbaren Mauern aufrichten.

Reißen Sie die unsichtbaren Mauern nieder

Im dritten Jahrhundert vor Christus baute Chin Shih Huang Ti, der erste Kaiser der Chin-Dynastie, zwei Mauern — die berühmte Chinesische Mauer und gleichzeitig eine »unsichtbare Mauer«.

Die große Chinesische Mauer mit ihren 25 000 Wachttürmen erstreckte sich über Tausende von Kilometern. Mehr als 2000 Jahre lang verhinderte sie, daß die Barbaren eindrangen und, gleichzeitig, daß die älteste Zivilisation der Welt mit all ihrem hochentwickelten Wissen und ihrer großen Kultur nach außen drang.

Im dritten Jahrhundert vor Christus hatte China alles, was es brauchte, und war auf den Rest der Welt nicht angewiesen. Aber die übrige Welt hätte dringend benötigt, was China damals zu bieten hatte: die Buchdruckerkunst, die Verwendung von Kohle, Wasseruhren, den Bronzeguß, Schießpulver, astronomische Instrumente, den Kompaß, Medikamente, Gewürze und vieles mehr.

Im Laufe der Jahrhunderte jedoch gelangten die »Barbaren« zu Einsicht, Wissen und Erfahrung und brachten ihre Zivilisation auf eine Höhe der Vollendung, die der des damaligen chinesischen Kulturkreises so weit überlegen ist, daß China heute im Vergleich dazu ein primitives Land ist.

Denn ganz wie die Staatsmänner, die sich vor der Freiheit der Religion, Erziehung und der Presse fürchten und die Bambus- oder Eiserne Vorhänge um ihre Völker errichtet haben, verhinderte jener Kaiser jeden Fortschritt, indem er alle Schriften zerstören ließ, die nicht seinen Vorstellungen und seiner Philosophie entsprachen.

Es trifft sicher zu, daß die anderen Sie nicht für einen Kaiser, König oder politischen Machthaber halten; was aber die Entscheidung über Ihre Gedanken, Gefühle, Glaubenssätze und *Bemühungen* betrifft, so sind Sie ein absoluter Herrscher. Und die Bücher, die Sie nicht lesen, sind so nutzlos für Sie, wie wenn sie verbrannt oder zerstört worden wären.

Vielleicht ist nun der Augenblick gekommen, wo Sie sich fragen: »Welche unsichtbaren Mauern habe ich errichtet? Habe ich mich, seit ich die Schule verließ, mit neuen Gedanken, Auffassungen und Philosophien beschäftigt? Halte ich Schritt mit den wirtschaftlichen, sozialen, religiösen, wissenschaftlichen, politischen und anderen wichtigen Fortschritten unserer Zeit? Lese ich ein Buch zur Selbstvervollkommnung so, als ob der Autor ein persönlicher Freund wäre und an mich und für mich allein schriebe, oder habe ich bereits jeden Grundsatz gelernt, den ich mir je zu eigen machen will?«

Machen Sie etwas aus sich selbst

Bauen Sie Ihr Leben auf. Seien Sie von Nutzen für sich selbst und die ganze Menschheit. Fangen Sie von innen an, aber verschaffen Sie sich Hilfe von außen. Diese Ziele können Sie verwirklichen, wenn Sie nach Ihrem eigenen *unfehlbaren Erfolgssystem* suchen, es finden und befolgen.

Um Hilfe von außen zu erlangen, müssen Sie in allem, was Ihnen begegnet, das Gute suchen und finden. Den Anfang dazu müssen Sie in Ihrem Inneren machen: die richtige geistige Einstellung gegenüber Ihren Mitmenschen, gegenüber Orten, Dingen, Kenntnissen, Sitten, Gebräuchen, Glaubenssätzen — seien es nun Ihre eigenen oder die anderer.

Liegt Ihre Zukunft bereits hinter Ihnen, weil Sie in Ihrem Inneren so starke unsichtbare Mauern aufgerichtet haben, daß das Licht neuer Gedanken nicht mehr von außen durchdringen kann?

Doch wie dem auch sei: wenn Sie tatsächlich solche unsichtbaren Mauern errichtet haben, können Sie sie niederreißen. Das nächste Kapitel »Lassen Sie Ihre Zukunft nicht hinter sich liegen« zeigt Ihnen, was Sie hier tun müssen.

ZUSAMMENFASSUNG

Ist Ihnen in diesem Augenblick genau bewußt, worin Ihre Aktiva, guten Eigenschaften und Vorteile bestehen? Sind Sie sich Ihrer wahren Fähigkeiten bewußt, Ihrer Möglichkeiten, sich weiter zu vervollkommnen, all Ihrer früheren Erfolge, ob groß oder klein? Falls nein, so werfen Sie einen Blick in Ihr Inneres – machen Sie eine Selbstinventur! Um Ihr Ziel zu erkennen und den Weg, der dorthin führt, müssen Sie sich zuerst selbst erkennen.

KAPITEL 4

Lassen Sie Ihre Zukunft nicht hinter sich liegen

Floyd Patterson stürzte zu Boden. Sekunden später hatte er den Titel des Schwergewichts-Weltmeisters verloren. Ingemar Johannssen hatte ihm diesen Titel abgenommen.
Alle Fachleute sagten, daß Floyd erledigt sei — seine Zukunft als Boxer »lag hinter ihm«. Und jedermann wußte, daß Floyd einer der ältesten und seltsamsten Erfahrungstatsachen im Sportleben ins Auge sehen mußte: Kein Schwergewichtsmeister hat jemals seinen Titel zurückgewonnen. Floyd aber mußte es versuchen — ja, er sagte sogar voraus, daß er es schaffen würde!
Denn Floyd Patterson ließ sich *durch seinen Mißerfolg inspirieren*. Er wußte, daß er das Zeug in sich hatte, und er gab sich mit seiner Niederlage nicht zufrieden. Seine Weltmeisterschaft hatte ihn mit großem Stolz erfüllt.
Je mehr er darüber nachdachte, um so mehr wurde ihm bewußt, daß er seine geistige Einstellung korrigieren und hart an sich arbeiten mußte, um die verlorene Zeit wieder wettzumachen. Und er tat sein Bestes. Er arbeitete und studierte. Er hörte auf seine Trainer.
Er hörte auch auf den früheren Weltmeister Joe Louis, der ihm sagte: »Um Johannssen zu besiegen, mußt du seinem Schlag ausweichen und dann seine Deckung durchbrechen.« Genau dies tat Patterson auch. Von der ersten Sekunde des Kampfes an bis zur fünften Runde, als er mit einem linken Haken Johannssens Kinn traf und ihn zu Boden schickte, bewies Patterson, daß er sich *durch seinen Mißerfolg hatte inspirieren lassen*. Seine Niederlage wurde ihm erstens Antrieb zur Tat, zweitens Antrieb, Praxis zu gewinnen, und drittens Antrieb, die nötigen Fachkenntnisse zu erwerben, um somit den Titel eines Schwergewichts-Weltmeisters zurückzuerobern. Eine Bemerkung von Patterson kurz vor dem Kampf wirft Licht auf diese Zusammenhänge. Er sagte zu den Bildberichterstattern: »Das Wichtigste an mir bekommen

Sie nicht aufs Bild. Denn das Wichtigste für mich ist meine geistige Einstellung.« Man ersieht daraus, daß Floyd seine negative Einstellung in eine positive verwandelt hatte. Und damit lag seine Zukunft wieder vor ihm.

Liegt Ihre Zukunft hinter Ihnen?

Liegt Ihre Zukunft vor oder hinter Ihnen? Ob Sie diese Frage richtig beantworten, kann davon abhängen, ob Sie sich bemühen, etwaige unsichtbare Mauern niederzureißen — nämlich negative Gewohnheiten, Gedanken und Handlungen — und statt dessen positive Gewohnheiten zu bilden und zu stärken, die dann zu guten Gedanken und Handlungen führen. Denn der Schlüssel zum wahren Erfolg liegt im Charakter.

Letzte Vollkommenheit ist uns versagt, aber man erwirbt Charakterstärke, indem man sich um sie bemüht. Sollen Ihre Tage und Wochen von Glück oder von Pech begleitet werden — Ihre Wochen und Monate und Jahre von Erfolg oder Mißerfolg? Sie haben die Wahl. Sie halten das Steuer in der Hand. Sie können den Kurs festlegen, der Sie zu Ihrem Ziele führt — sei das heute, morgen oder in der entfernteren Zukunft.

Aber wo stehen Sie jetzt? Der Augenblick ist gekommen, dies festzustellen. Und auch dafür ist der Zeitpunkt gekommen, Ihre Denkgewohnheiten und Verhaltensweisen zu überprüfen, denn diese haben Sie dorthin gebracht, wo Sie heute stehen. Die Gedanken, die Sie *jetzt* denken, und die Dinge, die Sie *jetzt* tun, bestimmen die Richtung Ihres Lebens. Sind Sie auf dem rechten Kurs, um von dort, wo Sie jetzt stehen, zu dem Ziel zu gelangen, das Sie sich ersehnen?

Gleichgültig was Sie sind oder waren, Sie können immer noch der werden, der Sie sein möchten. Denn auf Ihrer Lebensreise können Sie wie der Kapitän eines Schiffes den ersten Hafen bestimmen, an dem Sie anlegen wollen, und dann Ihren Weg zum nächsten Bestimmungsort fortsetzen. Auf der Reise von einem Hafen zum andern werden Ihnen Windstille und Sturm begegnen, Sie aber müssen Ihren Kurs unbeirrt weitersteuern. Manches Schiff, das sein Ruder verlor, und mancher Mensch, der seinen Charakter verlor, strandete und ging der Menschheit verloren. Dies kann in jedem Augenblick einer solchen Reise über die See oder durch das Leben eintreten. Denn *der Charakter ist der* einzige gemeinsame Nenner aller persönlichen Eigenschaften, die eine wirklich erfolgreiche Zukunft sichern.

Er ließ seine Zukunft hinter sich liegen

Meine Mutter liebte das Theater, die Musik und die Oper, und als Junge nahm sie mich oft mit, um einen der großen Schauspieler jener Zeit zu sehen. Damals erschien er mir wie ein Held. Jahre später, als ich bereits zum Mann herangereift war, sah ich ihn wieder — kein Mensch lag ihm mehr zu Füßen. Er zog nach wie vor viele Zuschauer an, und sie klatschten ihm immer noch Beifall — aber nicht mehr seiner Kunst und seiner Begabung wegen. Sie applaudierten, wenn er bei Beginn des Stückes auf der Bühne erschien, ja selbst wenn er sich verspätete — sie applaudierten ganz einfach, weil er gekommen war. Sie spendeten Beifall bei jedem Versprechen, bei jeder Zeile, die er vergaß, bei jeder witzigen Improvisation. Er war kein Clown — aber sie lachten. Er war kein Komiker — sondern nur ein großer Mann, der seine Zukunft hinter sich gelassen hatte: er war ein hemmungsloser Alkoholiker geworden. Ich wußte es damals noch nicht, aber die Zukunft dieses hervorragenden Schauspielers war bereits zerstört, als ich ihn als Junge sah. Damals schon wußte er, wohin es mit ihm ging. Er weigerte sich aber, das Steuer in die Hand zu nehmen, es herumzuwerfen und das Schiff seines Lebens wieder auf Kurs zu bringen — dadurch daß er seine schlechten Gewohnheiten ablegte und sich statt dessen gute Gewohnheiten zu eigen machte.

Wie man sich selbst überwindet

Was für eine Tragödie ist es doch, alle Voraussetzungen eines erfolgreichen Menschen zu besitzen — mit Ausnahme einer, und zwar der wichtigsten: der Charakterstärke. Den Kampf um einen guten Charakter muß jeder Mensch für sich allein bestehen. Doch der Sieg kann unser sein. Wenn auch der Kampf in unserem Inneren ausgetragen werden muß, so können wir doch von außen Hilfe erhalten: durch gute Menschen und Selbsthilfe-Bücher, die den Leser dazu anspornen, einen besseren Menschen aus sich zu machen und die wahren Reichtümer des Lebens zu suchen. Denken Sie aber immer daran: *Der eigentliche Wert eines solchen Buches zur Selbstvervollkommnung liegt nicht in dem, was der*

Autor hineinlegt, sondern in dem, was Sie, der Leser, dem Buch entnehmen und in Ihrem Leben anwenden.
Was aber das Wichtigste ist, Sie können um Hilfe und Führung beten.
Prägen Sie sich folgendes ein:
Sie sind das Produkt Ihrer Erbmasse, Ihrer Umwelt, Ihrer körperlichen Beschaffenheit, der bewußten und unterbewußten Schichten Ihres Geistes, Ihrer Erfahrung und insbesondere Ihrer Stellung und Richtung in Zeit und Raum... Darüber hinaus sind Sie das Produkt vieler anderer Dinge und Mächte, bekannter und unbekannter. Es steht aber in Ihrer Macht, auf all diese Faktoren einzuwirken, sie zu nutzen, zu kontrollieren oder zu harmonisieren. Sie können Ihre Gedanken ordnen und lenken, Ihre Gefühle beherrschen und Ihr Schicksal bestimmen.
Dies ist meine feste Überzeugung. Und Sie werden die Wahrheit dieser Worte beweisen, sobald Sie das *unfehlbare Erfolgssystem* verstehen und anwenden. Es wird Sie inspirieren und Sie werden über das nötige Wissen-Wie und die erforderlichen Kenntnisse verfügen. Sie werden gute Gedanken denken... und Sie werden gute Taten vollbringen.
Sie werden Ihre Gedanken abwenden von *den Dingen, die Sie nicht wünschen* sollten, indem Sie *Ihre Gedanken auf die Dinge konzentrieren, die Sie sich wünschen sollten.* Und so werden Sie beginnen, *sich selbst zu überwinden,* indem Sie Ihr Unterbewußtsein durch *Selbstsuggestion* beeinflussen.
Der Gedanke ist die mächtigste Form der Suggestion — er ruft oft eine stärkere Wirkung hervor als irgendein Sinneseindruck. Ihr Unterbewußtsein besitzt bekannte und unbekannte Kräfte, und diese müssen Sie kontrollieren, um den Sieg über sich selbst davonzutragen. Bei Ihrer weiteren Lektüre des *unfehlbaren Erfolgssystems* werden Sie das nötige Wissen-Wie und die erforderlichen Kenntnisse erwerben, um die Macht der Suggestion wirksam einzusetzen.

Tun Sie das Rechte, weil es das Richtige ist

Jedesmal, wenn ich Ihnen sage: »Tun Sie das Rechte, weil es das Richtige ist«, suggeriere ich Ihnen etwas. Jedesmal, wenn Sie sich selbst sagen: »Tu das Rechte, weil es das Richtige ist«, handelt es sich um eine Selbstsugesstion. Jedesmal, wenn Ihr Unterbewußtes Ihrem Bewußtsein eingibt: »Tu das Rechte, weil es das Richtige ist«, handelt es sich um eine Autosuggestion. Es ist wichtig, die folgenden Dinge auseinanderzuhalten:

1. Jede Suggestion kommt von außen.
2. Selbstsuggestion ist entweder automatisch oder wird bewußt von innen gesteuert.
3. Autosuggestion ist völlig unbewußt und automatisch. Wie bei einer Maschine führt die gleiche Ursache immer zur gleichen Wirkung.
4. Gedanken *und* Sinneseindrücke sind Formen der Suggestion.
5. *Nur Sie können für sich denken.*

In diesem ganzen Buche bin ich bemüht, Sie zu einer bestimmten Handlungsweise zu bewegen, indem ich Ihnen die Kunst der Motivierung erkläre oder illustriere. Ständige Wiederholung verstärkt die Wirkung jeder Form von Suggestion. Es bedarf aber einer bewußten Anstrengung Ihrerseits, um die Kunst der »Selbstmotivierung« (das heißt die Kunst, sich selbst zu einem bestimmten Handeln anzuspornen) zu erlernen. Deshalb möchte ich Ihnen dringend nahelegen, sich selbst von der Wirksamkeit dieser Methode zu überzeugen.

Wiederholen Sie sich während der kommenden Woche jeden Morgen und jeden Abend — und auch des öfteren während des Tages: Tu das Rechte, weil es das Richtige ist. Wenn dann eine Versuchung an Sie herantritt, wird Ihr Unterbewußtsein sofort Ihrem Bewußtsein diesen Gedanken eingeben. Sobald dies eintritt — *handeln* Sie sofort! Tun Sie das Rechte!

Auf diese Weise werden Sie durch ständige Wiederholung eine Gewohnheit bilden — eine gute Gewohnheit, die Sie zum Erfolg führen wird. Denn Ihre Zukunft hängt ab von Ihrem Charakter — und Charakter besteht im erfolgreichen Widerstand gegen Versuchungen. Die Welt ist dadurch ein menschenwürdiger Aufenthaltsort geworden, weil es Persönlichkeiten gegeben hat und gibt, die es sich zur Gewohnheit gemacht haben, *nur* das Rechte zu tun, weil es das Richtige ist. Unter diesen Menschen waren Sünder, die zu Heiligen wurden. Gerade ihre Sünden wurden ihnen zum Ansporn, Heilige zu werden. Ihre Reue trieb sie an, Gutes zu tun; ihr Wunsch, zu büßen, wieder gutzumachen, sich von ihrem Schuldgefühl zu befreien; ihr Wunsch, von ihren Mitmenschen geachtet zu werden; ihre Sehnsucht, Gott für seinen Segen zu danken; der Drang, die verlorene Zeit wieder wettzumachen: all dies machte sie zu Heiligen.

Vielleicht trifft dies auch auf William Sidney Porter zu, dessen Schriftstellername O'Henry war. Während er im Zuchthaus von Ohio eine Strafe wegen Unterschlagung absaß, begann er zu studieren, zu denken und zu planen. Indem er sich bemühte, *seine Seele zu ergründen,* gewann er die Kraft, den Sieg über sich selbst davonzutragen. *Von da an* lag seine Zukunft *vor ihm.*

Er nützte seine schriftstellerischen Talente, und kurze Zeit, nachdem er aus der Haft entlassen worden war, hatte er bereits mehrere Verleger gefunden. So bezahlte ihm zum Beispiel die Wochenzeitschrift New York World 100 Dollar pro Woche für eine Kurzgeschichte. Er wurde schnell berühmt. Seine Bücher hatten riesige Auflageziffern. »Die Tragödie seines Lebens lehrte ihn ein ritterliches Zartgefühl für die Unglücklichen«, heißt es in der Encyclopaedia Britannica, dem größten Nachschlagwerk in englischer Sprache.

Gleichgültig, wer Sie sind oder was Sie gewesen sind, Sie können der sein, der Sie sein möchten.

Von Armut zu Reichtum

Lassen Sie mich Ihnen noch einen anderen alten Freund vorstellen: Horatio Alger. Ich machte zum ersten Mal seine Bekanntschaft während eines Sommeraufenthaltes auf einer Farm. Zu jener Zeit war ich zwölf Jahre alt und meine Mutter hatte noch ihr Modegeschäft in Chicago. Sie glaubte, daß es für einen Stadtjungen wie mich gut sei, während des Sommers aufs Land zu gehen — und sie hatte recht.

Auf dieser Farm lernte ich schwimmen, rudern und im Bach zu fischen. Die alte Mühle mit ihrem Wasserrad — die Jagd auf Schildkröten im Schlamm — ein Lagerfeuer im nächtlichen Wald — die Picknicks — die Angst nach den vielen Geistergeschichten, die am offenen Kamin erzählt wurden — die gruselige Erfahrung des »Tischchenrückkens«, wenn Mrs. Green, ihr Sohn Walter, ihr Gatte und ich an stürmischen Abenden Fragen an die Geister stellten — das Schlafen auf dem Heuboden ... all das sind liebe Erinnerungen.

Ich werde aber niemals den ersten Tag vergessen, an dem ich auf den Speicher hinaufstieg, denn dort begegnete ich Horatio Alger. Mindestens fünfzig seiner Bücher lagen verstaubt und verwittert in einer

Ecke. Ich nahm eines davon mit in die Hängematte im Garten und begann zu lesen. Im Laufe jenes Sommers las ich sie alle. Sie hatten ein und dasselbe Thema: von Armut zu Reichtum. Sie lehrten alle ein und denselben Grundsatz: Der Held war erfolgreich, weil er *Charakter* hatte — der Schurke ging unter, weil er log und betrog. Wie viele von Algers Büchern wurden verkauft? Kein Mensch weiß es. Die Schätzungen schwanken zwischen 100 und 300 Millionen Exemplaren. Was wir aber mit Sicherheit wissen, ist dies: daß seine Bücher Tausende von amerikanischen Jungen aus armen Familien dazu inspirierten, *das Rechte zu tun, weil es das Richtige war,* und so zu Reichtum zu kommen.

Die richtige Einstellung und die Inspiration der Unzufriedenheit

Ganz wie ich mögen auch Sie der Ansicht sein, daß die meisten Menschen im Grunde anständig und gut sind. Nun kann jemand aber durchaus einen guten Charakter, hervorragende Gesundheit und einen scharfen Verstand besitzen und trotzdem seine Zukunft hinter sich lassen. Und zwar dann, wenn seine geistige Einstellung negativ anstatt positiv ist. Was aber bedeutet es, eine positive Geisteseinstellung zu haben?
In einem anderen Buch »Success Through a Positive Mental Attitude« (Erfolg durch positives Denken) beschrieb ich diese Haltung wie folgt: *»Die richtige geistige Einstellung besteht meist aus den ›Plus‹-Eigenschaften, die bezeichnet werden als Ehrlichkeit, Vertrauen, Hoffnung, Optimismus, Mut, Initiative, Großzügigkeit, Toleranz, Takt, Freundlichkeit und gesunder Menschenverstand. Die falsche Geisteshaltung trägt die entgegengesetzten Kennzeichen.«* Soweit werden Sie und ich einer Meinung sein.
Selbst der wundervollste Mensch der Welt wird jedoch keinerlei Fortschritte erzielen, wenn er nicht unzufrieden ist — in einem gesunden Sinne unzufrieden. Denn es ist die *Inspiration der Unzufriedenheit,* die den Wunsch zum Handeln wachruft.
»Jeder wachsende Organismus reift heran, bleibt auf dem am Schluß erreichten Stand und stirbt, wenn nicht neues Leben, neues Blut, neue Tätigkeiten, neue Ideen hinzukommen«, sagt Edward R. Dewey.
Aller Fortschritt auf allen Gebieten des menschlichen Lebens war die Frucht des Handelns von Männern und Frauen, die von der *Inspira-*

tion der Unzufriedenheit erfüllt waren. Die Satten und Zufriedenen leisteten nie große Dinge, denn die Unzufriedenheit ist die Triebkraft des Menschen. Diese Inspiration der Unzufriedenheit muß sich mit der richtigen Geisteshaltung verbinden, denn wenn sie von der falschen Einstellung begleitet würde, könnte dies großes Unheil anrichten.

Um unzufrieden zu sein, müssen Sie etwas *begehren*. Wenn Sie etwas stark genug begehren, werden Sie auch etwas *tun*. Sie werden *versuchen*, es zu bekommen.

Wo Dr. Joe ist, da ist Gott

Bob Curran und ich unterhielten uns gerade über die Macht der Inspiration der Unzufriedenheit und der richtigen Geisteshaltung, als Bob mich fragte: »Habe ich dir je von meinem Schwager, Dr. Joe, erzählt?« »Nein«, antwortete ich, und er fuhr fort: »Dr. Joe Hopkins aus Texas ist mit meiner Schwester verheiratet. Seit mehr als 50 Jahren praktiziert er als Arzt. Vor 33 Jahren entdeckte er, daß er an Kehlkopfkrebs litt. Die Geschwulst mußte natürlich entfernt werden. Die schwierige Operation rettete zwar Dr. Joes Leben, beraubte ihn aber gleichzeitig seiner Stimme.

Irgendwo hatte er von einem alten Landarzt gehört, an dem eine ähnliche Operation vollzogen worden war. Jener alte Landarzt hatte den brennenden Wunsch, wieder ohne künstliche Hilfsmittel sprechen zu können, und dies war ihm auch mittels einer erstaunlichen, von ihm selbst entwickelten Technik gelungen. Zuerst schluckte er Luft, dann ließ er diese Luft zurück zur Kehle und in den Mund strömen. Mit Hilfe des Luftdrucks, den er mit Zungenspitze und Zähnen steuerte, gelang es ihm, Laute zu bilden. Schließlich konnte er wieder ganz gut sprechen.

Als Dr. Joe dies hörte, war es für ihn eine Inspiration. Er war überzeugt, daß auch er ohne Kehlkopf sprechen könne. Nachdem seine Kehle ausgeheilt war, versuchte er, bestimmte Laute hervorzubringen. Er ließ sich durch seine anfänglichen Mißerfolge nicht entmutigen, sondern betete und versuchte es immer wieder. Es schien unmöglich, die Töne zu erzeugen, die er wollte, aber eines Tages gelang es ihm, bestimmte Vokale klar zu bilden. Mit erneuter Hoffnung vermehrte er seine Anstrengung und seine Gebete. Jeden Tag machte er Fortschritte. Zuerst meisterte er die Vokale, dann das gesamte Alphabet, dann einsilbige Wörter. Mit fortschreitender Übung gelang es ihm, auch zwei- und dreisilbige Wörter auszusprechen — bis er schließlich wieder zusammenhängend sprechen konnte.

Seine Stimme klingt zwar etwas rauh, aber er ist leicht zu verstehen — selbst am Telefon. Wenn es ihm anfänglich schwerfiel, ein bestimmtes Wort auszusprechen, unterbrach er sich, dachte nach und verwendete dann ein anderes Wort gleicher Bedeutung. Aber auch dieses Problem hat er inzwischen gemeistert, und heute spricht er ohne größere Schwierigkeiten.«

»Hat er anderen helfen können, die ein ähnliches Leiden hatten?« fragte ich.

»Ja, in der Tat«, antwortete Bob. »Und Dr. Joe hat eine äußerst interessante Technik entwickelt, um anderen Vertrauen in die eigene Fähigkeit zu geben. Wenn zum Beispiel ein anderer Arzt einen Patienten an ihn überweist, dessen Kehlkopf operativ entfernt worden ist, dann wird der Betreffende in den meisten Fällen Dr. Joes Wartezimmer voller Leute finden. Der Neuankömmling sieht dann Dr. Joe eintreten und hört ihn mit seiner rauhen Stimme zu den anderen sprechen. Er lächelt und lacht. Er scheint glücklich zu sein. Und er ist es auch. Wenn der sprechunfähige Patient dann den Behandlungsraum betritt, erzählt ihm Dr. Joe die ermutigende Geschichte, wie er selbst durch den alten Landarzt inspiriert wurde und wieder sprechen lernte.

Die meisten Patienten sind voll freudiger Erregung, wenn sie sich vorstellen, daß sie wie Dr. Joe wieder werden sprechen können. Zum Schluß sagt ihnen mein Schwager, daß sie hart arbeiten müssen und üben, üben, üben.

Heute hat Dr. Joe so viel zu tun wie kaum ein anderer, den ich kenne. Er versorgt drei Krankenhäuser und arbeitet im Alter von 75 Jahren noch jeden Tag. Einmal wurde er zum Arzt des Jahres in Texas ernannt, ein andermal wurde er mit der Laetare Medaille ausgezeichnet, und aufgrund seiner aufopferungsfreudigen Arbeit für die Armen erhielt er von Papst Pius XII den Ritterorden. Mehr als einmal habe ich die Leute sagen hören: »Wo Dr. Joe ist, da ist Gott!«

Der Segen der Arbeit

Bei der Lektüre dieses Kapitels haben Sie ganz klar erkannt: Einen guten Charakter zu entwickeln heißt *arbeiten*. Gute Gesundheit zu

genießen heißt *arbeiten*. Über sich selbst den Sieg davonzutragen, heißt *arbeiten*. Das Rechte zu tun, weil es das Richtige ist, heißt *arbeiten*. Sich von Armut zu Reichtum emporzuarbeiten heißt *arbeiten*. Sich wieder nach oben zu kämpfen heißt *arbeiten*. Wissen zu erwerben heißt *arbeiten*. Praxis zu erwerben heißt *arbeiten*.
Im nächsten Kapitel werden Sie erfahren, daß Arbeit Freude machen kann. Wenn Sie die dort genannten Grundsätze anwenden, werden Sie die Freude der Arbeit an sich erfahren. Und Sie werden feststellen, daß der Erfolg weniger Arbeit voraussetzt als der Mißerfolg.

ZUSAMMENFASSUNG

Sie machen den ersten Schritt auf dem Weg zum Erfolg, wenn Sie sich *inspiriert* fühlen, Ihre Kräfte einzusetzen. Diese Inspiration stammt aus Ihrer Unzufriedenheit mit dem augenblicklichen Zustand. Diese *Inspiration der Unzufriedenheit* ist demzufolge die stärkste Triebkraft in Ihrem *unfehlbaren Erfolgssystem*.
Lesen Sie dieses Buch sorgfältig, denn nahezu jede Seite gibt Zeugnis von dieser fruchtbaren Inspiration der Unzufriedenheit. Es handelt sich dabei um eine dynamische Kraft. Nützen Sie diese Kraft für Ihre Zwecke.

TEIL II

Der Weg zum Schatz

Tun Sie das, wovor Sie sich fürchten!
Glauben Sie, daß Sie es können — und Sie können es!
Haben Sie Mut zu großen Zielen!

KAPITEL 5

Erfolg ist leichter als Mißerfolg

Erinnern Sie sich an jenen ereignisreichen Tag? Besorgnis, Aufregung, Staunen, Erleichterung. Und dann Wogen von Freude und Stolz! Das ist es, was jeder Amerikaner und die meisten Menschen in der freien Welt fühlten, als Oberst John H. Glenn und seine Mercury-Kapsel »Freundschaft 7« durch eine Atlas-D-Rakete emporgehoben und in den Weltraum geschossen wurden, den Erdball dreimal mit einer Geschwindigkeit von etwa 30 000 km/h umkreisten und schließlich wieder wohlbehalten an der vorgesehenen Stelle landeten.
Während des Fluges war Oberst Glenn dazu gezwungen, die Raumkapsel mit der Hand zu steuern, da das automatische Steuergerät ausgefallen war. Er aber war darauf vorbereitet. Und nach seiner Landung sah die ganze Welt auf dem Bildschirm, daß Oberst Glenn ein Mann von Charakter und Mut war und daß er eine gewinnende Persönlichkeit und gesunden Menschenverstand besaß.
Die plötzliche Entladung der geballten Energie einer Atlas-D-Rakete kann einen Satelliten in den Weltraum befördern, und dieser wird sich dann aus eigener Kraft weiterbewegen, ohne daß dazu irgendwelche zusätzliche Energie vonnöten wäre. All dies beruht auf dem Naturgesetz der Trägheit: *Jeder Körper verharrt in Ruhe oder gleichmäßiger Bewegung entlang einer geraden Linie, solange nicht irgendeine äußere Kraft auf ihn einwirkt.* Wenn aber die Energiemenge, mit der ein Satellit in den Raum geschossen wird, nur allmählich frei würde, so wäre die ganze Kraft verschwendet und der Satellit könnte die Anziehungskraft der Erde nicht überwinden. Mißerfolg — und nicht Erfolg — wäre dann das Ergebnis.
Sie wissen bereits, daß jedes der in diesem Buch geschilderten Beispiele den Zweck hat, *Sie zu bewegen, die in diesen Geschichten dargelegten Grundsätze in Ihrem eigenen Leben zu verwirklichen.* Die Geschichte von Oberst Glenn und der Mercury-Kapsel ist interessant und er-

regend — welche Grundsätze können wir aber daraus für unser eigenes Leben ableiten?
Es gäbe eine ganze Reihe zu nennen, so zum Beispiel: Erfolg ist leichter als Mißerfolg.
Und der Erfolg kommt schneller, wenn Sie Ihre Gedanken und Anstrengungen darauf konzentrieren, vieles über wenig in Erfahrung zu bringen. Das heißt, es ist schneller, leichter und lohnender, sich zu einem Experten auf einem begrenzten Gebiet heranzubilden als seine Energien darauf zu verschwenden, ein wenig über vieles in Erfahrung zu bringen. Konzentrieren und beschränken Sie sich deshalb darauf, den Wunsch in sich wachzurufen, ein Fachmann zu werden, und konzentrieren Sie alle Ihre Gedanken und Anstrengungen auf dieses Ziel. Wenn Sie dies tun, garantiere ich Ihnen Erfolg. Keinem Menschen, der diese Grundsätze nicht kennt oder sie nicht anwendet, wird es je gelingen, in seinem Beruf Erfolge zu verzeichnen oder die gesetzten Ziele zu verwirklichen.

Erfolg erfordert weniger Arbeit als Mißerfolg

Wir bezeichnen den Einsatz von Energie als Arbeit. Wenn Sie oder ich uns mit *irgend etwas* beschäftigen, so wenden wir Energie auf. Wenn Sie Ihre gesamte Energie auf eine bestimmte Aufgabe konzentrieren wollen, so müssen Sie auch Ihre gesamte Aufmerksamkeit darauf konzentrieren und dürfen Ihre Kraft nicht nutzlos verschwenden.
So einfach dies auch klingen mag, so ist es doch der Weg, der mich zu meinem unfehlbaren Erfolgssystem führte. Gleichgültig was Sie beginnen, Sie müssen Ihre gesamte Kraft einsetzen. Holen Sie das Letzte aus sich heraus — und dann entspannen Sie sich! Konzentrierte Aufmerksamkeit und Anspannung mit darauffolgender Erholung wurden mir zur Gewohnheit, bald nachdem ich begonnen hatte, Versicherungspolicen zu verkaufen. Als erstes sorgte ich dafür, daß ich ausgeschlafen war. Die persönliche Vorsprache in Geschäften und Büros, in Banken und anderen großen Unternehmen erforderte viel Kraft. Und als junger Mann brauchte ich viel Schlaf.
Als nächstes machte ich es mir zur Gewohnheit, meinen ersten Kunden genau um neun Uhr morgens zu besuchen. Ehe ich ihn aber aufsuchte, pflegte ich mich geistig darauf einzustellen. Ich konzentrierte mich und bat Gott um Rat und Hilfe. Dabei ließ ich mich durch nichts ab-

lenken. In diesen Augenblicken sammelte ich all meine Kräfte, und dann machte ich mich voll Energie an die Arbeit und suchte jeden Augenblick zu nützen.
Mittags erholte ich mich bei einer leichten Mahlzeit und fing frisch gestärkt von neuem an. Wenn ich in einer anderen Stadt arbeitete, so pflegte ich in mein Hotel zurückzugehen, dort zu essen, eine halbe Stunde zu schlafen und dann den Tag gleichsam neu zu beginnen. Um 5 Uhr oder 5.30 Uhr war ich dann mit meiner Arbeit fertig. Von diesem Augenblick an war die Arbeit wirklich für mich vorüber; ich entspannte mich und beschäftigte mich mit anderen Dingen.

Ich lernte viel über wenig

Indem ich alle meine Anstrengungen auf den Verkauf einer einzigen Unfallversicherungspolice konzentrierte, lernte ich nahezu alles, was man überhaupt von dieser Art von Police wissen konnte. Und aus Erfahrung lernte ich, was ich zu sagen hatte und wie ich es sagen mußte, was ich zu tun hatte und wie ich es zu tun hatte, um eine riesige Anzahl von Abschlüssen zu tätigen. Ich erwarb das *Wissen-Wie* und Fachkenntnisse. Ich lernte, *mich zum Handeln anzuspornen,* wann immer dies nötig war.
In einem gewissen Sinne lernte ich wie ein Wissenschaftler durch Experimente, durch Erfolg und Mißerfolg, denn ich war fest davon überzeugt, daß ich ein gleichbleibendes Verkaufsgespräch und einen durchdachten Verkaufsplan entwickeln könnte, mit deren Hilfe ich jeden Kunden überzeugen könnte.
Es bestand auch eine gewisse Ähnlichkeit mit der Tätigkeit eines Schauspielers, denn auch ich konnte, je nach Fall, eine Reihe von Gefühlen in diesem Verkaufsgespräch zum Ausdruck bringen. Wenn Sie ins Theater gehen und einen großen Schauspieler sehen, so werden Sie nie auf den Gedanken kommen, daß seine Rolle von einem anderen geschrieben wurde. Vielleicht wird Ihnen gar nicht bewußt, daß seine Handlungen und Worte in jeder Vorstellung die gleichen sind. Denn er *lebt* seine Rolle, und ich *lebte* beim Verkauf nicht nur meine Rolle, sondern ich *schrieb* sie auch selbst. Und wie ein guter Dramatiker verbesserte ich sie bei jeder Gelegenheit. Im Gegensatz zum Bühnenschriftsteller jedoch änderte ich mein Verkaufsgespräch, um es den veränderten Bedingungen anzupassen, und ich entwickelte nur ein gewisses Schema

für bestimmte Gelegenheiten. Wenn ich zum Beispiel am Anfang meiner Darlegungen unterbrochen wurde, verwendete ich einen meiner Standardwitze dazu, um die entsprechende Spannung zu beseitigen, anstatt diesen Witz, wie ursprünglich beabsichtigt, erst später zu erzählen.

Arbeit? Ja, es war Arbeit. Und ich hatte manchen Kampf mit mir zu bestehen — und auch das war Arbeit. Aber das war gut so. Denn ich suchte nach Techniken, um meine Gefühle zu meistern. Manchmal fragte ich mich, ob ich jemals meine Furcht davor überwinden würde, den Besitzer oder Direktor einer großen Bank oder eines Kaufhauses aufzusuchen. Ich stellte aber fest, daß mir *geistiges Training, eigener Ansporn* und die einfache Technik des *niemals Aufgebens* weiterhalfen. Endlich kam der Tag, an dem ich ohne ein Gefühl der Furcht den Präsidenten eines großen Unternehmens in New York, Chicago oder irgendwo sonst aufsuchen konnte, denn ich hatte mir diese Furchtlosigkeit zur Gewohnheit gemacht.

Wie der Forscher, der endlich die Erfolgsformel entdeckt, nach der er gesucht hat, und ganz wie der Schauspieler, der seine Rolle lebt, fand ich, daß ich immer gleichbleibende Resultate erzielte, indem ich immer wieder dasselbe auf die immer wieder gleiche Art tat. Und ganz wie der Wissenschaftler fand auch ich, daß die Zeit ein wichtiger Bestandteil jeder Formel ist.

Nichts steht still; in uns und um uns herum ist alles in ständiger Bewegung und Veränderung. Wenn Sie die Sonnenstrahlen in einem Brennglas sammelten und auf eine bestimmte Stelle eines Baumstumpfes konzentrierten, könnten Sie in wenigen Minuten ein Feuer entzünden. Und doch könnte die Sonne jahrzehntelang auf dasselbe Stück Holz scheinen — ohne Lupe würde kein Feuer entstehen. Im Laufe der Zeit würde sich das Holz allmählich zersetzen und zu Erde werden. Ähnliches gilt für Sie und mich:

Erfolg braucht Zeit — Mißerfolg braucht Zeit!
Aber Erfolg braucht weniger Zeit als Mißerfolg!

Dies wird noch klarer deutlich, wenn wir unser Auge auf einen andauernden Erfolg richten... auf eine gesamte Karriere... auf die Spanne eines Lebens. Denn Sie erzielen schneller einen Erfolg, wenn Sie das Richtige tun und nicht das Falsche — wenn Sie richtig vorgehen, wenn Sie das entsprechende *Wissen-Wie*, die *wirksamen Techniken* und den *Ansporn zur Tat* finden. Denn dann haben Sie ein Erfolgssystem entdeckt.

Sie können auch durchaus falsch vorgehen und das Falsche tun und trotzdem durch Zufall oder aufgrund der augenblicklichen Lage Erfolg haben. Ja, Sie können sogar durch Zufall auf das richtige System stoßen und einen vorübergehenden Erfolg erzielen. Dann aber wird Ihnen das System bald wieder entgleiten, und Mißerfolge werden sich einstellen, weil es Ihnen nicht gelungen ist, die Gründe Ihres augenblicklichen Erfolges zu einer Formel zu verarbeiten.

Kurzer Erfolg, dauernder Mißerfolg

Es ist durchaus nicht selten, daß ein Mensch oder ein Unternehmen Erfolge erzielt, die aber nur von ganz kurzer Dauer sind. Ich darf hier einen Fall nennen, der mir aus eigener Anschauung bekannt ist.
Seit 1900 der Versicherungskaufmann Harry Gilbert nach England reiste und dort eine bestimmte Art von Versicherungspolice kennenlernte, die durch Kundenbesuch abgesetzt und durch den Vertreter an Ort und Stelle ausgestellt wurde, übernahmen viele amerikanische Versicherungsunternehmen ähnliche Versicherungspolicen.
Eine Reihe von Jahren hatten die betreffenden Versicherungsgesellschaften mit diesen Policen hervorragende Erfolge zu verzeichnen. Heute aber wird diese Versicherungsform nur noch von einer einzigen Gruppe weitergeführt. Warum? Das Geschäft lohnte sich nicht mehr. Die Gesellschaften verloren Geld. Das beweist, daß sie entweder kein Erfolgssystem entdeckten oder aber, wenn sie zufällig darauf stießen, es wieder verloren.
Doch welche Gruppe bildet die einzige Ausnahme? Es sind gerade jene Versicherungsgesellschaften, die unter meiner Leitung stehen. Wieder wird man hier fragen, warum? Nun, ich entwickelte ein unfehlbares Verkaufssystem, und damit war es mir möglich, in einer einzigen Woche mehr Versicherungspolicen zu verkaufen, als andere Vertreter — ohne ein entsprechendes System — im Laufe von Monaten absetzten. Dafür gab es einen guten Grund: Ich sparte Zeit.
Dies ist es auch, warum ich auf die Dauer Erfolg hatte, wo die Unternehmungen der anderen fehlschlugen. Alle meine Anstrengungen konzentrierten sich auf eine einzige Police, und meine Aufmerksamkeit

war einzig und allein ihrem Absatz gewidmet. Ich sparte Zeit. Ich versuchte, in einer Stunde soviel zu erreichen wie andere in vielen, genauso wie ich mich bemühte, aus einem Dollar ebensoviel Gewinn zu ziehen wie andere aus vielen.

Oft dachte ich mir: »Wenn ich schon arbeiten muß, dann ist es wohl am besten, ich versuche in einem einzigen Jahr ebensoviel zu verdienen wie andere in ihrem ganzen Leben.« Ich wußte genau, daß mir das nur gelingen könnte, wenn ich ein *unfehlbares Erfolgssystem* entwickelte. Zum Schluß gelang es mir, alle meine Pläne zu verwirklichen — dazu gehörte auch die Höhe meines jährlichen Einkommens —, und die Grundsätze, die ich anwendete, um diese Ziele zu erreichen, waren immer wieder die folgenden:

1. *Ansporn zur Tat*, der aus mir selbst kam.

2. *Wissen-Wie* aufgrund gewonnener Erfahrungen.

3. *Fachkenntnisse*.

Wie aber erwirbt man das Wissen-Wie?

Tun Sie das, wovor Sie sich fürchten

Es gibt viele Möglichkeiten, das Wissen-Wie zu erwerben. Alles, was ich wissen mußte, um eine große Anzahl von Unfall-Versicherungspolicen abzusetzen, lernte ich *durch Erfahrung*.

Insbesondere lernte ich folgenden Grundsatz: *Tun Sie das, wovor Sie sich fürchten ... gehen Sie dorthin, wohin zu gehen Sie sich fürchten.* Wenn Sie davonlaufen, weil Sie Angst davor haben, etwas Wichtiges zu unternehmen, dann verpassen Sie oft die besten Gelegenheiten.

Während der ersten Jahre meiner Tätigkeit als Versicherungsvertreter bekam ich es mit der Angst zu tun, wenn ich mich dem Eingang einer Bank, eines Bahnhofs, eines Warenhauses oder irgendeines anderen großen Unternehmens näherte. So ging ich denn daran vorbei. Später machte ich die Erfahrung, daß ich damals an Türen vorbeigegangen war, die zu einmalig günstigen Gelegenheiten geführt hätten. Ich stellte nämlich fest, daß meine Versicherungspolicen an den obengenannten Orten leichter abzusetzen waren als in kleineren Unternehmen, die ich schließlich zu betreten gewagt hatte. Nach langer Zeit gelangte ich zu der Einsicht, daß außergewöhnliche Verkaufserfolge nur in großen

Unternehmen erzielt werden konnten, weil die anderen Vertreter ebenfalls Angst davor hatten. Auch sie gingen an den besten Gelegenheiten vorbei und unternahmen, ganz wie ich, nicht einmal den Versuch. Der Verkaufswiderstand der Angestellten solcher Großunternehmen ist tatsächlich geringer als der von Leuten, die in kleineren Geschäften und Büros arbeiten und deshalb öfters von Vertretern besucht werden. Oft erscheinen in diesen weniger Respekt einflößenden Geschäftsräumen an einem einzigen Tag fünf, zehn, ja bis zu fünfzehn Vertreter. Es ist kein Wunder, daß Geschäftsführung und Angestellte dadurch abweisend werden und sofort neinsagen. Mit dem richtigen System kann natürlich dieses Nein in ein Ja verwandelt werden, das erfordert aber oft einen beträchtlichen Zeitaufwand. Darüber hinaus hat ein bedeutender und erfolgreicher Mann, der sich aus eigener Kraft nach oben gearbeitet hat, auch ein Herz für andere. Er wird Ihnen eine Chance geben. Er wird versuchen, einem anderen zu helfen, ebenfalls nach oben zu kommen. All dies entstammt meiner persönlichen Erfahrung. Lassen Sie mich aber als nächstes erzählen, wie und warum es geschah, daß ich mich daran gewöhnte, in großen Betrieben Kunden zu werben.

Die Tür, vor der ich Angst hatte

Zu jener Zeit war ich 19 Jahre alt, und meine Mutter schickte mich nach Flint, Saginaw und Bay City in Michigan, um alte Kontakte zu pflegen und neue Kunden zu gewinnen. In Flint ging alles ausgezeichnet. In Saginaw war ich in richtiger Verkaufsstimmung, und die Zahl meiner täglichen Abschlüsse war außergewöhnlich. Da in Bay City nur zwei Verträge zu verlängern waren, schrieb ich meiner Mutter und bat sie, die Betreffenden schriftlich zur Verlängerung aufzufordern, so daß ich an Ort und Stelle weiterarbeiten konnte.
»Lauf' nicht fort von Glück und Erfolg« ist mir immer als weiser Grundsatz erschienen. Meine Mutter gab mir aber telefonische Anweisungen, in Saginaw aufzuhören und nach Bay City zu fahren. Ich tat es höchst ungern — aber Befehl ist Befehl.
Vielleicht war es Auflehnung, wenn ich auch eher dazu geneigt bin, es als gerechten Zorn zu betrachten: als ich in meinem Hotel in Bay City abstieg, nahm ich die zwei Adressen der Kunden, deren Verträge zu verlängern waren, und warf sie in die rechte obere Kommodenschub-

lade. Dann ging ich zu der größten Bank und interviewte den Kassier, einen Mann namens Reed.

Ich wußte damals noch nicht, daß er gerade zum Kassier befördert worden war. Im Laufe unserer Unterhaltung zog er eine metallene Erkennungsmarke aus der Tasche und sagte: »Ich bin schon seit 15 Jahren bei Ihnen versichert, unter anderem auch gegen den Verlust von Schlüsseln. Ich schloß den Versicherungsvertrag in einer Bank in Ann Arbor ab, wo ich damals arbeitete. Ich wurde erst vor ganz kurzer Zeit hierher versetzt.«

Ich dankte Mr. Reed und bat ihn um Erlaubnis, auch mit den anderen sprechen zu dürfen. Ich flocht bei jedem in das Gespräch ein, daß Mr. Reed mir gesagt habe, daß er schon seit 15 Jahren bei uns versichert sei und daß er mir die Erlaubnis gegeben habe, mit jedem Angestellten zu sprechen. Das Ergebnis: Jeder von ihnen unterschrieb einen Versicherungsvertrag.

Dies brachte mich in Schwung, und ich ging weiter. Von Geschäft zu Geschäft und von Büro zu Büro. Ich besuchte Banken, Versicherungsgesellschaften und andere große Unternehmen. Ich besuchte jeden. Ich mähte sie nur so nieder! In den zwei Wochen, die ich in Bay City verbrachte, machte ich im Tag durchschnittlich 48 Abschlüsse.

Und an dem Samstag, an dem ich wieder abfuhr, machte ich aus Fairness zu unseren alten Kunden und der Firma die rechte obere Schublade wieder auf, nahm die beiden Adressen heraus und verlängerte auch noch die zwei alten Verträge.

Der Grundsatz hatte sich damit völlig klar herauskristallisiert: *Tu das, wovor du dich fürchtest ... gehe dahin, wohin zu gehen du dich fürchtest ... Wenn du davonläufst, weil du dich fürchtest, etwas Großes zu unternehmen, so verpaßt du die besten Gelegenheiten.*

Später wurde mir bewußt, daß mir noch aus vielen anderen Gründen außer Furcht manche günstige Gelegenheit entgangen war. Und obwohl man *Wissen-Wie* nur durch Erfahrung gewinnen kann, können *Fachkenntnisse* von jedem erworben werden, der willens ist, von denen zu lernen, die bereit sind, ihn zu unterweisen, und der aus der Erfahrung anderer und aus Büchern lernen will.

Diese Tatsache erscheint mir heute so offensichtlich, daß sie mir eigentlich, schon ehe ich 19 Jahre alt war, aufgehen hätte sollen. Viele Heranwachsende verlassen jedoch, genau wie ich, vorzeitig die höhere Schule. Entweder verstehen sie sich nicht mit den Lehrern, oder sie

können sich nicht an das Studium und die Arbeit gewöhnen, oder sie wollen Geld verdienen, oder sie fühlen sich zu erwachsen und lehnen aus diesem Grund die starre Disziplin der Schule ab.
Zu meinem großen Glück erwachte aber in mir später der Wunsch und die Bereitschaft, aus Büchern und von all denen zu lernen, die bereit waren, mich zu unterweisen. Diese Lernbereitschaft kann einen vorübergehenden Mißerfolg in einen dauernden Erfolg verwandeln.

Kurzer Mißerfolg, dauernder Erfolg

Die Geschichte von Otto Propach ist ein gutes Beispiel dafür, wie man das Wissen-Wie auch anders als nur durch Erfahrung erwerben kann. Bei jeder neuen Tätigkeit — selbst wenn Sie sich zum Handeln angespornt fühlen, wenn Sie Praxis und gewisse Fachkenntnisse besitzen, werden Sie nur dann Erfolg haben, wenn Sie zusätzliche Kenntnisse erwerben, um sich den veränderten Bedingungen anzupassen. Amerika zieht viele hervorragende Persönlichkeiten aus Europa und aus Mittel- und Südamerika an. Diese Menschen sind voll Unternehmungslust und besitzen viele Kenntnisse und Fertigkeiten. Wie die meisten Einwanderer vor ihnen sehen sie sich aber genötigt, niedrige Arbeiten zu verrichten, um die Sprache zu erlernen, ehe man ihnen eine Gelegenheit bieten kann, ihre Kenntnisse und Fertigkeiten zu verwerten.
Otto war einmal einer der führenden Bankfachleute Deutschlands gewesen, aber als die Nazis an die Macht kamen, erduldeten er und seine Familie viele Demütigungen und kamen schließlich in ein Konzentrationslager. Alles, was ihnen von ihrem Besitz blieb, waren die Kleider, die sie auf dem Leib trugen.
Nach dem Krieg kam die Familie Propach nach den Vereinigten Staaten, um in diesem Land der unbegrenzten Möglichkeiten neu zu beginnen. Otto war damals bereits 57 Jahre alt, doch er fühlte in sich den Ansporn zum Erfolg. Er war ein Fachmann auf dem Gebiet der Buchhaltung und des Bankwesens, er besaß Kenntnisse und Praxis, und trotzdem konnte er keine entsprechende Stellung bekommen.
Nach Wochen vergeblichen Suchens nahm er endlich eine Stellung als Lagerist an, die ihm in der Woche 32 Dollar einbrachte. Daneben aber machte er weiterhin seine Runden bei den Arbeitsvermittlungsbüros. Und an den Samstagen suchte er die Personalleiter derjenigen Unternehmen auf, die an diesem Tag arbeiteten, immer auf der Suche nach

einer Stelle als Buchhalter, einer Tätigkeit, für die er die meisten Kenntnisse mitbrachte. Bei jedem dieser Interviews stieß er auf bedauernde Ablehnung, denn Otto ist ein Mensch, dem jeder mit Achtung begegnet.

Nach vielen Wochen kam der Wendepunkt, als Otto Propach plötzlich einsah, daß er zwar ein erfahrener Buchhalter und Bankfachmann war und englisch sprach, aber nicht mit den technischen amerikanischen Ausdrücken auf diesen Gebieten vertraut war.

Als er mir seine Geschichte erzählte, sagte er folgendes: »Um als Buchhalter — oder in irgendeinem anderen spezialisierten Beruf — unterzukommen, genügt es nicht, nur die entsprechenden Fachkenntnisse und genügende Erfahrung nachzuweisen, man muß auch die betreffende Fachsprache verstehen und verwenden können. Solche Fachausdrücke werden an keiner Schule gelehrt. Ich war in jeder Hinsicht für die Tätigkeit als Buchhalter und Bankfachmann in Amerika vorbereitet, außer in einer: der Beherrschung der Fachsprache.

Am nächsten Samstag morgen suchte ich den Dekan für Erwachsenenbildung an der Lasalle Universität in Chicago auf. Der Dekan zeigte sich sehr verständnisvoll und hilfsbereit. Er schenkte mir eine zweibändige Einführung in die Buchhaltung, die ich zu Hause durcharbeiten konnte. Daneben hatte ich mich bei zwei Kursen eingeschrieben, wovon der eine sich mit schwierigeren Fragen der Buchhaltung und der andere mit Kostenkalkulation befaßte. Ich brauchte dabei ja nur die amerikanischen Ausdrücke zu erlernen.

Von da an studierte ich jeden Abend, bis ich ins Bett ging, und jeden Samstag und Sonntag. Das Lesen der Texte nahm noch nicht einmal soviel Zeit in Anspruch, es war das Auswendiglernen der Wörter und Ausdrücke, das mir die meisten Schwierigkeiten machte, da ja auch meine allgemeinen Englischkenntnisse sehr begrenzt waren. Außerdem mußte ich jede Woche zweimal schriftliche Arbeiten abliefern, die manchmal — unter anderem — aus langen Multiplikations- und Divisionsreihen bestanden, die ich ohne Hilfe einer Maschine errechnen mußte.«

Machte sich Ottos konzentrierte Anstrengung bezahlt? Natürlich. Wenige Monate nachdem er sein Studium begonnen hatte, fand er eine Stellung als Hilfsbuchhalter mit einem Monatsgehalt von 200 Dollar. Dann rückte er schnell vor, denn, so erklärte er: »Ich fand meine Arbeit so interessant und stieß auf so viele Punkte, wo Verbesserungen möglich waren, daß meine Arbeitszeit im Büro nicht ausreichte, um all die Dinge zu tun, die ich tun wollte. Ich machte oft Überstunden. Außerdem besuchte ich weitere Kurse in Handelsrecht, Steuerlehre, Buchprüfung und ähnlichem. Meine Zeit war mit Arbeit ausgefüllt, aber diese Arbeit machte mir Vergnügen. Dieses Studium erweiterte meinen Gesichtskreis und trug mich pfeilschnell vorwärts wie ein Gebirgsbach, der in einen Fluß mündet, der zum Ozean führt — von einer Stellung als Hilfsbuchhalter zu der eines Hauptbuchhalters, zum Schatzmeister, zum Geschäftsführer, zum stellvertretenden Direktor und Direktor — alles innerhalb weniger Jahre.«

Wie man findet, wonach man sucht

Otto Propach verwandelte eine augenblickliche Niederlage in einen dauernden Erfolg, weil er wußte, was er wollte, und alles einsetzte, um sein Ziel zu erreichen. Er suchte nach einer Gelegenheit, auf dem Gebiet zu arbeiten, auf dem er ein Fachmann war. Dazu mußte er aber all seine Anstrengungen auf ein intensives Studium konzentrieren. Dies war alles andere als leicht. Nachdem er aber einmal das notwendige Wissen erworben hatte, gehörte es ihm, er konnte es verwenden, wie er wollte, kein Mensch konnte es ihm je wieder wegnehmen.
Er wußte, was er wollte — die Kenntnis der amerikanischen Fachausdrücke auf den Gebieten der Buchhaltung und des Bankwesens — und er wußte, daß er dies von anderen erlernen mußte.
Oberst John Glenn und die Tausende von Menschen, die mithalfen, die Mercury-Kapsel zu entwickeln, gelangten ebenfalls an ihr Ziel, weil jeder wußte, was er wollte, und sich einsetzte, sein Ziel zu erreichen. Die konzentrierte Anstrengung jedes einzelnen ergab in ihrer Summe die notwendige Voraussetzung für den Enderfolg. Jeder war Fachmann auf einem begrenzten Gebiet. Das Wissen-Wie wird denen zuteil, die danach suchen, und wenn Sie sich ein Ziel setzen, so werden Sie auch die Wege erkennen, die dorthin führen.
Fachkenntnisse bedeuten mehr als nur Tatsachen und Zahlen. Einer meiner Freunde hat zum Beispiel ein fotografisches Gedächtnis. Er erfaßt eine ganze Seite auf einen Blick, das heißt, er liest nicht nur ein paar Wörter, Ausdrücke oder Sätze auf einmal. Er ist imstande, den Inhalt ganzer Seiten eines Nachschlagewerkes Wort für Wort aus dem Gedächtnis zu zitieren. Ich war restlos erstaunt, als er zu mir kam und

sagte: »Clem, du kennst meine besondere Begabung. Vielleicht könntest du mir sagen, was ich damit anfangen kann. Wie kann ich die besonderen Kenntnisse verwerten, die ich besitze?« Hier war ein Mann, der Kenntnisse und Fähigkeiten besaß, aber nicht wußte, was er damit anfangen sollte.

Thomas Edison hatte dieselbe Gabe wie mein Freund: Auch er hatte ein fotografisches Gedächtnis. Im Gegensatz zu meinem Freund wußte er aber, was er wollte, und fand es auch. Denn er wußte, was er brauchte, um das zu bekommen, was er wollte. Er verstand es eben, aus den Tatsachen, die er lernte, auf die zugrunde liegenden Prinzipien zu schließen und diese miteinander in Verbindung zu setzen und anzuwenden.

Auch ich wußte, was ich suchte. Ich wollte ein unfehlbares Verkaufssystem entwickeln. Deshalb versuchte ich, die Grundsätze zu entdecken, die jedem erfolgreichen oder fehlgeschlagenen Verkaufsgespräch zugrunde lagen. In der Folge wendete ich dann diejenigen an, die sich als nützlich erwiesen hatten, und vermied die anderen.

Auch *Sie* können sich klar darüber werden, was Sie wollen. Auch *Sie* können Ihre Richtung, Ihren Bestimmungsort, Ihre wichtigen Ziele wählen und festsetzen. Ganz wie Oberst Glenn, Otto Propach und Thomas Edison können auch *Sie* Ihre Gedanken und Anstrengungen auf die notwendigen Voraussetzungen konzentrieren und das notwendige Wissen aus Büchern und von Menschen, die bereit sind, Sie zu unterweisen, beziehen. Sobald Sie den Ansporn zur Tat fühlen, werden auch Sie aus der täglichen Erfahrung das notwendige Wissen-Wie herleiten können.

In jedem Einzelfall jedoch müssen Sie versuchen, diejenigen Grundsätze herauszufinden, miteinander in Verbindung zu setzen und anzuwenden, die es Ihnen erleichtern werden, Ihr Ziel zu erreichen. Wenn Sie einmal diese Gewohnheiten entwickelt haben, werden Sie feststellen, daß der Erfolg weniger Arbeit voraussetzt als der Mißerfolg.

Sie sehen nunmehr, wie wichtig Fachkenntnisse sind. Im nächsten Kapitel werden Sie erfahren, daß auch *die Praxis* eine notwendige Voraussetzung für den Erfolg ist. Wenn Sie also erfolgreich sein wollen, so lernen Sie, wie man das notwendige Wissen-Wie erwirbt. Lesen Sie das nächste Kapitel mit dem Titel »Schlagen Sie den richtigen Kurs ein«.

ZUSAMMENFASSUNG

Einen Augenblick noch! Lesen Sie etwa die kleinen Geschichten in diesem Buch nur zur Unterhaltung? Wenn ja, dann mißverstehen Sie ihren Zweck! Jede Anekdote verdeutlicht einen gewissen Bestandteil ein und desselben Prinzips. Verwurzeln Sie dieses Prinzip in Ihrem Leben und sehen Sie zu, wie es wächst! Ein verblüffender Gedanke: Erfolg ist leichter als Mißerfolg! Anders ausgedrückt: Mißerfolg bedeutet nichts anderes, als daß Sie umsonst schwer gearbeitet haben! Mit weniger Arbeit – diese aber systematisch eingesetzt – hätten Sie Ihr Ziel erreicht. Tun Sie das, wovor Sie Angst haben, und der Sieg über Ihre Furcht ist Ihnen gewiß!

KAPITEL 6

Schlagen Sie den richtigen Kurs ein

Sie haben das sicher auch schon gehört: »Mutter kocht herrlich, aber sie kann mir nie genau sagen, wie sie es macht. Es heißt nur immer: Es ist ein bißchen von diesem und ein bißchen von jenem, aber ob es nun eine Suppe oder ein Braten ist, es schmeckt immer wundervoll.« Mutter hat eben das Wissen-Wie.
Was ist der Unterschied zwischen Kenntnissen und Wissen-Wie?
Dieser Unterschied entscheidet oft über Erfolg oder Mißerfolg!
Das Wort *Wissen-Wie* (oder Praxis) bedeutet nicht nur, daß man weiß, wie man etwas tut — das wäre eine Frage der Fachkenntnisse. Wissen-Wie heißt etwas richtig tun, es geschickt und zweckmäßig tun und mit dem geringstmöglichem Aufwand von Mühe und Zeit. Wenn Sie das Wissen-Wie haben, können Sie ein und dasselbe mit immer gleichem Erfolg wiederholen. Es wird zur Gewohnheit und ist eine natürliche Frucht der Erfahrung. Wissen-Wie ist einer der drei Grundbestandteile des *unfehlbaren Erfolgssystems*. Wie aber erwirbt man das Wissen-Wie? Nur durch Handeln!
Nur so erwarb auch ich mir die nötige Praxis, um Unfallversicherungspolicen zu verkaufen. Und nur so wurde »Mutter« zu einer so wundervollen Köchin. Es ist dies in der Tat der einzige Weg, auf dem jeder Mensch das Wissen-Wie erwirbt. Jeder Mensch muß seine Erfahrungen selbst machen.

»Wissen-Wo«

Ich ging vorzeitig von der höheren Schule ab — warum, erzähle ich Ihnen später. Kurz danach besuchte ich juristische Abendkurse. Zu jener Zeit war es möglich, die juristische Fachschule in Detroit zu besuchen, vorausgesetzt, daß man vor Abschluß dieser Fachschule seine höhere Schulbildung zu Ende führte. Ich arbeitete also tagsüber und ging abends zur Schule. Ich stand nicht in dem Ruf, ein guter Student zu sein, weil ich keine Zeit hatte, die Hausaufgaben regelmäßig abzuliefern. Aber ich lernte trotzdem etwas, vor allem machte ich es mir zur Gewohnheit, die zugrunde liegenden Prinzipien zu erkennen und zu erlernen.

Unser Dozent, einer der hervorragendsten Kenner des Vertragsrechtes in Detroit, sagte in seiner ersten Vorlesung: »Der Zweck dieser Fachschule ist es, Ihnen beizubringen, wo Sie die entsprechenden Gesetze finden können, wenn Sie sie brauchen. Wenn Sie das einmal gelernt haben, ist der Zweck Ihrer Ausbildung erfüllt.« Ich glaubte ihm, ja ich nahm seine Feststellung ganz wörtlich. Und ich zweifle, ob es viele andere gibt, die ebenso großen Nutzen aus einem einzigen Jahr juristischer Ausbildung gezogen haben wie ich. Denn es ist mir immer gelungen, die Gesetzestexte zu finden, die ich brauchte, und sie zu meinem Vorteil anzuwenden.

Ich erwarb mir die *Praxis*, um mit Hilfe meines gesunden Menschenverstandes meine Rechtskenntnisse anwenden zu können. Ich kann mich nicht eines einzigen Falles entsinnen, wo eine rechtliche Frage nicht zu meinen Gunsten entschieden wurde. Gleichzeitig damit betrieb ich meine eigene Versicherungsagentur, und das Wissen-Wie, das ich auf diese Weise erwarb, erwies sich von unschätzbarem Wert, sowohl für mich als auch für die Versicherungsgesellschaften, die ich vertrat.

Er verwandelte eine Niederlage in einen Sieg

Diese Geschichte erinnert mich an den Fall eines Jungen, den ich kenne und der nahezu jede Klasse der Grundschule wiederholen mußte. Als Teenager gelang es ihm mit viel Glück, die höhere Schule abzuschließen. An der Universität jedoch fiel er bereits im ersten Semester wieder durch.

Er war ein Versager — aber das war gut so, denn nun erfüllte ihn die Inspiration der Unzufriedenheit. Er wußte, daß er es schaffen konnte, und nach einigem Nachdenken wurde ihm klar, daß er seine ganze Einstellung von Grund auf ändern und hart arbeiten müsse, um die verlorene Zeit wieder einzuholen. Mit dieser neu gewonnenen, richtigen Einstellung besuchte er eine Fachschule und arbeitete nach besten Kräften. Er gab nie wieder auf. Und bei der Schlußfeier wurde er als der zweitbeste Absolvent seines Jahrganges geehrt.

Damit gab er sich aber noch nicht zufrieden. Er bewarb sich um Aufnahme in eine der führenden Universitäten des Landes, die sehr hohe Anforderungen stellen und nur höchstqualifizierte Studenten zulassen. In dem Brief, der die Zulassung enthielt, wurde der junge Mann gefragt: »Wie erklären Sie sich, daß Sie die Fachschule so glänzend bestanden haben, nachdem Sie so viele Jahre hindurch versagt hatten?« Die Antwort war wie folgt: »Zunächst fand ich es sehr schwierig, mich zu einem regelmäßigen Studium zu zwingen. Nach einigen Wochen ununterbrochener Anstrengung jedoch hatte ich mich daran gewöhnt, jeden Tag zu bestimmten Zeiten zu studieren. Mit der Zeit freute ich mich sogar auf diese Studierzeiten, denn es machte mir Vergnügen, an der Schule »jemand« zu sein und Anerkennung zu finden für meine Arbeit. Ich setzte mir zum Ziel, der Beste meiner Klasse zu werden. Vielleicht war es der Schock, daß ich mein erstes Semester an der Universität von Illinois nicht bestanden hatte, der mich aufweckte. Dadurch begann ich endlich, reif zu werden. Nun muß ich mir beweisen, daß ich auch die Fähigkeiten zu einem akademischen Beruf besitze.«
Seiner richtigen geistigen Einstellung und seinem unermüdlichen Bemühen verdankte es der junge Mann, daß er auch an der Universität glänzend abschnitt.
Hier haben wir ein Beispiel dafür, daß ein Junge, der ein schlechter Schüler gewesen war, sich angespornt fühlte, die notwendigen Kenntnisse zu erwerben und sich zur Ordnung zu erziehen. Die bewußte Fachschule hatte er deshalb gewählt, weil sie ihm Umweltsbedingungen bot, die ein ernsthaftes Studium förderten. Einzig und allein seinen Anstrengungen jedoch hatte er es zu verdanken, daß er das notwendige Wissen-Wie erwarb, und ganz aus eigener Kraft hatte er eine Niederlage in einen Sieg verwandelt.

Übung nimmt jede Hürde

Raymond Berry war in seiner Jugend kränklich und körperlich behindert. Auch als Erwachsener litt er noch an einer Rückenschwäche, ein Bein war kürzer als das andere, und seine Augen waren so schlecht, daß er starke Gläser tragen mußte. Trotz alledem war er fest entschlossen, in die Fußballmannschaft der Southern Methodist Universität aufgenommen zu werden. Nach unermüdlichen Anstrengungen, harter Arbeit und ganzjährigen Training schaffte er es tatsächlich. Später beschloß er, Profi zu werden. Aber er wurde von 19 Mannschaften der Nationalliga abgewiesen. Endlich, beim zwanzigsten Mal, kam er in Baltimore unter.

Kaum jemand glaubte daran, daß er sich als Spieler besonders hervortun würde. Raymond Berry aber war fest entschlossen. Er trug ein Korsett, das seinen Rücken stützte, er ließ sich Spikes an die Sohle des einen Schuhs machen, um somit die Verkürzung des einen Beines auszugleichen, trug Haftschalen statt Brillen und trainierte unermüdlich. Zum Schluß verstand er es meisterhaft, den Ball selbst in den unmöglichsten Lagen noch zu fangen.

Wenn die Mannschaft von Baltimore gerade nicht trainierte, ging er hinüber zum Fußballplatz der Oberschule und bat dort einen Jungen, ihm schwierige Bälle zuzuwerfen. Ja selbst wenn er in der Empfangshalle eines Hotels war, trug er oft einen Fußball in der Hand, um nicht »das Gefühl« dafür zu verlieren.

Was geschah?

Raymond Berry wurde ein Fußballstar, als die Mannschaft von Baltimore sowohl 1958 als auch 1959 die Meisterschaft gewann!

Und es ist leicht zu verstehen, warum Raymond Berry ein Fußballstar wurde: Übung, Übung, Übung. *Durch Übung erwarb er Praxis. Übung macht den Meister,* heißt es, denn Übung entwickelt Geschicklichkeit durch Erfahrung.

Drei sind nicht drei, wenn einer fehlt

Wenn einer aus einer bestimmten Gruppe fehlt, ist die Gruppe unvollständig. Ein Trio ist kein Trio, wenn ein Musiker nicht dabei ist. Auch *das unfehlbare Erfolgssystem* ist ein solches Trio, und es wird seine unfehlbare Wirkung dann nicht erzielen, wenn einer der notwendigen Bestandteile fehlt — sei dies nun der Ansporn zur Tat, das Wissen-Wie oder die Fachkenntnisse.

Aus diesem Grund kann auch ein Mensch, der in einem Tätigkeitsbereich erfolgreich ist, in einem anderen versagen. Viele Männer, die in einem Geschäfts- oder Berufszweig außerordentlich erfolgreich waren, sind einem anderen nicht gewachsen. Durch Erfahrung haben sie bedeutende Fertigkeiten erworben und haben in ihrem eigenen Fach die

Spitze erreicht. Wenn sie sich dann aber später einem anderen Geschäftszweig zuwenden, so sind sie oft nicht mehr willens, die zusätzlichen Kenntnisse und Erfahrungen zu sammeln, die für einen Erfolg in der neuen Tätigkeit nötig wären.
An der Rechtsfachschule fehlte es mir an einer oder mehreren der notwendigen Voraussetzungen, um ein guter Student zu sein. Sobald ich aber die drei notwendigen Bestandteile des Erfolges für das Geschäftsleben brauchte, fand und verwendete ich sie.
Auch der Student, der zunächst versagte, verfügte nicht über alle drei Bestandteile des Erfolges. Nachdem er sie aber erworben hatte, verwandelte er eine Niederlage in einen Sieg.
Raymond Berry fühlte ebenfalls den Ansporn in sich, Kenntnisse zu erwerben und Praxis zu gewinnen. Indem er die drei magischen Faktoren des Erfolges einsetzte, wurde er zum gefeierten Fußballstar.

Vom Erfolg zum Mißerfolg

Richard H. Pickering war einer der wundervollsten Menschen, die ich je kennengelernt habe, ein Gentleman im wahren Sinne des Wortes, ein Mann von Charakter. Er hatte außergewöhnliche Erfolge als Lebensversicherungsberater erzielt, denn seine Empfehlungen gründeten immer auf der Überlegung: »Was ist das Beste für meinen Klienten?« Im Laufe der Jahre ersparte er sich ein bescheidenes Vermögen an Wertpapieren.
Er stand bereits in den Sechzigern, als er sich entschloß, von Chicago nach Florida zu ziehen. Das Gastgewerbe blühte dort, und auch er wollte ein Restaurant besitzen, obwohl er von diesem Geschäftszweig nichts verstand und ihn unter dem Blickwinkel des Gastes sah.
Seine Begeisterung war so groß, daß er sich mit der Leitung eines einzigen Restaurants nicht zufriedengab — er eröffnete gleichzeitig fünf. Um das nötige Kapital aufzubringen, hatte er seinen gesamten Besitz zu Bargeld gemacht. Innerhalb von fünf Monaten hatte er seinen letzten Cent verloren.
Mr. Pickerings Erfahrung unterscheidet sich nur geringfügig von der anderer erfolgreicher Menschen, die es nicht auf sich nehmen wollen, die nötigen Kenntnisse und die notwendige Praxis zu erwerben, ehe sie sich in ein neues Unternehmen stürzen. Wenn er nur den Einkauf übernommen hätte, oder die Registrierkasse bedient hätte, oder für

jemand anderen ein Restaurant geleitet hätte, der wirklich etwas vom Geschäft verstand, so hätte er bald die nötigen Kenntnisse und Erfahrungen gewonnen und er hätte Erfolg gehabt. Denn Mr. Pickering war ein intelligenter Mann — was er dadurch bewies, daß er wieder zu seiner Lebensversicherungsgesellschaft zurückkehrte und damit zu einer Tätigkeit, die er gründlich beherrschte.
Dieser Fehlschlag war eine notwendige Folge mangelnder Kenntnisse und Erfahrungen. Hier folgt nun die Geschichte eines anderen Freundes, der sich die nötigen Vorkenntnisse schon zu einer Zeit erwarb, als er noch studierte. Besonders interessant ist hier das Motiv, das ihn auch heute noch zu immer neuen Leistungen anspornt.

»Sie haben Rückgrat — Sie sind der Mann, den wir brauchen!«

»›Sie haben Rückgrat — Sie sind der Mann, den wir brauchen!‹, diese Worte haben mich inspiriert«, sagte Karl Eller, der 33jährige Direktor der Eller-Außenwerbungsgesellschaft kürzlich während eines Interviews.
Ich interviewte Karl und seine Frau an jenem Morgen, da ich gehört hatte, daß er die Niederlassung eines großen Unternehmens in Arizona um 5 Millionen Dollar gekauft habe. Mr. Eller erzählte mir folgende lehrreiche und begeisternde Geschichte:
»Ich war gerade in eine höhere Schule in Tucson eingetreten und wußte kaum etwas von Fußball. Als die neuen Schüler bei einem Spiel auf ihre Tauglichkeit hin geprüft wurden, lief der Starläufer der ersten Auswahlmannschaft auf mich zu. Ich weiß auch nicht, wie es geschah, aber ich konnte ihn stoppen. Das nächste Mal versuchte er es am anderen Ende des Feldes, aber ich war wieder da und hielt ihn auf. Das machte ihn verrückt. Und je öfter er es versuchte, um so wütender wurde er. Je wütender er aber wurde, um so einfacher wurde es mir, ihn zu stoppen. Sechsmal hintereinander stellte ich mich ihm in den Weg.
Nach dem Übungsspiel saß ich auf einer Bank im Umkleideraum und zog gerade meine Socken an, als ich plötzlich eine Hand auf meiner Schulter fühlte. Als ich mich umdrehte und aufschaute, fragte mich der Trainer: ›Haben Sie schon einmal als Verteidiger gespielt?‹
›Nein, ich habe niemals in der Verteidigung gespielt‹, antwortete ich.
Darauf sagte der Trainer etwas zu mir, das ich nie vergessen habe:

›Sie haben Rückgrat — Sie sind der Mann, den wir brauchen!‹ Und dann ging er weg.

›Sie sind der Mann, den wir brauchen‹ — was soll das bedeuten? fragte ich mich. Am nächsten Tag verstand ich, was er gemeint hatte. Zu meinem größten Erstaunen holte mich nämlich der Trainer als Verteidiger in die erste Auswahlmannschaft. Und da fiel es mir wieder ein: ›Sie haben Rückgrat — Sie sind der Mann, den wir brauchen.‹ Der Trainer hatte also damit ausdrücken wollen, daß er Vertrauen in mich setzte und dies Vertrauen mit einer wichtigen Aufgabe belohnte. Ich konnte ihn einfach nicht enttäuschen. Das Vertrauen, das er in mich setzte, schenkte mir Vertrauen zu mir selbst. Seit jener Zeit — sobald ich beginne, an meinen Fähigkeiten zu zweifeln, sobald es hart hergeht, sobald ich etwas tun muß und nicht genau weiß wie — sage ich mir: ›Du hast Rückgrat — du bist der Mann, den wir brauchen‹, und mein Selbstvertrauen ist wieder hergestellt.

Ronald T. Gredley, der Trainer jener höheren Schule, wußte, wie er das Beste aus seiner Mannschaft herausholen konnte. Wir blieben in 33 Spielen unbesiegt und gewannen 14 von 15 möglichen Meisterschaften in unserem Staat. Warum? Gredley verstand es, jeden anzupacken und zu inspirieren.«

»Waren Sie Werkstudent?« fragte ich.

Karl antwortete: »An der Universität von Arizona brauchte ich kein Geld für Miete. Amtsrichter Tickett ließ mich in einer unbenutzten Wagenremise schlafen, dafür, daß ich seinen Rasen mähte. Das Essen kostete mich auch nichts, weil ich in einem Studentinnenheim servierte. Dort traf ich auch Sandy, meine Frau.«

Hier unterbrach ihn seine Frau: »Karl verdiente als Student mehr Geld als nachher in seiner ersten Stellung. Er hatte ungefähr 25 Mitstudenten angestellt. Karl hatte so ziemlich alles in der Hand, womit man Geld verdienen konnte: Er hatte eine Würstchenbude, eine Trinkhalle, er verkaufte Eis und Süßigkeiten — bei Karl gab es eben alles. Er veröffentlichte und verkaufte auch ein Magazin, 600 Stück im Semester, das Exemplar zu 4 Dollar. In dieser Zeitschrift waren auch das Sportprogramm und Annoncen enthalten. Dadurch gewann er Interesse an der Werbung, und nach Abschluß der Universität wurde er Werbefachmann.«

Für mich war das durchaus verständlich. Er war ein junger Mann mit einem freundlichen Gesicht und einer gewinnenden Persönlichkeit —

darüber hinaus ein Fußballstar. Jeder Geschäftsmann in Tucson begrüßte natürlich die Gelegenheit, persönlich mit ihm zu sprechen, und er entsprach gerne seiner Bitte, im Sportteil des Schulmagazins oder in irgendeiner der Zeitschriften, die Karl vertrat, eine Annonce aufzugeben. Karl war auch ein guter Verkäufer, der seine Kunden Jahr um Jahr behielt. Sie sahen ihn gerne — und er gab ihnen Gelegenheit dazu. Nach Beendigung seines Studiums bewarb sich Karl um eine Anstellung einer führenden Werbeagentur in einer großen Stadt — in Chicago. Man bot ihm 25 Dollar die Woche.

»Statt dessen«, sagte Karl, »besorgte ich mir dann eine Stelle gleich hier in Tucson bei der Foster & Kleiser Außenwerbungsgesellschaft.«
Seine Verkaufsziffern — und sein Erfolg — waren phänomenal. Er wurde zum Leiter der Verkaufsabteilung in Phoenix befördert, rückte dann zum Verkaufsleiter in San Franzisco auf und wurde mit 29 Jahren zum stellvertretenden Direktor und Leiter des Büros in Chicago ernannt.

Dann wechselte die Gesellschaft den Besitzer, und es erhob sich die Frage, ob Karl oder ein älterer, erfahrenerer Mann Generaldirektor werden sollte. Der ältere Mann bekam die Stellung. Karl kündigte und ging zu einer anderen Werbeagentur in Chicago.

Bei einem Landestreffen hörte er ein Gerücht, daß der Arizona-Zweig von Foster & Kleiser verkauft werden sollte. »Hier war eine Chance«, sagte Karl, »aber ich wußte nicht, wie ich sie ergreifen sollte. Und der Betrag, um den es sich hier handelte, erschien mir phantastisch hoch. In diesem Augenblick dachte ich wieder an das ›Sie haben Rückgrat — Sie sind der richtige Mann für uns‹.«

Er fuhr fort: »Sandy und ich lieben Arizona. Ich kannte die Geschäftsbedingungen, die Leute kannten mich, ich fühlte den unwiderstehlichen Drang in mir, diese Gelegenheit zu ergreifen. Ich wußte, was ich wollte, und ich wußte, daß es mir gelingen würde. Vor allem aber hatte ich den überwältigenden Wunsch, auf eigenen Füßen zu stehen und etwas Großes zu unternehmen. Wenn ich es für andere tun konnte, konnte ich es auch für mich selbst tun. Ich wußte aber nicht, wie ich es anstellen sollte, daß mir diese Chance nicht entging. Ich hatte ja alles, außer dem Geld: Kenntnisse, Praxis, Erfahrung, einen guten Ruf, gute Freunde und wertvolle Geschäftsverbindungen in der Gegend von Tucson.«

»Wie war das nun mit dem Geld?« fragte ich.

»Einer meiner Freunde arbeitete in der Kreditabteilung der Harris Trust und Savings Bank in Chicago«, antwortete Karl. »Er stellte mich den richtigen Leuten vor. Die Harris Trust und die Valley National Bank in Phoenix kamen überein, mir für die Dauer von fünf Jahren gemeinsam einen Kredit einzuräumen. Auch neun von meinen Freunden beteiligten sich an diesem Kauf. Wir haben vertraglich vorgesehen, daß ich innerhalb dieser fünf Jahre jederzeit ihre Anteile zurückkaufen kann, und zwar zum Kaufpreis. Die Außenreklame bringt für meine Freunde viele steuerliche und andere Vorteile mit sich. Somit ist das Unternehmen, selbst wenn ich von meinem Rückkaufsrecht Gebrauch machte, für alle gleich gewinnbringend.«
Karl Ellers Geschichte beweist klar, daß man, um ein Problem zu lösen oder einen geschäftlichen Erfolg zu erzielen, noch nicht alle Antworten im voraus kennen muß — wenn man den richtigen Kurs steuert. Denn dann werden Sie mit einem Problem nach dem anderen fertig.

Man braucht nicht alle Antworten zu kennen

Um ein Problem zu lösen oder ein Ziel zu erreichen, brauchen Sie, ganz wie Karl Eller, nicht von vornherein alle Antworten zu kennen. Sie müssen aber eine klare Vorstellung von ihrem Problem oder ihrem Ziel haben.
Beginnen Sie also damit festzustellen, was Sie wirklich in der entfernteren, näheren und unmittelbaren Zukunft erreichen wollen. Wenn es Ihnen nicht gelingt, bestimmte und genau umrissene Ziele für die nähere und entferntere Zukunft zu finden, ist das nur ein gutes Zeichen für Sie. In diesem Fall dürfte es nützlicher für Sie sein, Ihre allgemeinen oder abstrakten Ziele zu wählen: zum Beispiel körperliche, geistige und moralische Gesundheit, Erwerb eines Vermögens, ein Mensch von Charakter zu sein, einen guten Bürger, Vater, Ehemann oder Sohn aus sich zu machen, eine gute Mutter, Ehefrau oder Tochter zu werden. Um welches dieser allgemeinen Ziele es sich auch handeln mag, es muß gleichzeitig unbedingt Ihr nächstliegendes Ziel sein.
Jeder Mensch hat solche bestimmten Nahziele. Sie wissen zum Beispiel genau, was Sie morgen tun wollen oder was Sie nächste Woche oder vielleicht sogar nächsten Monat gerne täten. Und es wäre Ihnen einfach, bestimmte Sofortziele aufzuschreiben, die, sobald sie verwirklicht

sind, Sie der Gesundheit, dem Wohlstand, dem Glück oder der Charakterstärke näherbringen wollen. Entscheidend ist, daß Sie den Wunsch in sich spüren.

Der wichtigste Bestandteil des Erfolgs

Es gibt Menschen, die über Können und Praxis verfügen, aber trotzdem versagen. Denn obwohl sie wissen, was zu tun ist und wie es zu tun ist, können Sie sich nicht dazu aufschwingen. Sie fühlen keinen Ansporn zur Tat.
Der Ansporn zur Tat ist der wichtigste Bestandteil des Erfolges in jeglicher menschlicher Tätigkeit. Und diesen Ansporn zur Tat können Sie jederzeit in sich wachrufen.
Der Mann, der diesen Ansporn in sich fühlt, wird alle Hindernisse überwinden, denn er hat *den nötigen Antrieb*. Auch Sie werden diesen *Antrieb* in sich entwickeln können, wenn Sie die Anleitungen befolgen, die im nächsten Kapitel gegeben werden.

ZUSAMMENFASSUNG

Praxis – oder das Wissen-Wie – ist einer der drei wesentlichen Bestandteile des unfehlbaren Erfolgssystems. Was ist aber diese sogenannte Praxis genau... und wie erwirbt man sie?
Praxis – oder das Wissen-Wie – ist jene Eigenschaft, die es Ihnen ermöglicht, irgend etwas, wann immer Sie wollen, mit Geschick und Erfolg und dem geringstmöglichen Aufwand an Zeit und Mühe zu unternehmen. Mit dieser Eigenschaft erreicht man jedes seiner Ziele. Mit dieser Eigenschaft sind Probleme bereits gelöst, während sich die anderen noch fragen, ob sie überhaupt lösbar sind. Diese Eigenschaft baute die Pyramiden Ägyptens und die großen Kathedralen Europas; dieses »Wissen-Wie« überquerte den Atlantik und spaltete das Atom, es machte die Elektrizität für den Menschen nutzbar, und irgendwann wird dank dieser Eigenschaft der erste Mensch den Mond erreichen. Und auch Ihnen kann dieses Wissen-Wie Erfolg bringen.
Wie erwirbt man es? Man erwirbt es nicht – man sammelt es an. Durch Handeln und Erfahrung wird es Ihnen zuteil. Sie werden es fühlen, wenn Sie diese Eigenschaft besitzen – und Sie werden Ihre Macht kennenlernen.

KAPITEL 7

Die Triebkraft

Die anfeuernden Rufe ließen das Stadion erbeben. Sie gaben der Mannschaft der White Sox erneute Kraft, sie trieben sie an, Spiel nach Spiel zu gewinnen, bis sie endlich die Meisterschaft gewonnen hatte. Die anfeuernden Rufe der Menge waren für jeden einzelnen Spieler der Antrieb, die Motivierung, sein Bestes und Letztes herzugeben. Was aber ist Motivierung?
Motivierung ist das, was zum Handeln bewegt und die Auswahl bestimmt. Es ist das, was ein Motiv oder einen Beweggrund liefert. Ein Motiv ist der »innere Drang«, der einen Menschen zum Handeln treibt und der durch eine Idee, durch eine Gefühlsbewegung, durch einen Wunsch oder Impuls ausgelöst werden kann. Anders ausgedrückt, ist Motivierung jene Hoffnung oder Kraft, die ihren Ursprung in jeglichem Versuch nimmt, bestimmte Resultate zu erzielen (Zitat aus »Success Through a Positive Mental Attitude«, by Hill & Stone, Prentice-Hall, Inc., 1960).

Eine Vereinigung von Gefühlen verstärkt die Triebkraft
Wenn starke Gefühle, wie zum Beispiel Liebe, Glaube, Wut und Haß, sich vermengen — beispielsweise unter gewissen Umständen bei einem leidenschaftlichen Patrioten —, so werden sie in ihrer Gesamtwirkung zu einer treibenden Kraft von solcher Stärke, daß diese Ihr ganzes Leben bestimmen kann. Dies gilt auch für die freiheitsliebenden Völker, die heute unter dem Joch des Kommunismus leben. Und dies gilt ebenso für die Patrioten der Vergangenheit. Hier ist die Geschichte von einem von ihnen:
Die Kosaken kamen. Das Kind sah, wie seine Mutter und sein Vater brutal zusammengeschlagen und dann ermordet wurden. Der Junge lief aus dem Hause, aber ein Reiter holte ihn ein, und er fühlte den

Peitschenhieb, der ihn blutend zu Boden warf. Als er das Bewußtsein wiedererlangte, erblickte er die rauchenden Trümmer seines Vaterhauses. In diesem Augenblick machte er ein Gelübde — das Gelübde, Polen von den Russen zu befreien.

Die Freiheit Polens war ein Gedanke, von dem er besessen war. Der grauenhafte Anblick, der sich ihm als Kind geboten hatte, das Entsetzen und der Schmerz hatten sich ihm unauslöschlich eingeprägt. Als er heranwuchs, wurde ihm dies der Ansporn zur Tat.

Jener Mann, Ignaz Jan Paderewski, der große Pianist, wurde im Januar 1919 zum Premierminister und Außenminister der neuen Polnischen Republik ernannt und wurde später der Präsident des polnischen Nationalrates.

Paderewski mußte es erleben, daß die Polen ein zweites Mal ihre Freiheit verloren, aber sein Einsatz war nicht vergebens. Polen ist auch heute noch eine Nation, und die Bürger dieses Landes sind auch heute noch erfüllt von jenem glühenden Patriotismus, der sie einmal antreiben wird, ihre volle Freiheit wiederzugewinnen.

Paderewski fühlte eine Triebkraft in sich, die ihn zum Handeln anspornte.

Auch Sie besitzen eine solche Triebkraft.

Und in diesem Kapitel werden Sie lernen, wie Sie diese Triebkraft erzeugen, verstärken und freisetzen können. Diese *Triebkraft* ist der »innere Drang«, der die Menschen in aller Welt zu großen Leistungen anspornt. Auch Sie werden lernen, diese Kraft einzusetzen, um zu Reichtum, Gesundheit und Glück zu gelangen und um der Menschheit wertvolle Dienste zu leisten. Denn wenn der Ansporn zum Handeln mächtig genug wird, dann wird er zur Triebkraft. Und die größte aller Triebkräfte ist die Liebe.

Die größte aller Triebkräfte

In der sechsten Klasse Volksschule hatte ich mich entschlossen, Anwalt zu werden. Aus diesem Grunde interessierte ich mich an der höheren Schule besonders für Mathematik, um mein Denken zu schulen, für Geschichte, um ein besseres Verständnis der Vergangenheit und Gegenwart zu gewinnen und auch zukünftige Entwicklungen besser abschätzen zu können, für den englischen Aufsatz, weil er mir Gelegenheit gab, meine Weltanschauung zu formulieren, und schließlich für Psychologie, um meine Menschenkenntnis zu verbessern. Im Diskussionsklub meiner Schule lernte ich die Kunst der Beweisführung.

Später ging ich dann an die Fachschule für Recht in Detroit, trat aber nach einem Jahr wieder aus, weil ich im Alter von 21 Jahren heiraten wollte. Ich wußte, daß das Mädchen, das ich heiraten wollte, den besten Einfluß auf mich ausüben würde. Dies gilt natürlich für jeden Menschen: der Ehemann oder die Ehefrau ist für seinen Partner immer der wichtigste Umwelteinfluß.

Ich gab mein juristisches Studium auf, da ich als Anwalt erst mit etwa 35 Jahren genug verdient hätte. Das Berufsethos verbietet es dem Anwalt, Kunden zu werben, als Vertreter jedoch konnte ich aufsuchen, wen ich wollte. Die Höhe meines Einkommens würde einzig und allein abhängen von meinen Fähigkeiten und wie ich sie einsetzte — und hier war ich meines Erfolges sicher. Überdies sagte ich mir, daß ich als Kaufmann genug Geld verdienen und sparen könnte, um mich mit 30 Jahren vom Geschäft zurückziehen zu können, um dann mein unterbrochenes Rechtsstudium wieder aufzunehmen und als Anwalt und Politiker Karriere zu machen. Außerdem, sagte ich mir, bin ich dann auf niemanden mehr angewiesen und brauche nur die Fälle anzunehmen, die mir zusagen.

Jessy und ich hatten uns an der höheren Schule kennengelernt. Ich liebte sie — wie es in dem Lied von Mary Carolyn Davis heißt — nicht nur, weil sie selbst ein wundervoller Mensch war, sondern weil sie einen besseren Menschen aus mir machte.

Nach zwei Jahren gemeinsamer Schulzeit zog ich nach Detroit. Wir schrieben uns oft. Jessy und ihre Mutter pflegten meine Mutter und mich manchmal zu besuchen, und auch ich fuhr öfters nach Chicago. Ich gewann die Überzeugung, daß es am besten sein würde, wenn ich selbst eine Versicherungsagentur in Chicago eröffnete. Meine Mutter schrieb an Harry Gilbert, der uns die Vertretung für die United States Casualty Company und die New Amsterdam Casualty Company übertragen hatte. Sie erinnern sich vielleicht, daß Harry Gilbert eine neue Art der Unfallversicherung aus England eingeführt hatte.

Mr. Gilbert antwortete darauf, daß er mir gerne die Vertretung für die zwei Gesellschaften in Illinois übertragen würde, daß ich aber zunächst die Genehmigung des Generalvertreters in Chicago einholen müsse.

Setzen Sie sich ein Ziel und verwirklichen Sie es

Ich bat darauf den Generalvertreter um eine Unterredung. Ich mußte ihn einfach überzeugen. Die Verwirklichung aller meiner Pläne hing von seinem Einverständnis ab. Ich fühlte mich zum Versicherungsvertreter geboren und wußte aus Erfahrung, daß man nicht lockerlassen darf, bis das Ziel erreicht ist. Der Generalvertreter war sehr höflich, und ich werde nie vergessen, was er sagte:
»Meine Erlaubnis haben Sie. Aber Sie werden sich nicht länger als sechs Monate halten können. Chicago ist ein schwieriges Pflaster für Versicherungen. Wenn Sie Mitarbeiter anstellen, haben Sie nur Ärger und finanzielle Verluste.«
Ich werde ihm ewig dafür dankbar sein, daß er mich gewähren ließ. Im November 1922 eröffnete ich also meine Agentur unter dem Namen Combined Registry Company. Mein Betriebskapital bestand aus 100 Dollar, aber ich war schuldenfrei, und meine fixen Kosten waren gering, da ich mir von Richard H. Pickering ein Büro gemietet hatte, das nur 25 Dollar im Monat kostete. Mr. Pickering war ein großes Vorbild für mich und gab mir viele gute Ratschläge. Eines Tages fragte er mich zum Beispiel, unter welchem Namen ich mein Büro eintragen lassen wolle.
»C. Stone«, antwortete ich. In dieser Form hatte ich bis jetzt immer unterschrieben.
»Wovor schämen Sie sich?« fragte er darauf.
»Wie meinen Sie das?«
»Nun, haben Sie denn keine Vornamen?«
»Ja doch ... William Clement Stone.«
»Haben Sie eigentlich je daran gedacht, daß es Tausende von C. Stones gibt? Aber andererseits ist durchaus wahrscheinlich, daß es in den ganzen Vereinigten Staaten nur einen einzigen W. Clement Stone gibt.«
Dieser Gedanke gefiel mir. »Nur einen einzigen W. Clement Stone«, dachte ich. Und in dieser Form zeichne ich seitdem meinen Namen.
Die Hochzeit war für Juni angesetzt. Bis dahin wollte ich soviel Geld wie möglich verdienen und verschwendete deshalb keine Zeit. An meinem ersten Tag als unabhängiger Versicherungsvertreter kämmte ich die Gegend in unmittelbarer Nähe meines Büros durch. Ich verkaufte 54 Policen. Und da wußte ich, daß es alles andere als schwer war, in Chicago Versicherungspolicen an den Mann zu bringen, und daß ich

Die Triebkraft 89

mich länger als sechs Monate halten würde. Ich arbeitete, so viel ich konnte, angetrieben von dem Wunsch, meine Agentur fest auf die Beine zu stellen und genug Geld zu verdienen, um das Mädchen, das ich liebte, zu heiraten. Der Verstand allein genügt zwar völlig, sich oder andere von der Notwendigkeit des Handelns zu überzeugen; aber es ist erst der innere Drang der Gefühle, Instinkte und verwurzelten Gewohnheiten, der eine unwiderstehliche Triebkraft verleiht.

Sprechen Sie das Gefühl an

Eine der besten Methoden, andere zur gewünschten Handlungsweise zu veranlassen, ist es, ihnen eine wahre Geschichte zu erzählen, die ihr Gefühl anspricht. Bei einem Treffen von Versicherungsvertretern wurde der folgende Absatz aus einem Brief von Jean Clary verlesen und begeisterte die Anwesenden:
»Vor sechs Wochen kam meine sechs Jahre alte Tochter Pamela zu mir und sagte: ›Vati, wann wirst du wohl deinen Rubin gewinnen?‹ (Dieser Preis wurde demjenigen verliehen, der in einer bestimmten Zeitspanne eine besonders große Anzahl von Abschlüssen erzielt hatte.) ›Wann wirst du in einer Woche hundert neue Kunden gewinnen? Vati, ich habe an jedem Abend Gott gebeten, er möge dir helfen, deinen Rubin zu gewinnen. Ich habe jetzt schon so viele Abende darum gebetet, und, Vati, ich glaube, Gott hilft dir nicht.‹ Ein kindlicher Glaube an Gott, ein kindlicher Glaube an den Vater — so unschuldig, so ehrlich, so naiv. Ich antwortete meiner Tochter erst nach langem Nachdenken, denn ich sah, daß sie sich nicht erklären konnte, warum Gott nicht geholfen hatte. Dann sagte ich zu ihr: ›Pam, Gott hilft Vati schon, aber ich glaube, Vati hilft Gott nicht genug.‹ Das war nur zu wahr, denn ich half ja nicht einmal mir selbst. Ich erhielt die gerechte Strafe für mein Versagen. Wieso? Nun, anstatt mich einzusetzen, erfand ich Entschuldigungen und Ausflüchte. Ich gab jedem die Schuld, außer mir selbst. Wie blind kann man nur sein? In diesem Augenblick beschloß ich...«
Im Rest des Briefes schilderte Jean die vielen Erfolge, zu denen ihn seine tiefe Liebe zu seiner Tochter inspiriert hatte.

Der Glaube gibt Kraft

Jean bekam seinen Rubin, und Pamelas Gebete wurden erhört.
Jean verfügte durchaus über die nötige Antriebskraft — jeder tut das.

Aber es war erst der Gedanke an Pamelas Gebete, der bei Jean die Inspiration der Unzufriedenheit auslöste und ihm die Selbstsuggestion eingab: »Ich half ja nicht einmal mir selbst. Ich erhielt die gerechte Strafe für mein Versagen. Wieso? Anstatt mich anzustrengen, suchte ich nach Entschuldigungen und Ausflüchten. Ich gab jedem die Schuld, außer mir selbst. Wie blind kann man nur sein ...?«

Dieser *Ansporn zur Tat* erweckte die in ihm schlummernde Triebkraft. Der Glaube schenkt Kraft, und das Gebet, als Ausdruck des Glaubens, gibt allen Wünschen und Gefühlen eine feste Richtung. Dazu ein Beispiel: Es geschah in San Juan, Porto Rico, als Napoleon Hill und ich vor nicht allzulanger Zeit ein Seminar über »Die Wissenschaft des Erfolges« hielten. Am zweiten Abend forderten wir jeden Teilnehmer auf, gleich am folgenden Tag die neu erlernten Grundsätze anzuwenden und uns am nächsten Tag von ihren Erfolgen zu berichten.

Einer der Freiwilligen, die sich am dritten Abend zu Wort meldeten, war ein Buchhalter. Hier ist seine Geschichte:

»Heute morgen, als ich ins Büro kam, rief mich der Chef, der ebenfalls dieses Seminar besucht, zu sich. ›Schauen wir einmal, was mit einer positiven Geisteshaltung zu erreichen ist‹, sagte er. ›Wie Sie wissen, steht seit Monaten ein Betrag von 3000 Dollar aus. Suchen Sie doch einmal den betreffenden Herrn auf und prüfen Sie, wie eine positive Geisteshaltung auf ihn wirkt. Und unser Motto soll das Wort von Mr. Stone sein: *Tu es gleich!*‹

Ich war so stark von unserer gestrigen Diskussion beeindruckt, bei der es sich erwies, daß jeder Mensch die Kräfte seines Unterbewußtseins für seine Zwecke einsetzen kann, daß ich, als mich mein Chef wegschickte, um den Betrag einzutreiben, beschloß, mit dem betreffenden Herrn gleichzeitig zu einem neuen Abschluß zu kommen.

Ich ging vom Büro direkt nach Hause. Dort konnte ich mir in Ruhe einen Plan zurechtlegen. Ich betete voll Hoffnung und Zuversicht, daß Gott mir helfen möge, den ausstehenden Betrag zu erhalten und gleichzeitig einen neuen Abschluß zu tätigen.

Ich war überzeugt, daß ich meine Ziele erreichen würde. Und so geschah es. Ich bekam nicht nur die 3000 Dollar, sondern verkaufte darüber hinaus Waren im Werte von 4000 Dollar. Als ich meinen Kunden verließ, sagte er: ›Das ist wirklich erstaunlich! Als Sie kamen, hatte ich nicht die geringste Absicht, irgend etwas zu kaufen. Ich wußte gar nicht, daß Sie Verkäufer sind. Ich dachte, Sie seien der Hauptbuch-

Die Triebkraft 91

halter.‹ Dies war das erste Mal in meinem Leben, daß ich irgend etwas verkauft hatte.«
Dieser Buchhalter war derselbe Mann, der am Abend zuvor den Mut hatte zu fragen: »Wie kann ich die Kräfte meines Unterbewußtseins für meine Zwecke nützen?« Wir sagten ihm, daß er sich bestimmte Ziele setzen müsse, und klärten ihn auf über die Wirkung der Inspiration der Unzufriedenheit, über Motivierung und über den Selbstansporn: *Tu es gleich!* Er erfuhr dabei auch, daß er sich ein ganz bestimmtes Nahziel setzen und nach dessen Verwirklichung streben müsse. Und auch die folgenden Tatsachen wurden ihm dargelegt:

1. Das Unterbewußtsein kann insbesondere durch Wiederholungen beeinflußt werden. Selbstsuggestionen, die dem Unterbewußtsein gegeben werden, sind dann besonders wirksam, wenn sie stark gefühlsbetont sind.

2. Die größte Kraft, die dem Menschen zur Verfügung steht, ist die Kraft des Gebetes.

Er hörte aufmerksam zu. Er nahm sich die Zeit nachzudenken. Er wendete die Grundsätze an. Er betete fromm und demütig um Gottes Rat und Hilfe. Er glaubte, daß Gott sie ihm gewähren würde, und weil er dies glaubte, geschah es auch. Und nachdem seine Gebete erhört worden waren, vergaß er nicht, Gott aufrichtig zu danken.

Inspiration zeigt den Weg

Eines Abends sprang während eines Seminars über »Die Wissenschaft des Erfolges« ein Musiklehrer auf, der nebenher als »Plattenkramer« für einen Rundfunksender arbeitete. Er stellte folgende Frage: »Inwiefern kann mir positives Denken helfen? Als Musiklehrer kann ich in meinem ganzen Leben nicht erwarten, mehr als 100 Dollar die Woche zu verdienen. Und dieser Durchschnitt gilt auch für jeden anderen Musiklehrer.«
Ich entgegnete ihm sofort: »Da haben Sie absolut recht! Sie werden niemals mehr als 100 Dollar die Woche verdienen — *wenn Sie das glauben!* Wenn Sie aber statt dessen glauben wollen, daß Sie 250, 300, 350 oder irgendeine andere Summe verdienen können, so wird das für Sie genauso einfach oder genauso schwer sein wie 100 Dollar die Woche

zu verdienen. Lernen Sie den berühmten, inspirierenden Satz von Napoleon Hill auswendig: *Was der Geist erfassen und glauben kann, kann der Geist auch leisten!* Wiederholen Sie dies oftmals am Tag. Sagen Sie es *voll Gefühl* zumindest fünfzigmal noch heute abend. Dann setzen Sie sich Ihre Ziele. Setzen Sie sich hohe Ziele! Handeln Sie! Lassen Sie mich wissen, was geschieht!«
Dreieinhalb Monate später schrieb mir dieser Lehrer:
»Seit ich Ihren Kurs über positives Denken besuchte, habe ich den Weg aus dem Labyrinth meiner Schwierigkeiten gefunden. Ich bin gesünder als je zuvor. Mein Durchschnittseinkommen in den letzten zehn Wochen ist auf 370 bis 380 Dollar pro Woche angestiegen. Obwohl ich jeden Tag viele Stunden arbeite, bin ich frohen Mutes und sehe an allen Dingen immer nur das Beste.«
An dem Abend, an dem der Musiklehrer fragte: »Wie kann mir positives Denken helfen?«, ließ er sich nicht nur einen Rat geben, sondern er befolgte ihn auch. Er begann, die positive Kraft der richtigen geistigen Einstellung zu verstehen, die in dem Wort *Glauben* zum Ausdruck kommt. Und er begann, diese Kraft einzusetzen.
Als er mir schrieb, gab er immer noch Musikunterricht und legte nebenher im Rundfunk Schallplatten auf. Was war also geschehen? Was hatte er getan? Er hatte auf meine Suggestion reagiert. Er hatte nach unserer Anleitung Selbstsuggestion angewendet. Anstatt zu glauben »es ist unmöglich«, hatte er seine geistige Grundeinstellung abgeändert in »es ist möglich«. Er hatte den Mut gewonnen, sich höhere Ziele zu setzen.
Eines Nachmittags, als ein berühmter Schauspieler eine Gastvorstellung im Radio gab, beschloß der Musiklehrer zu handeln. Er handelte nach dem Motto: *Tu es gleich!*
Er redete sich in eine solche Begeisterung hinein, als er dem Schauspieler erzählte, welches Glück und welche Freude es sei, selbst ein Instrument zu spielen und somit Musik erst richtig zu verstehen, daß dieser ihn bat, er möge ihm doch Unterricht geben. Der Schauspieler konnte es sich leisten, einem erfahrenen Lehrer, der den Unterricht seinem Zeitplan anpaßte, ein entsprechendes Honorar zu bezahlen.
Aufgrund seiner neuen Geisteshaltung erwarb dieser Lehrer einen Blick für günstige Gelegenheiten und lernte sie mit entsprechender Erfahrung auch zu nutzen. Wenn von nun an berühmte Persönlichkeiten oder Künstler im Rundfunkhaus erschienen, schwärmte er ihnen vor,

wie schön es sei, Musik zu verstehen. Er legte ihnen dar, daß es bei entsprechendem Unterricht gar nicht schwer sei, ein Instrument zu erlernen. Mit anderen Worten: Er wiederholte die Methode, die sich bei dem Schauspieler als wirksam erwiesen hatte. Das ist eben das »Wissen-Wie«.
Auf diese Weise erwarb der Musiklehrer die Kenntnisse, die er brauchte, um sein Einkommen zu erhöhen. Er gab aber nicht nur zusätzlichen Musikunterricht, sondern suchte auch noch andere Mittel und Wege, um mehr zu verdienen — und weil er sie suchte, fand er sie auch.

Seien Sie ein »Selbststarter«

»Suchet und ihr werdet finden!« ist eine allgemein gültige Wahrheit. Sie trifft zu auf die Suche nach einem Motiv zum Handeln und auch auf den Erwerb der nötigen Kenntnisse und des »Wissens-Wie«.
In jedem der in diesem Kapitel genannten Beispiele wurden die Betreffenden durch äußere Anlässe zum Nachdenken angeregt. Die Gedanken, die Sie denken... die Worte, die Sie sagen... die Dinge, die Sie tun — sie alle können die Rolle von Selbstsuggestionen übernehmen. Wenn Sie Selbstsuggestion anwenden und den betreffenden Gedanken immer wiederholen und entsprechend handeln, so schaffen Sie damit eine Gewohnheit. Wenn Sie es lernen, Ihre Gedanken zu lenken und zu beherrschen, so werden Sie imstande sein, wertvolle Gewohnheiten zu erwerben und alte Gewohnheiten durch neue zu ersetzen.
Wenn Sie zum Beispiel eine geplante gute Tat immer sofort ausführen, sobald Ihnen der Gedanke dazu kommt, schaffen Sie eine Gewohnheit, Gutes zu tun.
Und auf diese Weise können Sie bewußt den *inneren Drang* entwickeln, der Sie zum Handeln bewegt. Das ist die *Triebkraft*, die Ihnen hilft. Sie können sie selbst erzeugen und sich von ihr antreiben lassen, Großes zu leisten.
In den folgenden Kapiteln werden Sie sehen, wie man diese Kraft bewußt einsetzen kann, um reich, gesund und glücklich zu werden, und um diese Welt zu verbessern.
Die starken Kräfte unserer ererbten Gefühle, Leidenschaften, Instinkte und anderer Neigungen werden wir später noch untersuchen. Sie sind die Quellen des inneren Dranges, der uns veranlaßt, das zu tun, was wir tun sollen, und oft auch das, was wir nicht sollen.

Gelegentlich wird der innere Drang, den Sie bewußt entwickelt haben, und der innere Drang, der Ihnen vererbt wurde, im Widerstreit liegen. Wenn Sie aber richtig denken und handeln und die entsprechende Umgebung wählen, wird dieser Kampf zu Ihren Gunsten ausgehen. So erfüllt sich der Zweck dieser starken, vererbten Triebkräfte, und wir können sie gleichzeitig nutzen, um ein gesundes, glückliches Leben zu führen, ohne dabei die höchsten Grundsätze der Moral zu verletzen.

Triebkraft ist also der innere Drang, der die unbegrenzten Kräfte des menschlichen Unterbewußtseins freisetzt. Wir alle aber bedürfen der Hilfe anderer, und das nächste Kapitel zeigt Ihnen, wie Sie die Unterstützung Ihrer Mitmenschen gewinnen können.

ZUSAMMENFASSUNG

Die »Triebkraft« ist der mystische Motor Ihres Geistes. Sie ist der innere Drang, der Sie zum Erfolg führen kann. Er wird genährt durch Gefühle, Wünsche oder Impulse.

Um diese Triebkraft zu entwickeln, müssen Sie zehn Tage lang jeden Abend mindestens fünfzigmal wiederholen: *Was der Geist fassen und glauben kann, kann der Geist auch erreichen!*

Wenn Sie diese »Triebkraft« bewegt, etwas Gutes zu tun, so reagieren Sie bewußt darauf, indem Sie sofort entsprechend handeln. Jedesmal, wenn Sie das tun, vermehren Sie Ihre Fähigkeit, diese Triebkraft dann einzusetzen, wenn Sie sie brauchen.

TEIL III

Eine ereignisreiche Reise

Lösen Sie ein Problem nach dem andern!
Der Erfolg gehört denen, die sich einsetzen!
Schwierigkeiten sind günstige Gelegenheiten in Arbeitskleidung!
Fürchten Sie sich nicht vor dem Unbekannten!
Selbstsuggestion macht Sie zum Herrn Ihrer selbst!
Wenn es hart geht ... geht man hart ran!

KAPITEL 8

Ich sammelte eine gute Mannschaft

Die »Tuntsa«, ein Eineinhalbmaster von zehn Meter Länge, schlüpfte unauffällig aus dem Hafen von Helsinki: ihr Ziel war Amerika. An Bord waren sechs Männer und drei Frauen. Nur einer von ihnen hatte Erfahrung im Umgang mit einem Segelschiff. Jeder von ihnen war willens, sein Leben für die Freiheit zu riskieren — Freiheit vor dem drohenden Zugriff des kommunistischen Rußlands.
»Ein Spielball der wütenden Elemente, an die Stelle gebannt im Urschlamm des Sargassomeeres, den Tod des Verhungerns und Verdurstens vor Augen, fand die Mannschaft der Tuntsa immer wieder einen Weg, das Leben zu retten.« Teppo Turen, einer der Anführer dieser Expedition, erzählt die Geschichte in seinem Buch »Die Tuntsa«, das realistisch und symbolisch zugleich von der See und von des Menschen Seele berichtet.
Ehe Teppo sein Buch schrieb, unterhielt ich mich oft mit ihm über die Tuntsa, denn wir stehen in geschäftlicher Verbindung. Und während Teppo seine Geschichte erzählte, dachte ich bei mir: Hier ist wieder ein Beispiel dafür, daß ein innerer Drang die Kraft verleihen kann, das scheinbar Unmögliche zu tun.
Teppo und seine Mannschaft machten tatsächlich das Unmögliche möglich, denn sie waren bereit, sogar ihr Leben für die Freiheit einzusetzen. Wie bei vielen anderen, die etwas völlig Ungewohntes unternehmen, fehlte es ihnen aber an *Kenntnissen* und dem *Wissen-Wie*. Denn Kenntnisse müssen erlernt, und das Wissen-Wie muß durch Erfahrung gewonnen werden.
Wenn aber ein brennender Wunsch Sie antreibt, Ihr Ziel zu erreichen, dann werden Sie auch Mittel und Wege finden, um die notwendigen Kenntnisse und das erforderliche Wissen-Wie zu erwerben. Ehe Teppo Turen Helsinki verließ, verschaffte er sich theoretische Kenntnisse der Navigation aus Büchern und aus Gesprächen mit erfahrenen Seeleuten.

Und dadurch, daß er den Mut hatte, in dem kleinen Boot hinauszusegeln, lernte er auch, es zu beherrschen.

Nur so kann man Kenntnisse erwerben: man muß sie suchen. Auch Sie können das nötige Wissen durch Lektüre und Unterhaltung mit anderen gewinnen. Aber ganz wie die Mannschaft der Tuntsa werden auch Sie das Wissen-Wie erst dann erwerben, wenn Sie die betreffende Tätigkeit ausüben.

Als die Mannschaft Helsinki verließ — in einem zehn Meter langen Segelboot, das ursprünglich dem Transport von Kartoffeln gedient hatte —, wußte sie, daß sie auf Schwierigkeiten stoßen würde. Glücklicherweise aber hatte sie keine Ahnung, wie gefährlich ihre Reise werden sollte; und auch Sie wissen ja noch nicht, welche Probleme Ihnen auf Ihrem Weg zu Ihren fernen Zielen begegnen werden. Hunger, Durst, Stürme, das Sargasso-Meer, ja selbst ein Schiffbruch auf einem Korallenriff konnten Teppo Turen und seine freiheitsdurstigen Finnen nicht davon abhalten, ihr Ziel zu erreichen. Denn wie alle anderen Menschen, denen ein großes Wagnis gelungen ist, lösten sie ein Problem nach dem anderen. Sie halfen sich selbst. Und es wurde ihnen Hilfe zuteil durch Kräfte und Mächte, die sie bereits kannten oder die sie erst auf ihrer Reise entdeckten. *Sie machten weiter*, gleichgültig, welche Hindernisse sich ihnen in den Weg stellten.

Haben Sie den Mut, das Unbekannte zu tun

Dies ist der Grund, warum viele Menschen Erfolg haben: sie setzen sich ein Ziel und geben nicht auf, bis sie es erreicht haben. Und dies ist andererseits der Grund, warum viele Menschen versagen: sie raffen sich nicht auf zur Tat, weil sie ihre Trägheit nicht überwinden.

Dies ist ein allgemein gültiges Naturgesetz: *Es erfordert mehr Energie, die Trägheit eines ruhenden Körpers zu überwinden, als später nötig ist, einen sich bewegenden Körper in Bewegung zu halten.*

Es ist die Furcht vor dem Unbekannten, die manchen davon abhält, sich auf den Weg zu machen, selbst wenn er den starken Wunsch dazu in sich verspürt. Ein anderer mag sich ebenfalls fürchten, aber er macht sich trotzdem auf den Weg — und wenn er einmal auf dem Weg ist, läßt er sich durch nichts und niemanden mehr aufhalten.

Sie kennen bereits unser Motto: *Tu es gleich!* Dies ist es, was ich einen Selbstansporn nenne. Er setzt mich in Bewegung, bringt mich zum

Handeln. Wenn Sie die folgenden Anleitungen beachten, können auch Sie diesen Selbstansporn für Ihre Zwecke nutzen:

1. Wiederholen Sie den Leitsatz: »*Tu es gleich!*« zumindest fünfzigmal am Morgen und Abend und, wenn möglich, auch während des Tages. Tun Sie das ungefähr eine Woche lang. Auf diese Weise prägt sich Ihnen dieses Prinzip unauslöschlich ein.
2. Jedesmal wenn Sie etwas tun müssen, wozu Sie nicht viel Lust haben, und das Motto: »*Tu es gleich!*« blitzt in Ihrem Bewußtsein auf — *handeln Sie sofort!*

Wenn Sie Furcht vor dem Unbekannten haben, gleichzeitig aber den Wunsch verspüren, das Rechte zu tun, weil es das Richtige ist, so sagen Sie sich: *Tu es gleich!* Handeln Sie unverzüglich! Genau das tu ich auch. Mit dieser Selbstsuggestion überwinde ich jegliche Furcht und jeden negativen Gefühlszustand.

Nachdem ich begonnen hatte, eine Verkaufsorganisation aufzubauen, weihte ich auch meine Mitarbeiter in all die Techniken ein, die mir halfen, mein Denken und Fühlen zu beherrschen.

Schaffen Sie die nötige Grundlage

Jedes Mitglied der Tuntsa-Mannschaft meldete sich freiwillig — und der erste Vertreter, den ich anstellte, meldete sich auch freiwillig. Eines Montag morgens, nachdem ich meine eigene Agentur eröffnet hatte, verkaufte ich meine Versicherungspolicen in einem Bürogebäude in Chicago. Auch ein Immobilienmakler mittleren Alters ließ sich versichern und fragte mich beim Abschied: »Wo liegt denn Ihr Büro?«
»Lasalle-Straße Nr. 29«, antwortete ich.
Als ich mittags in mein Büro zurückkehrte, um nach der Post zu sehen, wartete dort bereits der Immobilienmakler. Er schien ebenso überrascht zu sein, daß ich, ein 21jähriger Verkäufer, gleichzeitig der Firmeninhaber war — wie auch ich überrascht war, daß er, ein Kunde, sich bei mir um eine Stellung bewarb.
Ich hatte mich entschlossen, im ersten Jahr keine Mitarbeiter einzustellen. Ich wußte, daß ich viel Geld verdienen konnte, wenn ich mich ausschließlich darauf konzentrierte, die Versicherungspolicen persönlich

abzusetzen. Ich wußte auch, daß es Mühe, Geld und viel wertvolle Zeit kosten würde, eine Verkaufsorganisation aufzubauen, und ich hatte weder Geld noch Zeit übrig. Da ich die gesamte Provision für alle Versicherungspolicen erhielt, die ich persönlich absetzte, aber nur ein Drittel der Provision, wenn ein von mir angestellter Vertreter jemanden versicherte, hätte es einer großen Anzahl von Mitarbeitern bedurft, um so viele Provisionen einzubringen, wie ich sie allein verdienen konnte.

Trotzdem stellte ich den Immobilienmakler als meinen ersten Verkäufer an. Denn er hatte Erfahrung im Verkauf und war ein Mann von Charakter — und auf Charakter sollte ein Verkaufsleiter vor allem anderen sein Augenmerk richten, wenn er einen Mitarbeiter anstellt. Außerdem sagte ich mir, daß ich alles zu gewinnen und nichts zu verlieren hatte. Ich hatte nie Grund, meinen Entschluß zu bereuen, denn dieser Verkäufer blieb viele Jahre bei mir und bewährte sich hervorragend.

Erst viel später zog ich die Lehre aus diesem Erlebnis: man kann eine Organisation auf der Mitarbeit seiner Kunden aufbauen. Eine andere, noch wichtigere Tatsache war mir aber damals schon bewußt: man muß eine ordentliche Grundlage schaffen, ehe man sein Geschäft ausdehnt.

Ein guter Verkäufer kann auf den Gedanken kommen, sich unabhängig zu machen. Dabei kann es ihm aber an den notwendigen *Kenntnissen* und dem erforderlichen Wissen-Wie fehlen. Er wird versucht sein, einen von zwei Wegen einzuschlagen — wobei der eine zu Mißerfolg und Konkurs führt und der andere zur Mittelmäßigkeit. Nur ein dritter Weg führt zu schnellem Erfolg.

Weg Nr. 1: Es fehlt ihm an Betriebskapital. Trotzdem versucht er von den Einkünften zu leben, die ihm die neuen Mitarbeiter einbringen sollen. Seine Unkosten und seine Lebenshaltungskosten übertreffen bei weitem sein Einkommen. Er gerät immer tiefer in Schulden. Zum Schluß ist er zahlungsunfähig. Und all dies nur, weil er *die Zeit nicht nützt, selbst zu verkaufen.* Dieser Weg führt zu Mißerfolg und Konkurs.

Weg Nr. 2: Er besitzt Betriebskapital. Er ist jedoch ein so hervorragender Verkäufer, daß er sich auch weiterhin ausschließ-

Ich sammelte eine gute Mannschaft 101

lich dem Verkauf widmet. Er ist nicht willens, die Zeit, die Mühe und das Geld zu investieren, die zum Aufbau einer Verkaufsorganisation nötig sind. In diesem Fall ist er nicht mehr als ein Verkäufer, der die Provisionen eines Verkaufsleiters verdient. Er wird zwar nicht in Konkurs gehen, aber als Verkaufsleiter ist er ein Versager. Für einen Firmeninhaber ist dies der Weg, der zur Mittelmäßigkeit führt.

Weg Nr. 3: Auch in diesem Fall steht nicht genügend Betriebskapital zur Verfügung. Durch persönlichen Verkauf verdient der Betreffende aber so viel, daß er zahlungsfähig bleibt und die anfallenden Gehälter auszahlen kann. Er stellt einen Mitarbeiter nach dem anderen ein, und zwar nur dann, wenn das Geschäft es trägt. Auf diese Weise baut er eine Organisation auf, und wenn diese groß genug ist, widmet er sich ausschließlich der Geschäftsführung.

Ein heißes Würstchen und ein Glas Milch

Ein guter Verkäufer hat Selbstvertrauen. Er weiß, was er leisten kann, und findet seine Leistungsfähigkeit oft voll in Anspruch genommen.
Als ich noch persönlich Abschlüsse tätigte, verdiente ich für die Begriffe mancher Leute außerordentlich viel. Und doch schien nie Geld genug da zu sein. Die Raten für das Auto ... die Raten für die Möbel ... die Prämien für die Lebensversicherung. Vielleicht kam das daher, daß ich kaufte, was ich wollte, und dann wie verrückt arbeiten mußte, um es zu bezahlen.
Am Morgen pflegte ich mich mit wenig Geld in der Tasche auf den Weg zu machen, denn ich wußte, daß ich über eine beträchtliche Summe verfügen würde, noch ehe der Tag zu Ende war. Als ich zum Beispiel zum ersten Mal in Joliet arbeitete, kam ich um 8.30 morgens mit 10 Cent in der Tasche an. Das störte mich nicht. Ganz im Gegenteil, das feuerte mich nur an. Ich nahm mir ein Zimmer in einem Hotel, ging dann über die Straße und kaufte an einem kleinen Stand ein heißes Würstchen und ein Glas Milch.
Joliet war nur ungefähr 70 km von meiner Heimatstadt entfernt, aber ich nahm den Zug und übernachtete im Hotel, anstatt jeden Abend

nach Hause zu fahren. Im Zug entspannte ich mich, denn ich hatte mir angewöhnt, überall und zu jeder Zeit schlafen zu können. Ich stützte den Kopf in die Hände und schlief ein.

Ehe ich einschlief, vergaß ich aber nie, um Gottes Rat und Führung zu beten.

Dadurch daß ich im Hotel schlief, anstatt nach Hause zu fahren, konnte ich jede Nacht mindestens zehn Stunden schlafen. Ich war deshalb auch völlig ausgeruht und in bester Form. Wenn ich Kunden aufsuchte, verwendete ich dann alle meine Energie auf das Verkaufsgeschäft.

Sammeln Sie Ihre Kräfte

Viele Verkäufer haben erfolglose Tage, weil sie erschöpft sind. Die Batterien müssen neu aufgeladen werden. Sie brauchen Ruhe. Wenn ich aber meine Kunden besuchte, war ich voll ausgeruht und sammelte mich außerdem vor jedem Gespräch.

Während des Verkaufsgesprächs konzentrierte ich alle meine Kräfte auf ein einziges Ziel — nämlich meinen Partner von den Vorteilen einer Versicherung zu überzeugen, so daß er seinen Versicherungsvertrag immer wieder verlängern würde. Eines nämlich war klar: Man kann ein Vermögen erwerben, indem man etwas verkauft, was billig ist und immer wieder erneuert werden muß. Das Geld bringt dann die Erneuerungen ein.

Ich beschloß, mich zu vervielfältigen

In Joliet erzielte ich meinen größten Verkaufsrekord: durchschnittlich 72 Policen pro Tag an neun aufeinanderfolgenden Werktagen. Und am Morgen nach dem ereignisreichen Tag, an dem ich 122 Kunden gewann, beschloß ich, mich zu vervielfältigen — das heißt, eine Verkaufsorganisation aufzubauen.

Am Ende jenes Tages war ich glücklich, aber müde. Ich ging früher als gewöhnlich zu Bett und verkaufte auch noch in meinen Träumen Versicherungspolicen. Am nächsten Morgen wurde mir klar, daß ich die oberste Grenze persönlich getätigter Abschlüsse erreicht hatte.

Während des Frühstücks überlegte ich mir folgendes: Wenn ich jeden Tag 122 Versicherungspolicen verkaufe und diese Tätigkeit in meinen Träumen weiterführe, so ist dies bestimmt nicht das Beste für meine geistige Gesundheit. Der Augenblick ist gekommen, meine eigene Verkaufsorganisation zu gründen. Es ist Zeit, mich zu vervielfältigen. Und nachdem ich meine Arbeit in Joliet abgeschlossen hatte, erfüllte ich das Versprechen, das ich mir gegeben hatte, und machte mich sofort daran, Mitarbeiter anzuwerben.

Dabei machte ich eine erstaunliche Erfahrung: ich entdeckte neue Kräfte in mir. Ich erweiterte meinen Gesichtskreis, denn ich stieß auf einen wertvollen Grundsatz und ergriff sofort die günstige Gelegenheit, ihn anzuwenden. Was ich damals sah und tat, legte den Grundstein für ein finanzielles Riesenunternehmen. Es war sehr einfach: Ich setzte eine vierzeilige Annonce in die Wochenendausgabe der Chicagoer »Tribune«.

Ich fühlte wohl in mir den Ansporn zur Tat, aber mir fehlte es noch an der nötigen Praxis in der Kunst des Anstellens. Nach langem Überlegen entwarf ich eine vierzeilige Annonce, die ich in den vielen Jahren seither nur wenig abändern mußte. Sie brachte Ergebnisse — für jene Zeit phantastische Ergebnisse. Schaffen Sie sich eine günstige Gelegenheit und nützen Sie sie.

»Außerordentliche Verdienstmöglichkeiten...« war die Überschrift meiner Annonce. Sie hatte ein sehr erfreuliches Echo, und viele Bewerber suchten mich persönlich auf. Was mich aber am meisten erstaunte, war die Anzahl der Briefe, die ich von Bewerbern außerhalb von Chicago erhielt: aus Illinois, Indiana, Wisconsin, Michigan und anderen Staaten. Ich hatte ganz übersehen, daß eine Annonce, die in der Wochenendausgabe einer Großstadtzeitung erscheint, weit über die Stadtgrenzen hinaus wirkt. Kaum hatte ich aber die günstige Gelegenheit erkannt, die ich mir hier geschaffen hatte, da ergriff ich sie auch: die Gelegenheit nämlich, meine Verkaufsorganisation über Chicago und den Staat Illinois hinaus auszudehnen.

Ich schrieb also sofort an Harry Gilbert und teilte ihm mit, daß sich bei mir zwei Vertreter beworben hatten, der eine für Wisconsin und der andere für Indiana. »Ist es Ihnen recht, wenn ich sie anstelle?« fragte ich in meinem Brief. Ich hielt es für unklug, gleich mit der Tür ins Haus zu fallen und mehr als zwei Verkäufer zu erwähnen. Die Anfragen, die ich aus Michigan erhalten hatte, leitete ich an meine Mutter weiter.

Die fünf Tage, die ich in angstvoller Erwartung der Antwort verbrachte, erschienen mir sehr lang. Ehe der Brief eintraf, hatte ich zwei Männer für Chicago angestellt, schrieb jenen, die sich für den Staat Illinois beworben hatten, und verwendete vier der fünf Tage dazu, persönlich Kunden zu werben. Ich brauchte das Bargeld.

Am Samstag kam der Brief von Mr. Gilbert an. Er beglückwünschte mich zu meinen Erfolgen, ermutigte mich und erlaubte mir, in Wisconsin und Indiana Vertreter für eine Spezial-Unfallversicherung anzustellen. In diesem Sinne schrieb ich den Bewerbern (ich war gar nicht auf den Gedanken gekommen, sie um eine persönliche Vorstellung zu bitten), und sie nahmen mein Angebot an. Dann überlegte ich mir folgendes: »Wenn mir Mr. Gilbert schon erlaubt, in jedem Staat einen Mitarbeiter einzustellen, hat er sicher auch nichts dagegen, wenn ich mehrere einstelle.«

Dies bot mir eine einmalige Gelegenheit, und ich beschloß, sie zu ergreifen. Ich ließ weiterhin meine Annonce in der Chicagoer Tribune erscheinen und annoncierte daneben auch noch in den Wochenendzeitungen von Milwaukee und Indianapolis. Das Ergebnis: noch mehr Anfragen, noch mehr Mitarbeiter aus diesen Staaten, und darüber hinaus auch noch Erkundigungen aus anderen Staaten.

Wiederum schrieb ich an Mr. Gilbert, und ich stellte mit seiner Erlaubnis Vertreter in jedem Staat an, wo bis dahin noch keine Agentur bestand. Mir war bewußt, daß ich eine Erfolgsformel entdeckt hatte, und ich war entschlossen, den größten Nutzen aus ihr zu ziehen.

Bitten Sie den um Rat, der Ihnen helfen kann

Ich schrieb den geeigneten Bewerbern und konnte so meine Verkaufsorganisation schnell ausbauen. Ich machte weiterhin persönliche Kundenbesuche, denn ich brauchte Bargeld. Ich teilte den Tag so ein, daß ich früh am morgen meine Post erledigte, bis 5 Uhr nachmittags Kunden besuchte und dann für ein oder zwei Stunden in mein Büro zurückkehrte, um die notwendigen Büroarbeiten zu erledigen. Am liebsten verkaufte ich meine Versicherungspolicen in der Innenstadt von Chicago, denn dadurch sparte ich Zeit.

Die Erweiterung meines Geschäftes erforderte selbstverständlich auch eine Vergrößerung meines Büros. Ich gab deshalb mein Büro bei Mr. Pickering auf und eröffnete mein eigenes. Zuerst vermietete ich einige Büroräume an andere, um die laufenden Kosten zu vermindern. Aufgrund meines Übereinkommens mit den Versicherungsgesellschaften,

die ich vertrat, war ich der Geschäftsinhaber und übernahm alle Kosten, mit Ausnahme der Druckkosten und der Beträge für Versicherungsleistungen.
Bald annoncierte ich auch in überregionalen Zeitschriften und erhielt darauf Anfragen aus Staaten, wo Mr. Gilbert bereits exklusive Vertretungen errichtet hatte. Ich schrieb ihm einen Brief, in dem ich die Anfragen erwähnte, die ich erhalten hatte, und bat ihn um Rat.
Harry Gilbert war großzügig, und außerdem hatten meine bisherigen Leistungen seinen Beifall gefunden. Er wollte mir helfen und schlug vor, daß ich an E. C. Mehrhoff von der Commercial Casualty Insurance Company von Newark in New Jersey schreiben und mich auf seine Empfehlung berufen solle.
Hier wurde mir wiederum eine wichtige Lehre zuteil: Wenn Sie Gefahr laufen, daß Ihr Vorgehen jemanden verletzt, so wenden Sie sich direkt an den Betreffenden und bitten Sie ihn um Rat, wie das Problem zu lösen sei. Er ist der Mann, der Ihnen helfen kann. Auf den folgenden Seiten werden Sie sehen, wie ich diesen Grundsatz anwendete. Mein Motto für einen solchen Fall war: *Bitte den um Rat, der dir helfen kann!*
Mein Brief an Mr. Nehrhoff hatte die erhoffte Wirkung. Er gab mir die Generalvertretung für eine besondere Form der Unfallversicherung, die ich selbst entwickelt hatte. Ich nannte sie »Der kleine Riese«, da sie für wenig Geld viel Schutz bot. Ich blieb auch weiterhin mit Mr. Gilbert in Geschäftsverbindung und war in manchen Staaten gleichzeitig durch zwei Verkaufsorganisationen vertreten.
Noch mehr Annoncen, noch mehr Vertreter, noch mehr Geschäfte. Ich mußte mich wieder einmal vervielfachen. Diesmal brauchte ich Verkaufsleiter für jeden Staat. Ich wählte die geeigneten Personen dafür aus meinem Vertreterstab und erhöhte ihre Provisionen, was zwar einerseits meine Nettogewinn-Beteiligung an jedem Abschluß verringerte, aber andererseits mein Einkommen durch erhöhten Umsatz vermehrte. Endlich war es soweit, daß meine Organisation mehrere Hunderttausend Versicherungsverträge im Jahr abschloß.
Die Verkaufsleiter hatten allen Grund, sich nach besten Kräften einzusetzen. Denn je mehr Versicherungspolicen ihre Mitarbeiter an den Mann brachten, desto mehr Geld verdienten die Verkaufsleiter. Die Provisionen, die sie erhielten, waren so hoch, daß es sich für sie lohnte, Zeit, Mühe und Geld darauf zu verwenden, in ihren Staaten gute Ver-

kaufsorganisationen aufzubauen. Auf diese Weise konnte ich mein Geld, meine Zeit und meine Mühe sparen.

Es ist nie zu spät zum Lernen

Ich beschloß, meine Zeit und meine Kraft dem Abschluß meiner höheren Schulausbildung und der Vorbereitung auf die Universität zu widmen. Ich mußte unbedingt ein College abgeschlossen haben, um in Havard angenommen zu werden, und nur dort wollte ich ja Recht studieren.

Man braucht nicht viel Geschäftserfahrung, um einzusehen, daß es vernünftig ist, sich weiterzubilden. Ich wußte, daß man auch ohne höhere Schulbildung ein Vermögen verdienen konnte — viele bedeutende Amerikaner hatten ja schon den Beweis dafür geliefert. Aus dem Studium ihrer Biographien war mir aber bekannt, daß sie sich weitergebildet hatten, nachdem sie von der Schule abgegangen waren. Außerdem: *Leben bedeutet mehr als nur Geld verdienen!*

Ich sagte bereits, daß ich in Detroit vorzeitig von der Schule abging. Meine Mutter war damals gerade auf Geschäftsreisen, und einer meiner Lehrer und ich hatten eine Meinungsverschiedenheit darüber, ob er wirklich den Wert meiner Ideen bemessen könne. Aus irgendeinem Grunde meldete er dies dem Schulleiter, der mich zu sich rufen ließ. Er bemühte sich, mir zu beweisen, daß die Zeit, die er darauf verwendete, mit mir zu sprechen, der Stadt Detroit Geld kostete — mehrere hundert Dollar pro Minute.

»Geld?« dachte ich bei mir. »Nun, meine Verdienstmöglichkeiten als Verkäufer sind wesentlich größer als die meines Lehrers!« Es gelang ihm nicht, mich davon zu überzeugen, daß ich mich der Ansicht meiner Lehrer beugen müsse, sondern seine Argumente hatten die entgegengesetzte Wirkung. Ich verließ die Schule. Und wenn der Direktor damals recht hatte, so sparte Detroit dadurch Tausende von Dollar, denn ich wechselte nie wieder ein Wort mit dem Schulleiter.

Vielleicht lehnte ich mich damals, wie viele Heranwachsende, gegen die starre Autorität der Schule auf. Vielleicht gab es auch andere Gründe, wie das ja meistens der Fall ist. Bald darauf aber belegte ich die Abendkurse der Fachschule für Recht in Detroit und arbeitete tagsüber. Denn mein ganzes Leben lang habe ich mich an den Grundsatz gehalten: *Bilde dich weiter!*

Ich sammelte eine gute Mannschaft

Die Wirtschaft der Vereinigten Staaten erlebte eine Hochblüte, und meine Verkaufsorganisation wuchs stetig an. Meine Geschäfte liefen glänzend, so daß ich es mir leisten konnte, wieder an die Schule zu gehen: zuerst Abendkurse, dann Tageskurse des CVJM. Nachdem ich die Ausbildung beim CVJM abgeschlossen hatte, schrieb ich mich an der Northwestern Universität in Evanston ein, wo ich zu jener Zeit wohnte. Mein Programm war folgendes: am Vormittag Besuch der achtzehn wöchentlichen Vorlesungen, dann zum Schwimmen, ein Dampfbad, eine halbe Stunde Ruhe und dann Mittagessen im Hamilton Club, ein paar Stunden im Büro, dann nach Hause.

Alles lief glänzend. Was für ein Leben war das! Denn damals lebten wir im Zeichen der Hochkonjunktur.

Danach kam der Bankkrach und die große Wirtschaftskrise. Die Menschen hungerten, litten, waren ohne Arbeit und ohne ein Dach über dem Kopf. Furcht ergriff die Nation, nahezu über Nacht verarmten die Reichen.

Doch die Kraft des einzelnen und die Kraft des Landes überwanden auch diese Katastrophe, sobald sich die negative Geisteshaltung in ein positives Denken verwandelte. Bald erwachten der Mut, der Blick für neue Möglichkeiten, der Arbeitswille. Was aber am wichtigsten war, die Menschen gingen wieder in die Kirche und suchten dort Rat und Führung.

Auch Sie werden von diesen Gedanken mitgerissen werden, wenn Sie das nächste Kapitel lesen: »Wir überstanden den Sturm«.

ZUSAMMENFASSUNG

Kenntnisse bedeuten, etwas zu wissen. Das *Wissen-Wie* aber ist Praxis. Kenntnis bedeutet Information, das Wissen-Wie bedeutet Technik. Beide sind für unser unfehlbares Erfolgssystem nötig.

Kenntnisse können überall und jederzeit erworben werden. Sie werden uns geliefert von Büchern, Menschen, Dingen, Geschehnissen, von der Geschichte, und selbst aus zufälligen Beobachtungen können wir sie ziehen. Um aber von Nutzen zu sein, müssen diese Kenntnisse geordnet werden. Man muß *beherrschen*, was man weiß.

Zwei Leitsätze werden Ihnen helfen, das nötige Wissen zu erwerben: *Bitten Sie den um Rat, der Ihnen helfen kann!* Und: *es ist niemals zu spät zum Lernen – bilden Sie sich deshalb immer weiter!*

KAPITEL 9

Wir überstanden den Sturm

Es war die Ruhe vor dem Sturm... ein Sturm, der ausgelöst wurde durch das negative Denken und Handeln der Menschen. Ein Sturm, der mehr zerstörte und länger dauerte als jemals eine Naturkatastrophe, ein Sturm, den man zu Recht als die »große Depression« bezeichnet, denn dieser Name ist sowohl für die Einstellung der Menschen bezeichnend wie für den Zustand der Wirtschaft.
Der Sturm brach im Oktober 1929 los. Auf den 24. Oktober, den Schwarzen Donnerstag, folgte eine unheimliche Stille, und dann schlugen die Blitze überall ein. Am 29. Oktober, dem Schwarzen Dienstag, brach die Börse zusammen. Von Tag zu Tag gingen die Wogen höher, bis am 6. März 1933 der finanzielle Wirbelsturm seinen Höhepunkt erreichte und Tod und Verwüstung verbreitete.

Das einzige, was zu fürchten ist, ist die Furcht selbst
Diese Feststellung des Präsidenten der Vereinigten Staaten symbolisierte den Wandel von einer negativen zu einer positiven Geisteshaltung seitens der Regierung, der Zeitungsredakteure, der Rundfunkkommentatoren, der Geistlichkeit, der führenden Geschäftsleute und des Volkes. Und mit diesem neuen positiven Denken begann ein neues Leben... eine neue Kraft... ein neuer Fortschritt.
Die Grundsätze, die aus dieser Erfahrung abzuleiten sind, können Ihnen und mir helfen, Sturmgebiete zu vermeiden oder aber uns gegen jeden Sturm zu rüsten, durch den wir hindurch müssen. Dazu ist nur eines nötig: die richtige geistige Einstellung. Bereiten Sie sich vor auf die Wechselfälle des Geschicks.
Für mich waren zunächst der Schwarze Donnerstag und der Schwarze Dienstag so etwas Ähnliches wie Katastrophen in fernen Ländern, von denen man in den Tageszeitungen liest. Ich hatte Kredite aufgenom-

men, um mein Geschäft zu gründen und ein Haus zu bauen, und hatte deshalb kein Geld übrig, um Aktien zu kaufen. Ich setzte auf meine eigene Leistungsfähigkeit, nicht aber auf Börsenspekulationen. Und so bekam ich die ersten Auswirkungen des wirtschaftlichen Zusammenbruchs erst 1932 zu spüren.

Allerdings waren die Zeitungen jeden Tag voll von Berichten über menschliche Tragödien. 1928 hatte ich in einem meiner Clubs einen außerordentlich begabten und erfolgreichen jungen Börsenmakler kennengelernt. Als ich in der Zeitung von seinem Selbstmord las, war ich von Mitleid erfüllt für ihn und andere seiner Art, deren Antwort auf diese Krise Selbstzerstörung hieß. Mitleid, weil er sich nicht rechtzeitig auf die Notfälle dieses Lebens durch eine entsprechende geistige Einstellung vorbereitet hatte, und Mitleid mit seiner Schwäche, seiner Angst, seiner Hoffnungslosigkeit und seinem Versagen.

Diesem jungen Makler fehlte die moralische Kraft, die man aus Philosophie und Religion schöpfen kann. Der Glaube, daß *Gott immer ein guter Gott ist,* kann nicht in ihm gewohnt haben. Und auch die Kraft des Gebetes muß ihm unbekannt gewesen sein. Man kann den Glauben eines Menschen danach beurteilen, was er in der höchsten Not tut, wenn er entweder davonlaufen, sich ergeben oder kämpfen muß.

Das Ziel des Lebens ist das Leben selbst

»Sobald ein Mensch versteht, daß nicht materieller Gewinn das Ziel des Lebens ist, sondern daß das Leben sich selbst zum Ziel hat, wird er aufhören, seine Aufmerksamkeit ausschließlich auf die äußere Welt zu richten!« sagte Alexis Carrel (Reflections on Life, Hawthorn Books Inc., 1953), der große französische Wissenschaftler, der diese schweren Zeiten miterlebte.

Ich halte es für wünschenswert, daß jeder von uns sich schon frühzeitig darüber klarwird, was er tun würde, wenn das Leben eines Tages nicht mehr wert schiene gelebt zu werden. Ich habe meine Antwort auf diese Frage gefunden: sollte das Leben jemals seinen Wert für mich verlieren, so besäße es zumindest noch für die anderen großen Wert.

Denn jeder Schmerz und jedes Leid, wie groß sie auch sein mögen, finden ihren Ausgleich in der Befriedigung und Freude, anderen zu helfen. Unsere Hilfe trägt also ihren Lohn in sich.

Vielleicht haben Sie dies schon erkannt, als Sie »Before I Sleep: The

Last Days of Dr. Tom Dooley« von James Monahan (Ehe ich schlafe: Die letzten Tage von Dr. Tom Dooley) lasen.
Denn Tom Dooley, der junge Arzt, litt an einer schmerzhaften und unheilbaren Krankheit. Er wußte, daß seine Tage gezählt waren. Aber er war besessen von dem Gedanken, den Hunderttausenden von kranken Menschen, die in Asien und Afrika in ihren Lehmhütten lagen, zu dienen und zu helfen. Er glaubte daran, daß *das Ziel des Lebens das Leben selbst ist,* und er kämpfte darum, andere am Leben zu erhalten, so wie er selbst um sein Leben kämpfte, um anderen helfen zu können.
Er versuchte, jede Stunde voll zu nützen, denn er befand sich in einem Wettlauf mit der Zeit. Indem er sich mit nahezu übermenschlicher Willenskraft vorantrieb, gelang es ihm, die Früchte seiner Arbeit durch Veröffentlichungen, Vorträge und Fernsehinterviews zu vervielfachen. Er hatte nur ein Ziel: Geld für »Medico« zu sammeln, die Organisation, die er geschaffen hatte, um den armen Völkern dieser Erde ärztliche Hilfe angedeihen zu lassen. Auch heute noch gehen große Summen ein, mit deren Hilfe Dr. Tom Dooleys Werk weitergeführt wird.
Im Gegensatz zu dem Börsenmakler hatte sich Dr. Tom Dooley schon frühzeitig mit Hilfe von Philosophie und Religion auf die Nöte des Lebens vorbereitet. Sein Leben ist ein strahlender Beweis dafür. Er glaubte, daß *Gott immer ein guter Gott ist.* Und auch die Macht des Gebetes war ihm wohlvertraut, denn aus dem Gebet zog er den Mut und die Kraft weiterzuleben.
Der junge Makler gab in Verzweiflung auf. Statt dessen hätte er ein neues Leben im Dienste seiner Mitmenschen beginnen können und wäre vielleicht ein gefeierter Held geworden.
Da dies ein Buch der Selbstvervollkommnung und Selbsthilfe ist, möchte ich Ihnen raten, Ihre philosophischen und religiösen Überzeugungen zu überprüfen. Werden Sie sich schon jetzt darüber klar, was Sie tun würden, wenn das Leben jemals seinen Wert für Sie verlieren würde. Ein solches Selbsthilfebuch kann Ihnen nämlich, im wörtlichen Sinn, das Leben retten. Vor kurzem schrieb mir eine Mutter:
»Ich bin eine Hausfrau mit drei wundervollen Kindern und einem vorbildlichen Ehemann. Aufgrund meiner negativen Geisteseinstellung war ich aber zur Überzeugung gelangt, daß es für die Welt und insbesondere für meinen Gatten und meine Kinder besser wäre, wenn ich nicht mehr da wäre. Ich war davon überzeugt, daß ich die Herrschaft über meinen Verstand und meine Gefühle verlieren würde.

Ich dachte an Selbstmord. Ich betete um Hilfe, aber sie schien mir versagt zu bleiben, bis ich eines Nachmittags auf Ihr Selbsthilfebuch stieß. Seitdem habe ich jeden verfügbaren Augenblick darin gelesen. Ich habe mir eine positive Denkungsart zu eigen gemacht, und die Veränderungen, die diese neue Einstellung in mir, in meinem Heim und in meinen Beziehungen zu meinem Gatten bewirkt haben, grenzen an ein Wunder. Ich hatte vordem schon andere Selbsthilfebücher gelesen, aber Ihres zeigte mir wie kein anderes, *wie* ich mir tatsächlich selbst helfen konnte, und dessen bedurfte ich dringender als jeder Medizin und jedes Arztes dieser Welt.
Ich danke Mr. Hill und Ihnen, Mr. Stone, daß Sie dieses Buch geschrieben haben. Ich danke Gott, daß er es mich finden ließ, ehe ich mir das Leben nahm.
Ihr Buch hat eine so tiefgreifende Wandlung zum Besseren in mir hervorgerufen, daß ich fest davon überzeugt bin, daß ich niemals wieder in meinen früheren Zustand verfallen werde. Auch der regelmäßige Kirchenbesuch war mir eine große Hilfe, und auch diesen Entschluß faßte ich unter dem unmittelbaren Eindruck Ihres Werkes.«

Rüsten Sie sich für den Kampf

Ein Buch, wie zum Beispiel »You and Psychiatry« (Du und die Psychiatrie), kann Ihnen helfen, die richtige Entscheidung zu treffen. Dr. William C. Menninger sagt darin folgendes:
Die meisten von uns hatten Gelegenheit, selbst zu beobachten, wie unterschiedlich die Menschen auf Schicksalsschläge reagieren. Einige nehmen den völligen Verlust ihrer Häuser und ihres Vermögens hin, sie überwinden den Tod geliebter Angehöriger und werden selbst als Krüppel mit ihrem Schicksal fertig. Andere sind dazu nicht fähig.
Mißerfolg kann sich in zwei Verhaltensweisen ausdrücken — Flucht oder Angriff. Wenn wir uns einer Situation gegenübersehen, die wir weder ignorieren noch hinnehmen noch meistern können, so werden wir ihr auf die eine oder andere Weise zu entkommen trachten oder ihr unter Einsatz aller Kräfte entgegentreten.

Lernen Sie aus den Erfahrungen anderer

Im nächsten Kapitel werden Sie einige Geschichten von Männern lesen, die an den Schwierigkeiten, die sie meisterten, erstarkten — Männer,

die die Zähne zusammenbissen und zum Angriff übergingen. Lassen Sie sich aber zunächst an einem Beispiel zeigen, wie ich selbst aus den Erfahrungen anderer lernte, mich auf die Zukunft vorzubereiten. Denn, wie Sie jetzt wissen: ein Mensch, der im Leben Erfolg hat, macht es sich zur Gewohnheit, die Grundsätze, die er aus Erfahrungen zieht — seien es die eigenen oder die anderer —, zu verarbeiten und anzuwenden.
Wie ich schon erwähnte, bekam ich die Auswirkungen des wirtschaftlichen Zusammenbruchs und der darauf folgenden wirtschaftlichen Erschütterungen zunächst nicht zu spüren. Ich sah aber einige Gefahrensignale, die mich zu handeln veranlaßten.
Auf der Lasalle-Straße begegnete ich im Jahre 1930 oft einem Freund — jemand, den ich aufgrund seiner geschäftlichen Erfolge in den ausgehenden Zwanzigern bewundert hatte. Nachdem wir einige freundschaftliche Worte gewechselt hatten, pflegte er beim Abschied zu fragen: »Übrigens, Clem, kannst du mir bis Dienstag zehn Dollar leihen?« Ich lieh sie ihm immer, aber der Dienstag, von dem er sprach, schien nie zu kommen.
Erfahrungen dieser Art machten mich nachdenklich. Denn obwohl ich ein unfehlbares Verkaufssystem besaß und volles Vertrauen in meine Fähigkeit hatte, jede Situation zu meistern, überlegte ich mir folgendes: Selbst die klügsten Köpfe in Amerika verloren in der Wirtschaftskrise ihr Vermögen. Wie wollte ich mich vor einer solchen Erkenntnis verschließen? Es ist an der Zeit, Geldrücklagen für einen Notfall zu schaffen oder aber die Augen offenzuhalten, um jede außergewöhnliche Gelegenheit sofort ergreifen zu können.
Ich bin nicht gerade das, was man »sparsam« nennt. Ich pflegte zu kaufen, was mir gefiel, und anschließend das Geld zu verdienen, um es zu bezahlen. Ich vergrößerte mein Einkommen, indem ich die Anzahl meiner Abschlüsse vermehrte, und ich vermehrte die Anzahl meiner Abschlüsse, indem ich meine Kenntnisse und meine Geschicklichkeit vergrößerte. Jedesmal, wenn ich das Gebäude betrat, in dem sich mein Büro befand, wurden meine Augen von einem Plakat in einem Schaufenster angezogen, das diese Lebensweise zu billigen schien. Darauf stand zu lesen:
Ein junger Mann kann ein Vermögen erwerben, wenn er finanzielle Verpflichtungen eingeht. Denn wenn er ehrlich ist, wird er seine Schulden zurückzahlen. Solche finanziellen Verpflichtungen war ich eingegangen,

um ein Haus, zwei Autos und einige andere Dinge zu kaufen, die ich als notwendig betrachtete, während sie anderen als Luxus erscheinen mochten. Für all diese Dinge waren Raten zu leisten. Außerdem war ich immer dabei, mein Geschäft zu vergrößern, und die Versicherungsgesellschaften, die ich vertrat, hatten mir beträchtliche Kredite eingeräumt.

Um mich zum Sparen zu zwingen, schloß ich eine Lebensversicherung auf zwanzig Jahre ab, und zwar ließ ich mich so hoch versichern, daß ich neun Jahre später, als ich mich gleichzeitig einer Notlage und einer günstigen Gelegenheit gegenübersah, einen Kredit von 20000 Dollar bekam, indem ich meine Versicherungspolice als Sicherheit bot. Ich schloß diese Versicherung ab, obwohl ich Schulden hatte. Ich wußte ja, daß ich meine Schulden auf Heller und Pfennig zurückzahlen würde. Denn schon zu einem früheren Zeitpunkt hatte ich mich entschlossen, nach dem Grundsatz zu handeln: *Abgemacht ist abgemacht — versprochen ist versprochen!*

Für mich bedeutete dies, daß man, was auch immer kommen mag und welche Opfer auch gebracht werden müssen, seine Abmachungen und Versprechungen erfüllen muß, gleichgültig, ob sie schriftlich oder mündlich gemacht wurden. Etwa 1932 begann ich die Wirkungen der Depression zu spüren. Mir wurde allmählich bewußt, daß ich mich in einer schwierigen finanziellen Lage befand.

Ich nahm mein Problem in Angriff

Damals ging ich immer noch gleichzeitig in die Schule und leitete mein Geschäft. Meine Gläubiger ließen mir keine Ruhe: Es schien, als ob sie alle ihr Geld gleichzeitig wollten. Ich wußte, daß sie ihr Geld voll und ganz wiederbekommen würden, und ich glaube, sie wußten es auch. Aber jedermann hatte damals Geldsorgen.

Meine Schwierigkeiten ergaben sich daraus, daß meine mehr als tausend zugelassenen Vertreter nicht genug Abschlüsse zustande brachten, was sich wiederum bedenklich auf meine Finanzlage auswirkte. Ich hatte mehr als 28000 Dollar Schulden. Als ich mir das Problem durch den Kopf gehen ließ, wurde mir klar, daß es nicht so sehr darauf ankam, wieviele Vertreter ich beschäftigte, sondern darauf, wieviele Kunden sie gewannen.

»Ein Universitätsstudium ist etwas sehr Schönes«, dachte ich, »aber

es ist wichtiger, für meine Familie und mich zu sorgen — und meine Schulden zu bezahlen.« So ging ich wieder einmal von der Schule ab.
Ich nahm mein Problem sofort in Angriff. Zuerst warf ich einen Blick auf meine Aktiva. Zu jenem Zeitpunkt vertrat meine Agentur bereits drei weitere Gesellschaften zusätzlich zu den zweien, mit denen ich angefangen hatte. Deshalb konnte ich in den Gebieten, wo die Verkaufsorganisation noch nicht genug ausgebaut war, neue Mitarbeiter einstellen.
Glücklicherweise konnte ich mich fest darauf verlassen, daß ein Großteil meiner Versicherungsnehmer ihre Policen bei Ablauf immer wieder erneuern würden. Einige sprangen zwar immer ab, ich wußte aber nicht, wieviele. Der volle Ernst der Lage wurde mir erst klar, als meine Mittel bedrohlich knapp wurden.
Ich wußte aber, daß ich nach wie vor unbegrenzte Möglichkeiten hatte. *Denn die Anzahl der getätigten Abschlüsse hängt von der Haltung des Verkäufers und nicht von der Haltung des zu gewinnenden Kunden ab.* Ein Verkäufer, der mit Begeisterung bei der Sache ist und über die nötigen Kenntnisse und das erforderliche Wissen-Wie verfügt, kann — meiner Erfahrung nach — sein Gegenüber immer zum Kauf überreden. Einmal verbrachte ich zum Beispiel zehn Wochen meiner Sommerferien in New York, um Versicherungspolicen zu verkaufen. Ich mußte den schlüssigen Beweis liefern, daß *der Verkaufserfolg von der geistigen Einstellung des Verkäufers abhängt.* Ich war nämlich mit der Commercial Casualty Company übereingekommen, eine neuartige Versicherungspolice anzubieten, bei der die Nettoprämie etwas höher lag. Mein Verkaufsleiter sagte mir, daß sich diese Policen nicht verkaufen ließen, und keiner der anderen Vertreter hatte bis jetzt einen Kunden dafür geworben. Sie alle standen unter dem Eindruck der Depression und hatten — wie Millionen andere zu jener Zeit — eine negative Selbsteinstellung.
In jenem Sommer erzielte ich in Buffalo, Niagara Falls, Rochester und anderen Städten größere Verkaufserfolge als je zuvor. Ich wendete mein unfehlbares Verkaufssystem an, ohne Rücksicht darauf, wo ich mich befand und ob eine Hochkonjunktur oder eine Wirtschaftskrise herrschte. Das System ist unter ungünstigen wirtschaftlichen Bedingungen genauso wirksam wie unter günstigen.
Als ich nach Chicago zurückgekehrt war, schrieb ich jedem meiner Vertreter und drängte sie, neue Policen zu verkaufen. Weil sie Vertrauen

zu mir hatten, versuchten sie es. Und weil sie es versuchten, stellten sie fest, daß sich die neue Police genauso gut verkaufte wie die älteren. Ich hatte sie zum Erfolg inspiriert.

Was ich nicht wußte

Obwohl ich ein unfehlbares Verkaufssystem hatte, wendeten es meine Vertreter nicht mit voller Wirksamkeit an. Sie waren aber auch nicht in der richtigen Anwendung des Systems unterwiesen worden. Ich begann jetzt einzusehen, daß mir als Verkaufsleiter noch zwei wichtige Bestandteile fehlten, nämlich die Fachkenntnisse und das nötige Wissen-Wie, um meine Mitarbeiter auszubilden, zu überwachen und an das Unternehmen zu ketten. Wenn ich so zurückschaue, kann ich nur staunen, wie wenig ich von richtiger Geschäftsführung wußte. Daß ich trotzdem Erfolg hatte, war unter anderem wahrscheinlich auch darauf zurückzuführen, daß man in den Tagen der Hochkonjunktur praktisch alles verkaufen konnte. Man brauchte nur die Leute aufzusuchen und ihnen zu sagen, was man anzubieten hatte.

Hätte ich schon damals gewußt, was ich heute weiß, so hätten mir meine schriftlichen Unterlagen jederzeit genau den Stand meiner Geschäfte und die Entwicklung meiner Verkaufsorganisation angezeigt. Sowohl meine Vertreter wie auch meine Verkaufsleiter wären gründlich ausgebildet worden. Ich hätte ein *unfehlbares Erfolgssystem* für Verkaufsleiter entwickelt. Das tat ich aber damals in der Hochkonjunktur nicht, im Gegenteil:

1. Ich machte mir nicht einmal die Mühe, meine Vertreter und Verkaufsleiter persönlich aufzusuchen. Ich dachte noch nicht einmal an die Möglichkeiten, dies zu tun.

2. Meine Mitarbeiter erhielten nur eine vierseitige Broschüre mit Verkaufsanweisungen. Diese bestanden hauptsächlich aus einem systematischen Verkaufsgespräch, einigen Verkaufsvorschlägen und einigen Leitsätzen. Den Vertretern wurde nahegelegt, das Verkaufsgespräch Wort für Wort auswendig zu lernen.

3. Ich kam nie auf den Gedanken, eine Tagung oder ein Treffen für meine Mitarbeiter zu veranstalten.

4. Die Verkaufsleiter erhielten keinerlei besondere Anweisungen, wie sie die Geschäfte zu führen hatten. Sie verstanden ja sowieso, neue Kunden zu werben, denn jeder von ihnen war früher ein Vertreter gewesen.
5. Die einzigen schriftlichen Unterlagen, die ich hatte, waren die Namen der Versicherungsnehmer, ein sehr vereinfachtes Buchhaltungssystem und eine Liste mit den Namen und Adressen meiner Mitarbeiter — an eine Verkaufsstatistik hatte ich gar nicht gedacht.

Wie viele andere, die ein Ein-Mann-Unternehmen gründen, lernte ich aus Erfahrung. Hätte ich damals schon gewußt, was ich heute weiß, so hätte ich meinen Vertretern eine gründliche Verkaufsausbildung zuteil werden lassen und hätte auch meine Geschäftsführung nach den modernsten Grundsätzen gestaltet. Das dazu nötige Wissen kann man sich an einer Schule oder aus Büchern erwerben.

Meine Notlage zwang mich zu handeln

Nachdem ich von der Schule abgegangen war, bereitete ich mich geistig und körperlich darauf vor, die Lösung meiner Probleme in Angriff zu nehmen.
Jede persönliche Leistung nimmt ihren Ursprung im menschlichen Geist. Ich wußte, welcher Art meine Probleme waren. *Und die Kenntnis der Probleme ist der erste Schritt zu ihrer Lösung.* Um meine Probleme zu lösen, hatte ich nur folgendes zu tun:

1. Möglichst große Summen durch persönliche Kundenwerbung zu verdienen.
2. Weitere Mitarbeiter zu werben.
3. Meine alten und neuen Mitarbeiter so *auszubilden,* daß sie meine Verkaufsleistungen erreichten oder sogar noch übertrafen.
4. Eine Verkaufsstatistik zu entwickeln, der ich jederzeit das genaue Geschäftsvolumen in jeder Großstadt, Kleinstadt und in jedem Dorf im ganzen Lande entnehmen konnte.

Ehe ich jedoch erzähle, was ich in der Folge unternahm, möchte ich Ihnen von der bedrängten Lage berichten, in der ich mich damals be-

fand. Ich hatte meine Rechnungen nur mit großen Verzögerungen bezahlt und wurde von meinen Gläubigern gedrängt. *Eine* Verpflichtung aber erfüllte ich stets mit größter Pünktlichkeit: die Auszahlung der Löhne und Gehälter.
Haben Sie jemals Ihre Uhr versetzt? Ich schon, und zwar zweimal — und dies nur, um meine Mitarbeiter voll ausbezahlen zu können. Und wie stand es mit der Büromiete?
Wenn das Licht in meinem Büro ausging, wußte ich sofort, warum. Ich rief den Hausverwalter an, der mich dann fragte: »Wann wollen Sie Ihre Mietrückstände begleichen?« Fünf Minuten nachdem ich ihm die gewünschte Auskunft erteilt hatte, pflegten die Lichter wieder anzugehen. Dies geschah mir viele Male.
Vergessen Sie nicht: Ich verwendete jeden Dollar, den ich erübrigen konnte, dafür, meine Schulden zu bezahlen. Es ist schwer, die laufenden Rechnungen zu begleichen, während man gleichzeitig früheren finanziellen Verpflichtungen nachzukommen versucht und darüber hinaus auch noch ein paar Dollar für die Zukunft sparen will. Aber es ist auch eine sehr heilsame Erfahrung!
Die Not drängte mich also dazu, jede Stunde voll zu nützen — und das tat ich auch. Die Zeit, die ich vorher für den Besuch von Vorlesungen aufgewendet hatte, widmete ich nunmehr der Kundenwerbung. Ich werde Ihnen noch einige Erlebnisse schildern, die ich dabei hatte, denn sie sind ein Beweis für die Kräfte, die einem der richtige Ansporn zum Handeln verleiht. Diese Grundsätze können von jedem angewendet werden.
Die Anstellung zusätzlicher Mitarbeiter war kein Problem, denn meine vierzeilige Annonce brachte mir laufend neue Bewerbungen ein.

Versuch und Erfolg

Auch hier war ich auf ein unfehlbares System gestoßen, auf dem Postwege Mitarbeiter zu werben. Nach und nach hatte ich einen zweiseitigen Schemabrief und zwei Rundschreiben entworfen. Diese letzteren hatten eine dermaßen phantastische Wirkung, daß sie, abgesehen von einigen unwesentlichen Einzelheiten, bis heute in gleicher Form beibehalten wurden.
Der Brief und die Rundschreiben ließen die in unserer Annonce gemachten Versprechungen als glaubbar, erstrebbar und erreichbar er-

scheinen — und lieferten somit die Hauptbestandteile jeglicher Motivierung. Sie drängten den Leser zum Handeln.
Unter anderem enthielten sie so wirksame Leitsätze wie:
Der Erfolg gehört denen, die sich einsetzen!
Wenn nichts zu verlieren und viel zu gewinnen ist — versuchen Sie es!
Tu es gleich!
Unser Brief schilderte neben den Vorteilen auch alle Nachteile. Unter anderem wurde darauf hingewiesen, daß der Bewerber einen gewissen Betrag im voraus deponieren mußte, zur Deckung der staatlichen Zulassungsgebühr und der Kosten des ihm überlassenen Materials. Ich erwähne diese Einzelheiten,

1. weil Sie sich vielleicht gefragt haben, wie ich im ganzen Land eine Verkaufsorganisation aufbauen konnte, ohne diesem Aufbau einen beträchtlichen Teil meiner Zeit zu widmen. Ich verwendete statt dessen meine Schemabriefe.
2. Es wird Ihnen nunmehr wahrscheinlich auch verständlich, wie ich es fertigbrachte, mit einem verhältnismäßig geringen Betriebskapital anzufangen. Ich verwendete eben die von den Vertretern vorgeschossenen und bei mir deponierten Summen. Andererseits garantierte ich, daß ich die Beträge auf Anforderung sofort zurückzahlen würde.
3. Darüber hinaus werden Sie sehen, wie die von mir versandten Drucksachen mir bei dem Gespräch mit Bewerbern dadurch Zeit sparen, daß sie mich schon vorher mit dem Lebenslauf des Bewerbers vertraut gemacht hatten.

Charakter — Einstellung — Lernbereitschaft

Während der Jahre der Wirtschaftskrise stellten sich am Montag morgen auf meine Annonce in der Chicago Sunday Tribune bis zu 200 Bewerber persönlich vor. Die Schlange der Wartenden erstreckte sich vom Eingang meines Büros bis zum Ende des Korridors.
Manche Fachleute mögen dies ungläubig belächeln — aber ich hatte schon damals die Fähigkeit, einen Menschen in einigen Minuten ziem-

lich genau einzuschätzen. Denn meine Erfahrung als Verkäufer hatte meinen Blick für die Reaktionen meines Gegenübers und deren Bedeutung geschult. Ich entwickelte eine Technik, die mir erlaubte, in kürzester Zeit diejenigen Bewerber anzustellen, die mir brauchbar erschienen, und die anderen, die mir nicht geeignet erschienen, in einer Form abzuweisen, die sie nicht verletzte. Ich verfuhr folgendermaßen:

1. Ich gab jedem persönlichen Bewerber dieselben Drucksachen in die Hand, die ich an die brieflichen Bewerber versandte. Beim ersten Interview machte ich mir niemals die Mühe, den Namen und die Adresse des Bewerbers aufzuschreiben.

2. »Ist er ein Mann von Charakter? Hat er eine positive oder negative Einstellung? Besitzt er Lernbereitschaft?« Dies waren Fragen, die ich mir stellte.

3. Wenn mir ein Bewerber als ungeeignet erschien, versuchte ich, ihm dies so höflich und schonend wie möglich beizubringen. Ich pflegte zu sagen: »Ich möchte ganz offen mit Ihnen sein: Ich interviewe jeden Herrn, der sich bei mir vorstellt. In diesen Drucksachen finden Sie, worum es bei meinem Unternehmen geht. Lesen Sie alles durch, und wenn es Sie interessiert, dann kommen Sie wieder.« Ich wußte, daß nur wenige wiederkommen würden, da ja eine gewisse Summe zu deponieren war, aber der Bewerber wahrte dadurch sein Gesicht.

4. Die Leute, die ich haben wollte, bekam ich auch. Ich ging bei ihnen genauso vor wie bei den anderen, die als Bewerber für mich ausschieden — mit dieser Ausnahme: Ich pflegte zu sagen: »Lesen Sie die Drucksachen durch — und denken Sie dabei daran, daß ich Ihnen den tatsächlichen Beweis liefern werde, wie leicht es für Sie sein wird, ein großes Einkommen zu erzielen. Wenn Ihnen meine Vorschläge zusagen, werde ich dafür sorgen, daß Sie sofort zugelassen werden. Ich werde einen ganzen Tag lang zusammen mit Ihnen Kunden werben und Ihnen die Provisionen dieses Tages überlassen.« Dann wendete ich einige Minuten daran, dem Betreffenden zu erzählen, welch große Provisionen ich letzte Woche in meiner Rolle als Verkäufer verdient hatte.

Wenn ein Bewerber nicht über die notwendigen Barmittel verfügte und ein Verkaufsleiter ihm anbot, seine Arbeit zu tun und ihm noch dazu die Provisionen zu überlassen, war natürlich sein Interesse geweckt. Wenn er dann am Ende des ersten Tages zwischen 30 und 50 Dollar bar in der Hand hielt, hatte er sich selbst überzeugt, welch günstige Gelegenheit ihm hier geboten war. (In jenen Tagen war ein Dollar noch sehr viel Geld!)

Ihre geistige Einstellung machte sie zu Versagern

Ich fühlte großes Mitleid für Menschen, die früher Erfolg hatten und jetzt arm und mittellos dastanden. Unter ihnen waren Persönlichkeiten, die während der Hochkonjunktur zwischen 15 000 und 30 000 Dollar im Jahr verdient hatten. Jetzt aber waren sie Versager, entweder weil sie nicht noch einmal von unten anfangen und sich wieder nach oben kämpfen wollten, oder aber weil ihr Denken bereits so negativ geworden war, daß sie keine Aufgabe mehr erfolgreich durchführen konnten. Die Zukunft dieser Leute lag hinter ihnen — es sei denn, ihre Arbeitgeber verstanden es, sie von neuem zum Handeln anzuspornen. Ich erzähle Ihnen all dies, weil ich bei dieser Gelegenheit eine große Entdeckung machte. Ich wußte, daß ich die von mir angestellten Verkäufer ausbilden konnte, indem ich ihnen mein Verkaufssystem persönlich vorführte. Dabei erwarb ich mir die nötigen Kenntnisse und die Praxis, um ein *unfehlbares Erfolgssystem* zur Ausbildung von Verkäufern zu entwickeln — ein System, das ich vorher noch nicht gekannt hatte. Die Geschichten im nächsten Kapitel werden Ihnen zeigen, wie ich dieses System schließlich zur Vollendung brachte.
Nachdem ich einmal erkannt hatte, daß meine Vertreter weitere Ausbildung benötigten, begann ich, tägliche Verkaufsanleitungen mit praktischen Ratschlägen an meine Mitarbeiter zu versenden. Sie konnten diesen Rundbriefen entnehmen, wie man Einwänden erfolgreich begegnet, und auch andere Hinweise, die auf meiner langjährigen Tätigkeit als erfolgreicher Verkäufer beruhen.
Auf diese Weise erfuhren meine Mitarbeiter, was sie sagen mußten und wie sie es zu sagen hatten. So gab ich zum Beispiel meinen Mitarbeitern die Anleitung, wie man bei einem Kunden verfahren müsse, der sagte: »Ich habe kein Geld dafür.« Es galt dann, den Betreffenden zu überreden, sich die für diese Versicherungsprämie erforderliche Summe notfalls sogar von seinem Arbeitgeber oder Nachbarn zu leihen.
Darüber hinaus enthielt jeder meiner Rundbriefe einen Gedanken oder

Leitsatz, der meine Vertreter zum Handeln anspornte. Solche Leitsätze waren zum Beispiel: *Es gibt keinen Nachteil, der nicht von einem wesentlich größerem Vorteil begleitet wäre.* Weil ich diese Gedanken schriftlich niederlegte, war ich gezwungen, sie klar zu fassen. Damit war ich meinem *unfehlbaren Erfolgssystem* bei der Ausbildung von Mitarbeitern wieder um einen Schritt nähergekommen.

Meine Schwierigkeiten waren gering im Vergleich zu jenen anderer Leute, die sich während der Wirtschaftskrise eine negative Denkweise angewöhnt hatten. Trotzdem waren meine Probleme groß genug — Anrufe, Briefe und persönliche Vorsprachen meiner Gläubiger machten mir das Leben schwer. Aus diesem Grund ließ ich eines Tages meine Gläubiger wissen, daß sie die mir gewährten Kredite hundertprozentig zurückbekommen würden, zusätzlich 6 Prozent Zinsen, gerechnet vom Tage der Kreditgewährung an. Ich würde die Beträge zurückzahlen, in dem Umfang, wie es mir meine Einkünfte erlaubten. Obwohl dies die Mitteilung eines festen Entschlusses darstellte und nicht etwa eine Bitte um Entgegenkommen, beklagte sich niemand. Im Laufe der Zeit bekamen alle ihr Geld samt Zinsen.

Im nächsten Kapitel finden Sie eine Reihe von Geschichten, die Ihnen zeigen, wie Menschen in der Not über sich hinauswuchsen ... wie man weiterhin aufbauen kann, wenn ringsum alles in Trümmer fällt ... wie Sie Nachteile in Vorteile verwandeln können.

ZUSAMMENFASSUNG

Jede persönliche Leistung nimmt ihren Ursprung im menschlichen Geist. Auch Ihre Erfolge wurzeln in Ihrem Geist. Der erste Schritt besteht darin, daß man sein Problem, Ziel oder Streben genau erkennt. Wenn Sie noch keine klare Vorstellung davon haben, dann legen Sie Ihre Gedanken schriftlich nieder und ändern Sie diese schriftliche Darstellung solange, bis die Worte genau das wiedergeben, wonach Sie streben.

Jeder Nachteil wird durch einen zumindest gleich großen Vorteil aufgewogen – wenn Sie sich nur die Mühe machen, ihn zu finden. Haben Sie das einmal gelernt, so können Sie jede Schwierigkeit meistern.

KAPITEL 10

Man muß nur wissen wie

Die Wirtschaftskrise war ein versteckter Segen für diejenigen, die sich zur richtigen geistigen Einstellung durchringen konnten. Denn Not macht einen Menschen entweder stärker oder zerbricht ihn.
Leo Fox gehörte zu denen, die stärker wurden. Ich sehe ihn noch heute vor mir, wie er sich das erste Mal vorstellte; denn er machte einen unauslöschlichen Eindruck auf mich. Leo war auf meine Anzeige hin gekommen. Er hatte ein gewinnendes Lächeln und war so voll von Begeisterung, daß ich ihn sofort einstellte.
Leo hatte zwar Arbeit, aber er verdiente nicht genug Geld. Obwohl er von sehr ernsten Problemen bedrängt war, bot er ein Bild der Gesundheit, des Glücks, der Begeisterung und des Erfolges. Doch zu der Zeit, als er bei mir eintrat, hatte er so wenig Geld, daß er mit seiner Frau und zwei Kindern in einer billigen Unterkunft in einem ärmlichen Viertel von Chicago wohnen mußte. Sie konnten sich weder Möbel leisten noch die Vorauszahlung für eine möblierte Wohnung — ja, er war sogar mit seiner Mietrechnung im Rückstand.
Frau Fox wagte es nicht, das Zimmer in der Herberge mit den Kindern zu verlassen, denn sie fürchtete, daß der Geschäftsführer diese Gelegenheit ergreifen würde, um sie solange auszusperren, bis wenigstens ein Teil der rückständigen Miete bezahlt war. Trotz alledem brachte es Leo fertig, voll Begeisterung zu lächeln, als ich an jenem Morgen mit ihm sprach. Ich ging damals noch an die Northwestern Universität und hatte noch nicht damit begonnen, meine Vertreter am ersten Tag persönlich einzuarbeiten.
Nach einigen Monaten teilte mir Leo Fox mit, daß er das am ersten Tag verdiente Geld dafür verwendet hatte, seine Mietschulden abzuzahlen, und daß er am nächsten Tag früh aufstehen mußte, um genug Provisionen zu verdienen, daß er seiner Familie das Frühstück kaufen konnte.

Leo zeigte großen Arbeitseifer, und es dauerte nicht lange, bis er seine dringlichsten Rechnungen bezahlt hatte. Nach vier Monaten war er bereits in der Lage, die Anzahlung für ein Auto zu leisten. Innerhalb von zwei Jahren hatte er so große Erfolge erzielt, daß ich ihm die Verkaufsleitung in Pennsylvania übertragen konnte.

Begeisterung ist ansteckend

Leo hatte erst einige Wochen für mich gearbeitet, als etwas Überraschendes geschah. Ich empfing den Besuch eines Verkäufers, der für dieselbe Firma arbeitete, von der Leo gekommen war. Er erwähnte, daß er Leo auf der Straße getroffen habe und daß dieser den Eindruck eines so glücklichen und erfolgreichen Menschen auf ihn gemacht habe, daß er sich erkundigen wolle, ob auch für ihn noch eine Stelle frei sei. Natürlich stellte ich ihn ebenfalls ein.
In einem Zeitraum von zwei Monaten traten fünf weitere Verkäufer von Leos früherer Firma zu mir über. Auch sie waren ihm auf der Straße begegnet und hatten gefragt, wo er arbeite, und auch sie bewarben sich bei mir um eine Stellung.
Leo Fox ist ein Mensch, den ich hoch achte. Er hatte ein persönliches Problem, das viele Menschen ruiniert hat: er war Alkoholiker. Aus diesem Grunde wurde Leo auch, wie er mir später erzählte, von seinem Vater, John Fox, dem Eigentümer und Präsidenten der First National Casualty Company aus dem »Haus gejagt«. Ungefähr ein Jahr nachdem Leo bei mir eingetreten war, weihte er mich in sein Problem ein und sagte: »Ich werde jetzt in die Keeley Trinkerheilstätte gehen. Und ich werde über meine Schwäche siegen.« Er führte seinen Entschluß auch tatsächlich durch und hatte Erfolg.
Wenn ihn bei irgendeiner gesellschaftlichen oder geschäftlichen Zusammenkunft jemand fragt: »Wollen Sie einen Drink mit mir nehmen?« so antwortet Leo voll Begeisterung: »Aber gerne!«. Und wenn dann die Bestellungen aufgegeben werden, so entschuldigt er sich nicht lange. Ganz im Gegenteil, er sagt voll Stolz: »Bringen Sie mir bitte eine Tasse Kaffee.« Seit dem Tag, an dem er die Heilstätte betrat, hat er keinen Tropfen Alkohol mehr angerührt.
Leo Fox besuchte seine Eltern, ehe er nach Pennsylvanien zog, um dort Verkaufsleiter für mich zu werden. Als sein Vater sah, was Leo aus sich gemacht hatte, sagte er: »Wenn du gut genug dafür bist, für Mr. Stone

in Pennsylvania als Verkaufsleiter zu arbeiten, dann bist du auch Manns genug, Präsident der First National zu werden.«
Leo nahm die Stelle bei seinem Vater an und arbeitete sich tatsächlich zum Präsidenten empor. Später wurde mir durch Leo Fox die Chance geboten, sein Unternehmen zu kaufen. Heute ist Leo ein wohlhabender Mann und hat großen Erfolg in seinem Beruf. Seine Geschichte war eine Quelle der Inspiration für viele Menschen, denen ich sie erzählt habe.

Ich hatte ein Problem

Zuerst möchte ich Ihnen erzählen, wie ich mein unfehlbares Erfolgssystem für die Ausbildung von Verkäufern weiterentwickelte. Ich werde Ihnen auch darlegen, wie ich den Selbstansporn *»Verwandle jeden Nachteil in einen größeren Vorteil«* einsetzte.
Nachdem ich die Northwestern Universität verlassen hatte, widmete ich den größten Teil meiner Zeit der Kundenwerbung und der praktischen Ausbildung meiner Vertreter. »Praktisch« heißt hier, daß ich zusammen mit den Betreffenden Kunden besuchte oder warb. Dies bedeutet »Handeln« im Gegensatz zu bloßer Theorie. Auf diese Weise konnte sich der Vertreter persönlich davon überzeugen, daß auch er ein großes Einkommen erreichen konnte, wenn er es genauso machte wie ich. Bald aber entdeckte ich, daß dies noch nicht genug war.
Oft nämlich wurde der Vertreter, den ich gerade ausbildete, so von seiner Begeisterung über dieses erregende Spiel hingerissen, daß er vergaß, auf die besonderen Techniken zu achten, die er anwenden mußte. Es ist, wie wenn man Geschichten in einem Selbstvervollkommnungsbuch liest: Es gibt Menschen, deren Aufmerksamkeit so sehr von der Erzählung in Anspruch genommen wird, daß sie darüber völlig die Grundsätze vergessen, die sie daraus lernen und später anwenden sollten. Ich kam also zu folgendem Schluß: die Verkäufer werden durch die augenblickliche wirtschaftliche Notlage zur Tätigkeit angespornt. Sie brauchen aber jemanden, der ihnen das Notwendige beibringt, und bis jetzt hat sie niemand gelehrt, wie man durch Beobachtung lernen kann. Nachdem mir dies einmal bewußt geworden war, begann ich, eine wirksame Lehrmethode zu entwickeln.
Zunächst einmal veranlaßte ich die Vertreter, das Verkaufsgespräch und die Gegenargumente Wort für Wort zu studieren. Ich erzählte

ihnen von den großen Gewinnen, die sie jeden Tag erzielen würden, sobald sie einmal wüßten, was sie zu sagen hätten und wie sie es sagen müßten... warum ihre Arbeit sie glücklich machen würde, wenn sie einmal die Theorie kannten... wie sie Zeit sparen konnten, falls sie einmal gelernt hätten, das Verkaufsgespräch systematisch zu führen. Hatte dann der Verkäufer alles Notwendige gelernt, pflegte ich einen ganzen Tag lang mit ihm Kunden zu besuchen.

Geplanter Erfolg

Es dauerte nicht lange, bis ich einen festen und erfolgreichen Plan zur Ausbildung neuer Mitarbeiter entwickelt hatte. Meine Methode war folgende:

1. Ich versetzte mich in die richtige Stimmung und arbeitete den ganzen Tag so schnell und hart ich konnte. Mein Ziel war es, den betreffenden Tag zum erfolgreichsten zu machen, den ich je gehabt hatte. Mein »Schüler« durfte sich dabei nicht in die Unterhaltung mischen. Seine Aufgabe war es, sich in meiner Nähe zu halten, aufzupassen, was ich tat, und mit mir Schritt zu halten.

2. Wir machten unseren ersten Besuch um 9 Uhr morgens und warben dann bis 11.30 Uhr Kunden.

3. Der neue Mitarbeiter machte daraufhin selbst eine Stunde lang den Versuch, Versicherungen an den Mann zu bringen.

4. Bei jedem seiner Verkaufsgespräche notierte ich mir die Fehler, die er machte.

5. Mittags besprach ich mit dem Schüler die während des Vormittags geleistete Arbeit und sagte ihm genau, was er sich aufschreiben sollte, lobte ihn zuerst und gab ihm dann praktische Ratschläge. Die Punkte, die für den Erfolg oder Mißerfolg eines Verkaufsgespräches entscheidend waren, wurden dabei besonders betont, weniger Wichtiges wurde nur gestreift.

6. Nach dem Mittagessen übernahm ich wieder bis 4.30 Uhr persönlich den Verkauf.

7. Von da an bis zum Schluß des Arbeitstages übernahm dann wiederum der Schüler das Verkaufsgespräch.

8. Während dieser Zeit notierte ich mir erneut alle wesentlichen Punkte.
9. Anschließend verfuhren wir so wie unter Punkt 5 erwähnt.
10. Am Abend berichtete dann der neue Mitarbeiter seinen Arbeitskollegen über die von ihm geführten Verkaufsgespräche.
11. Jeder der Anwesenden wurde aufgefordert, sich alles zu notieren, was ihm gut erschien und was seiner Meinung nach zum Erfolg oder Mißerfolg eines Verkaufsgespräches führen konnte. Dem lag die Überlegung zugrunde, daß ein Verkäufer, der die Fehler eines Kollegen nicht entdeckt, mit großer Wahrscheinlichkeit dieselben gemacht hätte.
12. Nachdem der betreffende Verkäufer seinen Bericht abgeschlossen hatte, gingen wir folgendermaßen vor:

- Zuerst bekam der Redner selbst die Möglichkeit, seinen Vortrag zu kritisieren und zu zeigen, wie er ihn noch besser hätte machen können.

- Als nächstes wurde der Reihe nach jeder Anwesende gebeten, seinen Kommentar abzugeben. Der in Ausbildung befindliche Verkäufer jedoch schrieb sich nur die Vorschläge auf, die ich ihm angab.

- Zum Schluß faßte ich die wichtigen Grundsätze zusammen und ergänzte sie, insoweit irgendwelche wesentliche Gesichtspunkte unerwähnt geblieben waren.

- Da der Ansporn zum Handeln die wichtigste Vorbedingung zum Erfolg ist, pflegte ich daraufhin jeden der anwesenden Verkäufer anzufeuern — insbesondere den »Schüler«, mit dem ich an jenem Tag gearbeitet hatte.

Nachdem ich auf diese Weise einem neuen Mitarbeiter den ganzen Tag gewidmet hatte, waren die nächsten Schritte folgende:
- Am nächsten Tag arbeitete der Betreffende ganz allein.
- Falls am Abend ein Kollegentreffen stattfand, erläuterte er dort seine Verkaufstechnik.

- Daraufhin gingen wir wieder vor wie unter Punkt 12 geschildert. So konnte ich überprüfen, was der Schüler vom vorigen Abend gelernt und welche Gewohnheiten und welche Praxis er sich inzwischen erworben hatte.

- Am nächsten Morgen begleitete ich den Verkäufer wiederum. Ich ließ ihn eine halbe Stunde allein arbeiten. Wenn es sich als notwendig erwies, so übernahm ich ein oder zwei Verkaufsgespräche wieder selbst, um ihm zu zeigen, wie er in einer bestimmten Situation vorgehen mußte. Dann übernahm wiederum er den nächsten Kunden, und ich machte mir indessen Notizen.

- Nachdem ich ihm noch einige Ratschläge gegeben hatte, trennte ich mich von ihm und ließ ihn bis zum Abend allein weiterarbeiten.

- Wenn es sich herausstellte, daß der Verkäufer die ihm gegebenen Ratschläge nicht genau befolgte und seine theoretischen Kenntnisse der Verkaufstechnik noch unvollkommen waren, wurde er ersucht, einen Tag dem Studium dieser Gegenstände zu widmen. Dies geschah jedoch nur selten, denn während der Wirtschaftskrise war die Notwendigkeit, Geld zu verdienen, für jedermann genug Ansporn, alles zu lernen, was dabei von Nutzen sein konnte.

- Sobald ich in mein Büro zurückgekehrt war, schrieb ich jedem Verkäufer, mit dem ich gearbeitet hatte, einen Brief. In diesem Brief bemühte ich mich:

  ihn für die Fortschritte, die er gemacht hatte, zu loben, ihn durch weitere Kommentare zu begeistern und anzuspornen und noch einmal jeden einzelnen der wichtigsten Ratschläge aufzuführen, die er sich auf meine Anweisung hin notiert hatte.

Dieses Programm erwies sich als echte Erfolgsmethode für die Ausbildung meiner Mitarbeiter. Soweit die hier genannten Grundsätze auf andere Tätigkeiten und Gebiete anwendbar sind, können sie auch dort zur erfolgreichen Ausbildung eingesetzt werden.

Ich wiederhole noch einmal: Zu jener Zeit brauchte ich dringend Geld, denn ich machte verzweifelte Anstrengungen, um aus meinen Schulden herauszukommen. Mein Ausbildungsprogramm hatte den Vorteil, daß ich dem einzelnen Schüler nicht viel Zeit widmen mußte und dieser trotzdem gründlich vorbereitet wurde. Darüber hinaus wurden meine

Mitarbeiter durch die dringende Notwendigkeit, Geld zu verdienen, angespornt, ihr Bestes zu leisten. Sie waren nicht auf meine dauernde Hilfe angewiesen, denn sobald sie einmal das notwendige Wissen und die erforderliche Praxis erworben hatten, arbeiteten sie selbständig und aus eigener Kraft weiter. Bald hatte ich genug gut ausgebildete Verkäufer für den Staat Illinois. Einige von ihnen ermunterte ich sogar, sich in anderen Staaten niederzulassen.
Ich stand jedoch noch vor einem weiteren ernsten Problem — ein Problem, das mir wichtiger war als meine finanziellen Schwierigkeiten. Es betraf die Gesundheit meines Sohnes.

Erfolg braucht eine passende Umwelt

Unser Sohn Clem wurde am 12. Juni 1929 geboren. Während der ersten zweieinhalb Jahre seines Lebens litt er nahezu ununterbrochen an Erkältungen, Heuschnupfen und Asthma. Die Wintermonate hindurch war er ständig krank, und die Ärzte schienen ihm nicht recht helfen zu können.
Schon als ich an der Oberschule begann, mich für Psychologie zu interessieren, war ich auf einen der wesentlichsten Grundsätze jener Selbsthilfe gestoßen, die zu einem Teil meiner Lebensphilosophie wurde. Dieser Grundsatz ist folgender:
Da der Mensch durch seine Umwelt mitbestimmt wird, sollte er sich mit voller Überlegung diejenige wählen, die die günstigsten Voraussetzungen für die Verwirklichung seiner Ziele schafft.
Dieses Prinzip bemühte ich mich nun anzuwenden.
Man kann nahezu alles in einem Buch finden. Als ich noch an die Northwestern Universität ging, las ich, daß gewisse Gebiete in den Vereinigten Staaten sich außerhalb der Zone befanden, in der die Pollen einer bestimmten, besonders blütenstaubreichen Pflanze verbreitet waren. Zu diesen Staaten gehörten Oregon, Washington, Colorado und das nördliche Michigan. Aus diesem Grund kaufte ich mich in dem North Woods Club in Ishpeming, Michigan, ein.
Dieser Klub besaß ungefähr 20 000 ha Land mit eigenen Seen und Unterbringungsmöglichkeiten. Ursprünglich war es nicht meine Absicht gewesen, dorthin zu gehen, ehe Clem alt genug dazu war, ein solches Leben in der Natur wirklich zu genießen. Ich hatte nur Vorbereitungen für seine Zukunft treffen wollen.

Den Sommer über schien Clem immer völlig gesund zu sein, außer im September, wenn die Pollen besonders verbreitet waren. Im Oktober 1931 erhielt ich wieder einen Brief, in dem mir mitgeteilt wurde, daß Clem krank sei. Ich befand mich damals auf einer Geschäftsreise. Ich beschloß, nunmehr sofort eine Umwelt zu suchen, in der sich der Gesundheitszustand meines Sohnes bessern würde. Ich sagte mir folgendes: Wenn sich Clem im Sommer am wohlsten fühlt, warum sollte ich ihn dann nicht in ein wärmeres Klima bringen? Warum soll ich ihn nicht dem Gebiet fernhalten, in dem die Pollen am stärksten verbreitet sind? Warum soll ich nicht der Sonne folgen? Wenn er dann wieder gesund ist, können wir ja wieder nach Hause zurückkehren.

Im November 1931 begannen also meine Frau, Clem und ich im Auto von Staat zu Staat zu fahren. Eineinhalb Jahre lang folgten wir der Sonne — im Winter nach Süden, im Sommer nach Norden. Clem wurde dabei stark und gesund.

Wir stiegen immer nur in den besten Hotels ab. Und weil ich mit Geld knapp war, überredete ich die Geschäftsführer dieser Hotels, mir die Sonderrabatte für Geschäftsreisende zu gewähren.

Verwandeln Sie jeden Nachteil in einen Vorteil

In jedem Staat, den ich während dieser Reisen besuchte, erwarb ich eine staatliche Lizenz, die es mir gestattete, Versicherungsverträge zu verkaufen. Die jeweilige Erneuerung der Verträge konnte ich dann einem Vertreter überlassen, der bereits in dem betreffenden Staat für mich arbeitete oder den ich zu diesem Zweck erst einstellte.

Zu jener Zeit waren die Fabriken in Neuengland stillgelegt. In Pennsylvania, Arizona und anderen Staaten lagen die Bergwerke still. Der Preis für Baumwolle und Erdnüsse in Virginia und anderen südlichen Staaten war so gering, daß die Ernten zur Verbesserung des Bodens kurzerhand eingepflügt wurden — es lohnte sich nicht, sie auf den Markt zu bringen. Das Öl in Texas wurde mit 60 Cent pro Faß verkauft. Trotzdem verdienten die von mir ausgebildeten Verkäufer sofort zwischen 20 und 50 Dollar am Tag.

Denn die harte Notwendigkeit *spornte sie an zur Tat* .. durch Erfahrung erwarben sie das nötigste *Wissen-Wie* ... und bei mir sammelten sie die notwendigen *Kenntnisse*. Dies sind eben die drei Bestandteile jedes unfehlbaren Erfolgssystems.

Während der eineinhalb Jahre, in denen ich die Vereinigten Staaten bereiste, schmolz die Zahl meiner Mitarbeiter auf 135 hervorragend ausgebildete Verkäufer zusammen, denn viele waren abgesprungen, ehe ich die Möglichkeit hatte, sie persönlich auszubilden. Aber diese 135 Mitarbeiter erzielten in den Jahren der Wirtschaftskrise größere Umsätze als die mehr als tausend nicht besonders ausgebildeten Verkäufer während der Hochkonjunktur. Indem ich so für meinen Sohn Gesundheit suchte und fand, dadurch daß ich die Umwelt für ihn auswählte, die ihm zuträglich war, verwandelte ich mehrere Nachteile in Vorteile: Ich schaffte eine sichere Grundlage für die stetige Erweiterung meines Geschäftes und lernte, wie man erfolgreiche Verkäufer ausbildet. Gleichzeitig machte ich eine äußerst erstaunliche Entdeckung.

Die erstaunliche Entdeckung

Als ich noch einmal all die Briefe durchging, die ich den Verkäufern geschrieben hatte und in denen ich die Grundsätze und Grundlagen geschäftlichen Erfolges dargestellt hatte, machte ich eine äußerst überraschende Entdeckung. Ich stellte nämlich fest, daß es kaum irgendwelche Abweichungen gab. Was für einen galt, galt für alle.
Auf der Grundlage dieser Entdeckung verfaßte ich eine Reihe von Ausbildungsvorschriften, aus denen der Vertreter die Grundsätze erlernen konnte, die er für seine Arbeit brauchte. Wenn dazu noch die nötige Praxis kam, dauerte es nicht lange, bis er ein großes Einkommen erzielte.
Wenn ein Neuling die erste Seite dieser Ausbildungsvorschriften aufschlug, stieß er auf eine unversiegbare Quelle des Ansporns — auf den Gedanken an Gott. Denn er las dort folgendes:
In allen Bereichen menschlicher Tätigkeit ist das Gebet eine wirksame Hilfe zum Erfolg. Was auch immer der einzelne glauben mag, vom psychologischen Standpunkt aus hat das Gebet eine segensreiche Wirkung, weil es hilft, die Gedanken auf ein einziges Ziel zu konzentrieren, und da es geistige Kräfte wachruft. Der göttlichen Macht am Ende eines erfolgreichen Tages zu danken, hat noch niemandem geschadet — die göttliche Macht um Hilfe und um Erfolg zu bitten, hat schon vielen genützt ...
... *Wenn Sie Erfolg suchen, versuchen Sie es mit einem Gebet!*

Das Verkaufslogbuch

Als die Wirtschaftskrise unser Land heimsuchte, hatte ich keinerlei Anhaltspunkte dafür, wie sich die Krise auf mein Geschäft auswirkte. Sobald mir diese Tatsache bewußt wurde, ließ ich mir besondere Kardex-Systeme empfehlen und einrichten. Dadurch gewann ich einen monatlichen und jährlichen Überblick über die Verkaufsziffern, unterteilt nach Staaten, Städten, Verkaufsleitern und Verkäufern. Diese Karteien waren von Fachleuten entworfen worden, die in langjähriger Erfahrung die notwendigen Kenntnisse und das erforderliche Wissen-Wie erworben hatten. Farbige Reiter zeigten das letzte Datum an, an dem wir von einem Vertreter gehört hatten, und ebenfalls den Tag, an dem man ihn anschreiben mußte.

Auf diese Weise wurde allmählich ein »Verkaufslogbuch« entwickelt. Bei richtiger Verwendung zeigte es den vergangenen Geschäftsverlauf, die augenblickliche Lage, die Entwicklungsrichtung des Unternehmens und gewisse Gefahrengebiete an. Kein solches System brauchte ich aber, um zu sehen, wie die Menschen in der Not stark wurden oder warum die Wirtschaftskrise ein versteckter Segen für diejenigen war, die ihr mit einer entsprechenden Einstellung gegenübertraten.

Im nächsten Kapitel werden Sie erfahren, wie Menschen mit einer negativen Geisteshaltung angeleitet wurden, sich zu einer richtigen, das heißt positiven Einstellung durchzuringen.

ZUSAMMENFASSUNG

Sie sind ein Produkt Ihrer Umwelt. Wählen Sie deshalb jene Umwelt, die die Verwirklichung Ihrer Ziele am meisten begünstigt. Analysieren Sie Ihr Leben im Hinblick auf Ihre Umwelt. Verhelfen Ihnen die Umstände zum Erfolg – oder sind sie Ihnen hinderlich?

KAPITEL 11

Geheimnisvolle Quellen der Kraft

»Bitte, Gott, laß mich gerettet werden ... bitte, Gott, laß mich gerettet werden ...!« Andauernd wiederholte Bill Toles voll Demut, Überzeugung und Hoffnung diese Worte. »Bitte, Gott, laß mich gerettet werden ... Bitte, Gott, laß mich gerettet werden ...!«
William Toles war um vier Uhr morgens von einer Welle über Bord gerissen worden. Nachdem er im Wasser aufgeschlagen war, hielt er sich genau an die Vorschriften, die von der Marine für einen solchen Fall gegeben werden: er zog seine Uniformhose aus und machte einen improvisierten Rettungsring daraus, wie er es schon oft geübt hatte.
Stunde um Stunde verging — offensichtlich hatte ihn niemand über Bord gehen sehen. Um drei Uhr nachmittags wurde er von Matrosen an Bord der Executor, einem amerikanischen Frachter, gesichtet; und als er sich in Sicherheit befand, sprach er als allererstes ein Dankgebet.
Ich habe diese wahre Geschichte bei vielen Vorträgen erzählt. Warum? Weil der Kapitän der Executor seinen Kurs geändert und Bill Toles ungefähr 400 km abseits seiner üblichen Route aus dem Meer gefischt hatte — ohne daß er bis heute weiß, warum er diese Kursänderung vorgenommen hat.

Ihre Gebete wurden erhört

Vor kurzem waren Dr. Joseph Maddy und seine Frau Fay meine Gäste. Als ich ihnen die Geschichte von Bill Toles erzählte, sagte Fay: »Das ist interessant, denn wir hatten ein ähnliches Erlebnis. In Interlochen wohnt auf der anderen Seite des Sees ein Nachbar, den jeder den ›Seemann‹ nennt. Vor einigen Jahren waren Joe und ich mit unserem Wohnwagen nach Marathon in Florida gefahren, und eines Tages traf Joe den ›Seemann‹, als wir gerade beim Einkaufen waren. Unser Nachbar erzählte Joe, wieviel Glück er beim Fischen gehabt hatte. Am

nächsten Morgen fuhren Joe und der ›Seemann‹, jeder für sich, in einem kleinen Motorboot hinaus. Sie mißachteten beide die Sturmwarnungen, und am Nachmittag entwickelte sich starker Wellengang.
Unser Nachbar kam um vier Uhr zurück. Ebenso die Fischerboote. Als Joe nicht heimkam, begann ich mir Sorgen zu machen, und ich fing an zu beten.«
»Was war geschehen?« fragte ich Joe.
Er antwortete: »Nun, der Sturm zog sehr schnell auf. Die Wellen waren so hoch und das Boot so klein, daß mich eine Welle über Bord riß. Ich ging einmal unter, dann noch einmal. Aber als ich das zweite Mal mit gestreckten Armen wieder an die Oberfläche kam, erfaßte meine Hand den Rand des Bootes, und ich zog mich hinein.
Das Boot muß einen Kreis beschrieben haben, denn als ich das erste Mal wieder nach oben gekommen war und mich umblickte, konnte ich keine Spur davon entdecken.«
Dann sagte Fay: »So wie Joe und ich die Ereignisse rekonstruiert haben, geschah dies kurz nach vier Uhr ... also während ich betete.«
Ich erwähne hier die Geschichten von Bill Toles und Dr. Joseph Maddy, weil auch ich von der Macht des Gebetes überzeugt bin. Es spielt eine äußerst wichtige Rolle in meinem *unfehlbaren Erfolgssystem.*
Die Macht des Gebetes ist sehr geheimnisvoll. Aber auch alle anderen natürlichen und psychischen Erscheinungen sind geheimnisvoll, solange es den Menschen nicht gelingt, sie zu ergründen.
Ob wir es aber verstehen oder nicht — wahr bleibt wahr. Für jede Wirkung gibt es eine Ursache; und wenn wir wissen, daß eine bestimmte Handlung ein bestimmtes Ergebnis zur Folge hat, so können wir das zugrunde liegende Prinzip anwenden, auch wenn wir es uns nicht erklären können.

Der Mann mit den Radaraugen

Viele Verfasser von Selbsthilfebüchern bemühen sich, die Natur der bekannten und unbekannten Kräfte zu ergründen, die den menschlichen Geist beeinflussen oder von ihm beeinflußt werden können. Aus diesem Grunde suchte ich die persönliche Bekanntschaft von Peter Hurkos, dem Mann mit den Radaraugen. Ich war Gast in seinem Hause, und seitdem sind er, seine Familie und ich gute Freunde.
Als ich ihn das erste Mal besuchte, bat Peter Hurkos meine Frau, ir-

gendeinen Namen auf ein Stück Papier zu schreiben und es ihm zu geben. Ohne zu lesen, was auf dem Zettel stand, zerknüllte ihn Peter in seiner rechten Hand. Dann versetzte er uns in tiefstes Erstaunen, indem er viele Ereignisse schilderte, die Jahre zurücklagen. In jedem Fall waren seine Angaben hundertprozentig richtig. Darauf beschrieb er die Person, deren Namen auf dem Zettel stand, und wiederum waren wir über die Genauigkeit seiner Schilderung erstaunt.
Bei einer anderen Gelegenheit befand sich Peter gerade in meinem Büro in Chicago, als ich ein Ferngespräch mit einem Freund führte, der für die Filmindustrie in Hollywood arbeitete. Peter hielt dabei das Telephonkabel in der Hand, und nachdem das Gespräch beendet war, beschrieb er die äußerliche Erscheinung des Mannes, mit dem ich gerade gesprochen hatte, und schilderte auch einige seiner Charakterzüge. Ein anderes Mal schüttelte er Lou Fink von meiner Werbeabteilung die Hand und erzählte daraufhin Lou Dinge, die nur diesem allein bekannt waren. Als er einmal den Robert R. McCormick Chicago Club besuchte, setzte er sowohl mich als auch die Jungen in Erstaunen durch die Genauigkeit, mit der er bestimmte Probleme und Ereignisse in ihrem Leben schilderte.
Vielleicht haben Sie schon von seinen genauen Vorhersagen von Sportergebnissen und von seinen sensationellen Aufklärungen von Verbrechen gelesen. In Europa ist er als der »Telepathische Detektiv« bekannt, denn er hat im Lauf der Zeit viele Verbrechen aufgeklärt, darunter 27 Morde in 17 Ländern. Seine Fähigkeit der Psychometrie, das heißt die Fähigkeit, einen Gegenstand zu berühren und daraufhin die Erlebnisse seines Eigentümers zu schildern, ist einfach verblüffend.
Peters hauptsächliches Lebensziel besteht darin, den Umfang seiner psychischen Kräfte zu entdecken und zu lernen, wie sie zum Nutzen der Menschheit zu verwenden sind.

Die verborgenen Kanäle des Geistes

Der wahrscheinlich bedeutendste lebende Kenner der Parapsychologie ist Dr. Joseph Banks Rhine von der Duke Universität. Mehr als 34 Jahre seines Lebens hat er der wissenschaftlichen Erforschung und dem Nachweis übersinnlicher Wahrnehmungen gewidmet.
Ich bin viele Male mit Dr. Rhine zusammengetroffen, und im Laufe unserer Gespräche habe ich die Überzeugung gewonnen, daß unsere

Welt unmittelbar vor der Aufklärung psychischer Erscheinungen steht, die von noch umwälzenderer Bedeutung sind als die technischen Entdeckungen der letzten zehn Jahre.

Dr. Rhines Bücher »New World of the Mind«, »The Reach of the Mind« und »Parapsychology«, letzteres zusammen mit J. C. Pratt, sind maßgebliche Veröffentlichungen auf diesem Gebiet. Nun hat seine Frau Luisa E. Rhine, die ihren Mann viele Jahre bei seinen Forschungen unterstützt hat, ein leicht verständliches Buch geschrieben (Hidden Channels of the Mind), das viele interessante Beispiele spontaner Erlebnisse gibt — die Art von Erlebnissen, die auch Sie haben können, aber nicht erkennen, weil Sie sie für bloßen Zufall halten. Es kann sich dabei um Telepathie (Gedankenübertragung), Hellsehen (die Fähigkeit, Gegenstände zu sehen, die für die natürlichen Sinne nicht wahrnehmbar sind), Postkognition (die Fähigkeit, in die Vergangenheit zu sehen) oder Präkognition (die Fähigkeit, in die Zukunft zu sehen) handeln.

Der Grund, warum hier psychische Erscheinungen erwähnt werden, ist ganz einfach: Es ist heilsam, sich vor Augen zu führen, daß es unbekannte Kräfte gibt. Denn wenn man einmal eingesehen hat, daß selbst das scheinbar Unmögliche möglich ist, hat man sich eine wissenschaftliche Anschauungsweise zu eigen gemacht, die den Gesichtskreis wesentlich erweitert.

Vorhersagen

Es ist nicht nötig, psychische Erscheinungen zu studieren, um ein glückliches, gesundes und erfolgreiches Leben zu führen — ganz abgesehen davon, wie interessant und erregend ein solches Studium sein kann oder welche Auswirkung diese unbekannten Kräfte auf Sie haben mögen.

Es ist jedoch wünschenswert, *mit Hilfe wissenschaftlicher Erkenntnisse so gut wie möglich in die Zukunft zu sehen.* Dann können Sie nämlich vernünftigere Entscheidungen treffen, insbesondere im Hinblick auf Ihr Geschäft oder Ihre materiellen Erfolge. *Und ein Verständnis der Zyklen und Tendenzen ist von ausschlaggebender Bedeutung bei wissenschaftlichen Vorhersagen.*

Die Bedeutung der *Zyklen* und *Tendenzen* wurde mir zum erstenmal klar, als ich das Buch »Cycles« von Edward R. Dewey und Edwin F. Daken las.

Die darin erläuterten Grundsätze habe ich mit so großem Nutzen angewendet, daß ich sie Ihnen nicht vorenthalten will. Wenn ich z. B. sehe, daß sich die Leistungskurve meines Unternehmens abzuflachen beginnt, dann wende ich eines der in diesem Buch genannten Prinzipien an: ich schaffe eine neue Tendenz mit Hilfe von neuem Leben, neuem Blut, neuen Ideen und neuen Tätigkeitsbereichen.

Heute bin ich der Präsident des Aufsichtsrates der »Foundation for the Study of Cycles«, und Edward R. Dewey, der diese Stiftung gründete, ist ihr leitender Direktor.

Da das Studium der Zyklen und Tendenzen so wichtig und gleichzeitig so wenig verbreitet ist, bat ich Mr. Dewey, diese Erscheinungen in einfachen Worten zu erklären. (Von ihm stammt auch die Darstellung der *Vorzeichen*, von denen Sie in Kapitel 19 lesen.) Hier folgt seine vereinfachte Darstellung der faszinierenden Erscheinung der zyklischen Bewegungen:

Zyklen

Bei genauer Beobachtung werden Sie feststellen, daß viele Ereignisse dazu neigen, sich zyklisch in ziemlich regelmäßigen Zeitabständen zu wiederholen.

Sobald eine solche zyklische Bewegung einmal entstanden ist, bleibt sie meistens auch bestehen. Aus diesem Grunde können Zyklen zu einem sehr wichtigen Instrument der Vorhersage werden.

Sie kennen z. B. den 12-Monats-Zyklus der Jahreszeiten. Wenn es jetzt Sommer ist, so wissen Sie, daß das Wetter in sechs Monaten kalt sein wird. Wenn es jetzt Winter ist, so können Sie über ein halbes Jahr im voraus den Zeitpunkt bestimmen, wo man wieder Tennis spielen und schwimmen kann. Bei diesen Vorhersagen verwenden Sie Ihre Kenntnis zyklischer Abläufe.

Jeder Mensch kennt natürlich den Zyklus der Jahreszeiten. Weniger bekannt ist es jedoch, daß es auch andere Zyklen gibt.

Jeder Jäger weiß, daß es in dem einen Jahr viel Wild gibt und im anderen wenig. Hingegen wissen die meisten Jäger *nicht*, daß die Zwischenräume zwischen diesen Jahren oft ganz regelmäßig und deshalb vorhersagbar sind. Die Hudson Bay Company kennt aber die Tatsache und verwendet ihre Kenntnis dazu, auf viele Jahre hinaus den Umfang des Pelzaufkommens vorherzusagen und sich dementsprechend einzurichten.

Jeder Fischer weiß, daß der Fischreichtum von Jahr zu Jahr wechselt. Dieses Wissen wurde tatsächlich so vervollkommnet, daß man die Größe der Fänge sehr genau vorhersagen kann.
Vulkanologen verwenden ähnliche Kenntnisse dazu, vulkanische Ausbrüche vorherzusagen, Seismologen sagen auf dieselbe Weise — wenn auch nur ganz allgemein — das Auftreten von Erdbeben vorher, Ähnliches geschieht noch in vielen anderen Wissenszweigen.
Selbst die Wirtschaftswissenschaftler entdeckten, daß einige Höhe- und Tiefpunkte des Wirtschaftslebens in so regelmäßigen Abständen wiederkehren, daß diese Regelmäßigkeit wohl kaum zufällig sein kann. Diese Erkenntnis ermöglicht eine bessere Vorausplanung.
Die Feststellung dieser zyklischen Bewegungen ist oft ganz einfach. Sie brauchen nur die Zahlen, für die Sie sich interessieren, in ein Diagramm zu übertragen, um die vorherrschende Tendenz zu entdecken. Ein gewisses Maß an Wissen und Erfahrung ist jedoch nötig, um »echte« Zyklen von bloß zufälligen Schwankungen zu unterscheiden. Es wird Ihnen aber leichtfallen, Ihren eigenen Gefühlszyklus oder den Ihrer Frau, Ihres Gatten, Ihres Arbeitgebers oder Angestellten festzustellen. Stellen Sie zu diesem Zweck ein Diagramm her, wie Sie es auf Seite 139 finden. Bewerten Sie am Ende jeden Tages Ihre Stimmung und setzen Sie an die entsprechende Stelle einen Punkt. Verbinden Sie dann die Punkte durch gerade Linien.
Bald wird sich ein gewisser Zyklus abzeichnen. Dieser wird bei Männern wahrscheinlich zwischen zwei und neun Wochen schwanken. Es handelt sich hier um einen natürlichen Rhythmus, der meist das ganze Leben lang andauert. Sie können nun Ihr Wissen dazu benutzen, Ihre Stimmungslage vorherzusagen und sich damit vor falschem Optimismus und vor falschem Pessimismus schützen.
Die meisten Frauen haben einen vierzehntägigen Zyklus der Liebesbedürftigkeit, der auf dieselbe Art und Weise festgestellt werden kann. (Jede zweite Wellenbewegung neigt dazu, stärker zu sein.) Die Gefühlslage der Frau scheint ebenfalls einem Zyklus von $29^{1}/_{2}$ Tagen zu folgen, der den Mondphasen entspricht und seinen Höhepunkt im dritten Viertel erreicht.
Die Kenntnis der Zyklen kann für die Menschheit von großem Nutzen sein. Sie erleichtert uns alle Vorhersagen und hilft uns somit, auf das einzuwirken, was veränderlich, und sich nach dem zu richten, was unabänderlich ist.

Diagramm

		Monat									
		1	2	3	4	5	6	7	8	9	10
glücklich	+ 3										
frohgestimmmt	+ 2										
zufrieden	+ 1										
neutral	0										
unzufrieden	− 1										
unglücklich	− 2										
verzweifelt	− 3										

(Diagramm auf 30 Tage fortsetzen)

Wachstumstendenzen

Die wichtigste Eigenschaft jedes Wachstumsprozesses ist folgende: Auf lange Sicht hin wächst alles in unserem Universum mit einer um so langsameren Wachstumsrate, je älter es ist.

Ein Baby verdoppelt sein Gewicht innerhalb von ungefähr sechs Monaten. Wenn es mit derselben Geschwindigkeit weiterwüchse, würde es bald mehrere Tonnen wiegen. Auch die Bäume wachsen wie die Menschen immer langsamer und hören zum Schluß überhaupt zu wachsen auf. Bäume wachsen eben *nicht* in den Himmel. Auch Unternehmen oder Nationen tun dies nicht, *es sei denn, es kommt etwas Neues hinzu.* Das *Wachstum* wird im allgemeinen nach *tatsächlichen* Ziffern berechnet. Vor zwei Jahren beliefen sich z. B. die Verkaufsziffern auf 100 000 Dollar, letztes Jahr auf 200 000 Dollar (ein Wachstum von 100 000 Dollar), dieses Jahr auf 300 000 Dollar (wiederum ein Wachstum von 100 000 Dollar), usw. Hier scheint sich eine günstige Entwicklung abzuzeichnen.

Die *Wachstumsrate* wird in *Prozentsätzen* berechnet. Wenn die Verkaufsziffer vor zwei Jahren 100 000 Dollar betrug und letztes Jahr 200 000, so war die Wachstumsrate 100 Prozent. Wenn in diesem Jahr die Verkaufsziffer 300 000 Dollar erreichte, so hat sich die Wachstumsrate um 50 Prozent vermindert! Welch ein Rückgang! Wenn die Wachstumsrate weiterhin in diesem Ausmaß zurückgeht, so stehen schwierige Zeiten bevor.

Berechnen Sie das Wachstum immer in Prozentsätzen!

Diese Tatsache ist von so entscheidender Bedeutung für alle, die für das Wachstum eines Unternehmens verantwortlich sind, daß ich diesen Gesichtspunkt noch einmal verdeutlichen will. Wie eine Mutter die Gewichtszunahme ihres Babys festhält, so wollen auch wir ein Erfolgsschema für irgendeine imaginäre Firma erstellen.

		Verkaufs-ziffern	Wachstum in fünf Jahren
1920	Gründung der Gesellschaft	20 000 $	— $
1925	Fünf Jahre nach der Gründung ...	38 000 $	18 000 $
1930	Zehn Jahre nach der Gründung ...	68 000 $	30 000 $
1935	Fünfzehn Jahre nach der Gründung ..	116 000 $	48 000 $
1940	Zwanzig Jahre nach der Gründung ..	186 000 $	70 000 $
1945	Funfundzwanzig Jahre nach der Gründung	279 000 $	93 000 $
1950	Dreißig Jahre nach der Gründung ..	391 000 $	112 000 $
1955	Fünfunddreißig Jahre nach der Gründung	508 000 $	117 000 $
1960	Vierzig Jahre nach der Gründung ..	609 000 $	101 000 $

Diese Zahlen erscheinen im Schema 1 als durchlaufende Linien. Auf den ersten Blick würde es scheinen, daß sich das Unternehmen sehr rasch ausgedehnt und alle fünf Jahre einen bedeutenden Schritt nach vorne gemacht hat.

Nun wollen wir einmal die Wachstumstendenz so zeichnen, wie sie ein Laie festlegen würde (die unterbrochene Linie in Schema 1).

Betrachten wir aber nun einmal dieselben Zahlen vom Standpunkt der *Wachstumsrate:* Wir stellen fest, daß die Wachstumsrate beständig zurückging, wie aus der folgenden Tabelle ersichtlich ist:

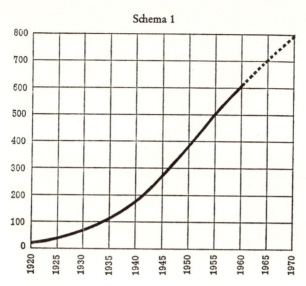

Schema 1

Wachstumsrate

1920—1925, 90 % der tatsächlichen Verkäufe im Jahre 1920
1925—1930, 80 % „ „ „ „ „ 1925
1930—1935, 70 % „ „ „ „ „ 1930
1935—1940, 60 % „ „ „ „ „ 1935
1940—1945, 50 % „ „ „ „ „ 1940
1945—1950, 40 % „ „ „ „ „ 1945
1950—1955, 30 % „ „ „ „ „ 1950
1955—1960, 20 % „ „ „ „ „ 1955

Aus dieser Tabelle geht sofort hervor, daß sich jeweils in einem Zeitraum von fünf Jahren die Wachstumsrate dieser hypothetischen Firma um 10 % vermindert hat und daß, falls diese Tendenz andauert, die zukünftige Wachstumsrate folgendermaßen beschaffen sein wird:

1960—1965, 10 % der tatsächlichen Verkäufe im Jahre 1960
1965—1970, 0 % „ „ „ „ „ 1965

Sobald man diese Tatsachen über die Wachstumsrate einmal weiß, können die wahrscheinlichen Verkaufsziffern für 1965 und 1970 genauer vorhergesagt werden. Wir nahmen an, daß die Verkaufsziffern im Jahre 1965 um 10 % höher als von 1960 liegen würden. Die Tabelle zeigt, daß die Verkaufsziffern im Jahre 1960 609 000 $ betrugen. Wenn wir 10 % hinzuzählen, so ergibt dies 669 900 $ als Verkaufsprognose für 1965. Wenn wir annehmen, daß sich die Verkaufsziffern im Jahre 1970, verglichen mit 1965, auf derselben Höhe halten werden, so ergibt dies auch für dieses Jahr eine gesamte Verkaufsziffer von 669 900 $. Die geschätzten Zahlen erscheinen im Schema 2 als gebrochene Linie.

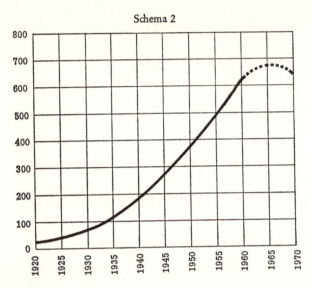

Schema 2

Mit anderen Worten: wir sehen, daß die Geschäftsentwicklung im Jahre 1970 einen völligen Stillstand erreicht. Die Firma wird dann zu einem der vielen Unternehmen werden, die behäbig und konservativ dieselbe Linie verfolgen, bis sie eines allmählichen sanften Todes sterben oder bis eine neue und aggressive Konkurrenz sie plötzlich auf die Seite schiebt oder bis eben »neues Blut« einströmt und dem Unternehmen zu einem neuen Start verhilft. Vorhersagen dieser Art, die auf der Wachstumsrate beruhen und die allmähliche Annäherung an einen Punkt zeigen, den wir als »Reife« bezeichnen wollen, sind wichtige Werkzeuge für alle Studenten der angewandten Wirtschaftswissenschaften.

Bei der Geschäftskurve unserer hypothetischen Firma zeigt sich eine sehr regelmäßig abfallende Wachstumskurve, die bei einer wirklichen Firma kaum anzutreffen sein dürfte. Trotzdem liefert uns diese Kurve einen nützlichen Hinweis auf eine Tatsache, die sowohl Geschäftsleute

Geheimnisvolle Quellen der Kraft 143

wie Kapitalanleger im allgemeinen übersehen: die Wachstumsrate eines Organismus ist ein zuverlässiges Anzeichen für seine Vitalität.
Was ich bisher gesagt habe, ist alles von einem negativen Gesichtspunkt aus gesehen. Wenn dies auch durchaus den natürlichen Gegebenheiten entspricht, wird sich ein Mensch mit positiver Geisteshaltung doch weigern, diese natürlichen Tendenzen einfach hinzunehmen. Er wird versuchen, die Lage zu ändern.
Die eigentliche Kunst, den Verlauf des natürlichen Wachstums zu ändern, besteht darin, daß man etwas Neues einführt, was zu einer Art Erneuerung bzw. Wiedergeburt führt.
Vor siebzig Jahren z. B. hatte die Droschken- und Kutschenindustrie den Punkt der Reife erreicht. In diesem Augenblick erfand jemand den Motor, und schauen Sie sich die Wagenindustrie heute an! Hierfür könnten noch Dutzende weiterer Beispiele gegeben werden.
Kurz zusammengefaßt: es ist nur natürlich, daß jegliche Wachstumsrate allmählich abfällt. Mit hinreichender Phantasie und Einsatzfreudigkeit können aber die alten schrumpfenden Wachstumstendenzen durch neue ersetzt werden.

Befreien Sie sich von jeder Sklaverei

Wenn Sie zu dem Menschentyp gehören, der sein Schicksal durch äußere Umstände bestimmen läßt, so müssen Sie sich von dieser Art von Sklaverei befreien!
Denn Sklaverei ist ein Zustand, in dem Sie sich völlig dem Willen eines anderen unterwerfen, bzw. ein Zustand, in dem Sie sich *völlig den äußeren Einflüssen und inneren negativen Gedanken und Einstellungen ausliefern und unterwerfen.*
Je mehr ich die Kräfte und Möglichkeiten des menschlichen Geistes entdecke, um so mehr bin ich überzeugt, daß *Erfolg oder Mißerfolg in erster Linie das Resultat der inneren Einstellung des betreffenden Menschen sind.*
Die innere Einstellung des einzelnen ist ihrerseits das Resultat eines Motivs. Und ein *Motiv* ist der *innere Drang,* der zum Handeln anspornt. Wenn wir in diesem Buch von einem »Ansporn zum Handeln« sprechen, so meinen wir damit jenen inneren Drang, der den einzelnen dazu antreibt, Gutes zu tun. Gute Taten führen ihrerseits zu einer positiven Geisteshaltung.

Ein Motiv kann aber auch schlecht sein. Und wenn es schlecht ist, so führt dieser innere Drang zu einer negativen Geisteshaltung.

Wenn sich nun dieser innere Drang, im Einklang mit den Gesetzen der Moral zu leben, im Widerstreit befindet mit starken ererbten Instinkten und Gefühlen (die durchaus ebenfalls gut sein können, wenn sie in die richtigen Bahnen gelenkt und unter Kontrolle gehalten werden), dann ergibt sich eine schwierige Lage.

Aber was ist gut und was ist schlecht?

Und was sollen Sie tun, wenn sich eine Tugend im Widerstreit mit einer anderen befindet?

Wie können Sie eine positive Geisteshaltung entwickeln?

Der Titel von Samuel Butlers Roman »Der Weg allen Fleisches« ist so treffend und symbolisch, daß ich ihn als Überschrift für das folgende Kapitel gewählt habe. Auf den folgenden Seiten werden Sie eine Reihe von Geschichten lesen, aus denen Sie entnehmen können, wie andere Menschen diesen Problemen begegneten, die jeder früher oder später lösen muß. Die einen trugen bei diesem inneren Kampf den Sieg davon, andere unterlagen... und Sieg oder Niederlage hingen einzig und allein davon ab, ob ihre innere Einstellung positiv oder negativ, gut oder schlecht war.

Der Zweck von Kapitel 12 ist es, Ihnen zu helfen, bei diesen inneren Kämpfen den Sieg davonzutragen.

ZUSAMMENFASSUNG

Die geheimnisvollen Wirkungen des Gebetes auf den menschlichen Geist und die erstaunlichen psychischen Kräfte des Menschen unterliegen universellen Gesetzen. Diese Gesetze kommen zur Auswirkung, gleichgültig ob man sie nicht versteht, nicht an sie glaubt oder nichts von ihnen weiß.

Universelle Gesetze folgen ihrer vorgezeichneten Bahn. Alles, was sich bewegt oder wächst, unterliegt einem Zyklus und einer bestimmten Tendenz. Es ist ein Naturgesetz, daß jeder natürliche oder vom Menschen geschaffene Organismus heranreift, diesen Höhepunkt der Entwicklung eine Zeitlang hält und dann stirbt – außer es kommt zu einer Wiedergeburt durch neues Leben, durch neues Blut, neue Ideen oder einen neuen Tätigkeitsbereich. Das nötige Wissen und die erforderliche Praxis vorausgesetzt, ist es durchaus möglich, Vorhersagen zu treffen und neue Zyklen und Tendenzen zu schaffen.

KAPITEL 12

Der Weg allen Fleisches

Betrachten Sie den Menschen von seiner besten Seite und betrachten Sie ihn von seiner schlimmsten: Sie sehen den Menschen und den Weg allen Fleisches — teils Heiliger, teils Sünder, halb Gott und halb Tier. Auf meiner Suche nach dem unfehlbaren Erfolgssystem wurde mir bald bewußt, daß bei jedem bleibenden Erfolg auch die Moral eine Rolle spielt. Wenn ein Mensch nicht lernt, den Sünder, das Tier in sich selbst zu besiegen, wird er nie seine volle Leistungskraft entfalten können.
Im Laufe der Zeit stellte ich fest, daß Versagen und Mißerfolge in jedem Bereich menschlicher Tätigkeit vier Hauptgründe haben. Diese sind: unerlaubte Beziehungen zu Frauen, Alkohol, Betrug und Diebstahl. Nach vielen Siegen und Niederlagen lernte ich endlich diese Zerstörer menschlichen Glückes und Erfolges unter meinen Mitarbeitern auszurotten. Wenn Sie die in diesem Kapitel dargelegten Grundsätze einmal verstanden haben und anwenden, werden Sie es leichter finden, das Gute, ja sogar das Heilige, das in Ihrer Natur liegt, ans Licht zu bringen. Und sobald Ihnen dies gelingt, werden Sie feststellen, daß ein gutes Leben größere Kräfte in Ihnen freimacht als Sie sich je erträumten.
Ich wollte schon das Gute ... doch ich tu's nicht;
ich wollte nicht das Böse ... doch ich tu's.
Der Grund, warum Sie im entscheidenden Augenblick nicht das Rechte tun, liegt darin, daß Sie nicht die richtigen Gewohnheiten entwickelt haben. Unterhalten wir uns also ein wenig über Gewohnheiten und darüber, wie man gute und wünschenswerte Gewohnheiten bildet.
Wenn Sie bewußt etwas Unrechtes tun, so nur deshalb, weil Sie noch nicht die Gewohnheit entwickelt haben, den starken inneren Drang, der Sie in Versuchung führt, zu unterdrücken, oder weil Sie sich schlechte Gewohnheiten angeeignet haben und nicht wissen, wie Sie diese ab-

legen können. Entscheidend ist hier, daß Sie der folgenden Wahrheit ins Gesicht schauen: *Sie tun immer, was Sie tun wollen.*
Dies gilt für alles, was Sie tun. Sie mögen zwar sagen, daß Sie etwas tun mußten, ja sogar gezwungen waren, etwas zu tun — in der Tat jedoch tun Sie alles aus freier Wahl. Nur Sie haben die Macht, diese Entscheidung zu treffen. Eines der Geheimnisse, das Sie erlernen müssen, besteht demzufolge darin, sich rechtzeitig: »Ich will dies!« zuzurufen.
Und wie steht es mit den ererbten Neigungen? werden Sie jetzt vielleicht fragen.
Hören Sie die Geschichte eines jungen Mannes, der sich erfolgreich vor einer möglicherweise verderblichen Neigung schützte.
Bei einer Cocktailparty anläßlich eines Treffens meiner Verkaufsleiter in Chicago wurde Bob von einem Freund gefragt: »Was trinkst du lieber: schottischen oder amerikanischen Whisky?«
Bob antwortete lächelnd: »Keinen von beiden. Ich trinke nicht.« Er zögerte einige Sekunden und fragte dann: »Würden Sie gerne wissen warum?«
Der Freund bejahte dies, und Bob fuhr fort: »Sie kennen meinen Vater. Jedermann kennt ihn dem Namen nach. Man hat ihn als Genie auf seinem Arbeitsgebiet bezeichnet. Er ist einer der feinsten Menschen, die je gelebt haben. Meine Mutter betet ihn an, und trotzdem hat sie Entsetzliches durchgemacht, weil mein Vater ein Alkoholiker ist. In manchen Jahren hat mein Vater bis zu 50 000 Dollar verdient. Und dennoch befand sich unsere Familie oft in Geldnöten. Aber was noch schlimmer war: für meine Mutter waren diese Erniedrigungen, dieser Schmerz und diese Furcht eine fürchterliche Marter.« Er machte wieder eine kleine Pause und fuhr dann fort: »Ich liebe meine Mutter. Ich liebe auch meinen Vater. Ich mache ihm keine Vorwürfe, aber schon als Junge beschloß ich, daß, wenn ein so wundervoller und kluger Mensch wie mein Vater durch Trinken so viel Elend über eine Familie bringen konnte, ich selbst nie einen Tropfen anrühren würde. Warum sollte ich, sein Sohn, das Risiko eingehen, da ich vielleicht seine Neigung zum Trinken geerbt hatte? Wenn ich tatsächlich eine Veranlagung zum Trinker in mir hatte, konnte diese niemals zum Ausbruch kommen, wenn ich von vornherein keinen Tropfen Alkohol anrührte. Daran habe ich mich immer gehalten, und ich bin sicher, daß Sie mich verstehen.«

Der Weg allen Fleisches 147

Gibt es ein Mittel gegen Vererbung?

Ja, Sie können vererbte Neigungen unter Kontrolle bringen. Sie können wünschenswerte Neigungen stärken und schlechte unschädlich machen. Denn Sie haben die Wahl. Unterlassen Sie den ersten Schritt in die falsche Richtung. Gewöhnen Sie sich niemals etwas an, wenn Sie wissen, daß die betreffende Gewohnheit in Ihrer Familie bereits Unheil gestiftet hat. Genau wie Bob sollten Sie nichts riskieren. Lernen Sie »nein« zu sagen.

William James, der bedeutende amerikanische Psychologe, schrieb: »Genauso wie wir durch eine gewisse Anzahl einzelner Schlucke zum Trinker werden, werden wir durch eine gewisse Anzahl von einzelnen Handlungen und einzelnen Arbeitsstunden zu Heiligen oder zu großen Wissenschaftlern.« Und er wies mit Nachdruck auf ein wichtiges Prinzip hin, mit dessen Hilfe man jede Gewohnheit ablegen kann: Brechen Sie schlagartig mit Ihrer Gewohnheit. Erzählen Sie jedem von Ihrem Entschluß. *Und machen Sie niemals eine Ausnahme!*

Wenn Ihre Freunde Sie versuchen, zum ersten Mal etwas Unrechtes oder Schädliches zu tun oder zu wiederholen, so bringen Sie den Mut auf, »nein« zu sagen. Die folgende Geschichte wird verdeutlichen, was ich meine.

Ich fuhr in einem Taxi vom Idlewild Flughafen (John F. Kennedy-Flughafen) nach New York. Mein Fahrer schien über alles und jedes seine eigene feste Meinung zu haben. Ich sagte nichts, bis er bemerkte: »In diesem Viertel hier bin ich geboren und aufgewachsen. Ich werde niemals die Nacht vergessen, als mich die anderen einen *Feigling* nannten, weil ich mich weigerte, mitzukommen und in einem Geschäft einzubrechen.

Als ich in jener Nacht heimlief, wußte ich, daß ich mich in schlechter Gesellschaft befand. Es ist doch komisch, daß manche Jungen nicht den Mumm haben, ›nein‹ zu sagen, wenn ihre Kumpel sie in Versuchung führen.«

Suggestion führt in Versuchung ... Suggestion schützt vor Unrecht ...

Dann sagte ich: »Wußten Sie, daß in jedem Jahr eineinhalb Millionen Halbwüchsige wegen Autodiebstählen und anderer Verbrechen in Strafanstalten eingewiesen werden?«

Wir waren bei meinem Hotel angekommen. Und deshalb konnte ich ihm nicht mehr erklären, wie diese menschlichen Tragödien in vielen Fällen vermieden werden könnten, wenn nur die Eltern einmal die Kunst der richtigen Suggestion erlernten. Dann könnten sie ihren Söhnen und Töchtern zeigen, wie man mit Hilfe der Selbstsuggestion Gutes tun und Böses vermeiden kann.
Zweifellos haben Sie selbst schon die Erfahrung gemacht, daß Sie sich jedesmal, wenn Sie sich in einer neuen Umgebung befinden oder ehe Sie zum ersten Mal etwas völlig Neues tun, des Ungewohnten oder Gefährlichen Ihrer Lage bewußt sind und aus diesem Grunde zögern. Dies ist insbesondere der Fall, wenn Sie zum ersten Mal in Versuchung geraten, etwas Unrechtes zu tun. Vielleicht ist Ihre Furcht stark genug, um Sie von einer falschen Handlungsweise abzuhalten. Auf diese Weise schützt Sie die Natur gegen unbekannte Gefahren.
Aus diesem Grunde wissen wir aber auch mit absoluter Gewißheit, daß niemand unvorbedacht ein schwerwiegendes Unrecht begeht, es sei denn, er habe seine Widerstandsfähigkeit geschwächt durch eine allmähliche Gewöhnung an ähnliche, weniger schwerwiegende Handlungen. Eine weitere Möglichkeit gibt es nicht.
Darüber hinaus ist jede menschliche Handlung die Folge einer Suggestion, Selbstsuggestion oder Autosuggestion. Bei der Lektüre der folgenden Seiten wird noch deutlicher werden, was mit diesen Ausdrükken gemeint ist, deshalb beschränke ich mich hier auf einige einfache Definitionen:
Suggestion ist alles, was Sie sehen, hören, fühlen, schmecken oder riechen. Sie kommt von außen. So lernt z. B. ein Kind das Gehen, weil es seine Eltern gehen sieht. Es lernt sprechen, weil es andere sprechen hört. Und sobald es einmal das Lesen gelernt hat, lernt es auch aus Büchern.
Selbstsuggestion ist eine Suggestion, die Sie sich bewußt selbst geben. Kraft Ihrer Phantasie können Sie diese Form der Suggestion durchaus in eine Art von Denken, Sehen, Hören, Fühlen, Schmecken oder Riechen verwandeln. Sie können sich Wortsymbole vorstellen, die betreffenden Wörter still oder laut vor sich hinsagen, oder sie niederschreiben. So müssen Sie verfahren, wenn Sie sich die Selbstansporne einprägen. Jedesmal wenn Sie also eine Feststellung machen oder einen Gedanken denken in der Absicht, Ihr Unterbewußtsein zu beeinflussen, handelt es sich um Selbstsuggestion.
Die folgenden Sätze können Selbstansporne werden, sobald Sie einmal

ihre Bedeutung voll erfaßt und sich daran gewöhnt haben, sofort darauf zu reagieren:

Habe den Mut, »nein« zu sagen!
Habe den Mut, der Wahrheit ins Gesicht zu sehen!
Tu das Rechte, weil es das Richtige ist!
Tu es gleich!

Die *Autosuggestion* ist, wie schon der Name sagt, automatisch. Es handelt sich dabei um eine Suggestion, die vom Unterbewußtsein an das Bewußtsein weitergeleitet wird in Form eines imaginären Sinneseindruckes, eines Wortsymbols oder selbst eines Gedankens. Dieser Vorgang spielt sich folgendermaßen ab:
Nehmen wir an, Hans kommt in die erste Klasse Oberschule. Dort sucht und findet er Freunde. Einige der Jungen machen halb im Scherz, halb im Ernst den Vorschlag, am Abend in einer Schrotthandlung ein paar Radkappen zu »organisieren«. Hier handelt es sich um eine Suggestion. Falls Hans nicht bereits ein gewohnheitsmäßiger Dieb ist, wird sich jetzt sein Gewissen rühren. Wenn ihn nun seine Eltern die Anwendung von Selbstansporn gelehrt haben, wie z. B.: *»Du sollst nicht stehlen«* oder *»Habe den Mut, nein zu sagen!«* dann wird sein Unterbewußtsein dies seinem Bewußtsein blitzartig eingeben. Dies nennen wir eine Autosuggestion.
Um eine solche autosuggestive Schutzreaktion zu erzielen, müßten die Eltern Hans dazu anhalten, daß er sich eine Woche lang jeden Tag mehrere Male am Morgen und Abend die Sätze »Du sollst nicht stehlen« und »Habe den Mut, nein zu sagen« einprägt. Wenn Hans dann gleichzeitig seinem Unterbewußtsein den Befehl gibt, ihn gegebenenfalls sofort an diese Regeln zu erinnern, so wendet er Selbstsuggestion an. In jeder Lage, die zu einer Gedankenverbindung mit den eben erwähnten Grundsätzen führt, wird das auf diese Weise vorbereitete Unterbewußtsein automatisch reagieren. Dies ist eine autosuggestive Schutzreaktion. Und dann wird Hans genauso wie der Taxichauffeur den Mut haben, »nein« zu sagen. Ja vielleicht wird er sogar versuchen, seine Kameraden zu überreden, das Rechte zu tun, weil es das Richtige ist.

Zusammengehörigkeit

Nehmen wir an, daß Hans eine hübsche Schwester namens Inge hat. Wie bei jedem anderen heranwachsenden Mädchen stellt auch bei ihr der angeborene Instinkt, ihre biologische Aufgabe zu erfüllen, einen stets gegenwärtigen inneren Drang dar. Aber auch sie hat die Natur mit gewissen Schutzreaktionen ausgestattet — die Furcht und das Bewußtsein der Gefahr lassen sie einhalten und überlegen. Wie ihr Bruder Hans sucht auch Inge Anschluß an Gleichaltrige. Aber sie kommt in schlechte Gesellschaft. Und irgendein Freund dringt zuerst halb im Spaß und später im Ernst mit unsittlichen Anträgen auf sie ein. Je dringender und häufiger dieses Ansinnen wiederholt wird, um so tiefer wirkt es auf das Unterbewußtsein ein.

Wenn aber Inge von ihren Eltern die Anwendung der Selbstsuggestion gelernt hat, wird sie im richtigen Augenblick das Rechte tun, weil die autosuggestive Schutzreaktion eintritt.

Wenn Hans und Inge Eltern hätten, die sich auf die Anwendung der Suggestion, der Selbstsuggestion und der Autosuggestion verstünden, so wären sie von vornherein nicht in die falsche Gesellschaft gekommen. Denn wenn ein junger Mensch richtig erzogen wurde, so weiß er, daß er von seiner Umgebung beeinflußt wird. In unserem besonderen Fall bilden enge Freunde und Bekannte einen der allerstärksten Umwelteinflüsse.

Es ist eine altbekannte Tatsache, daß jede Gewöhnung an Unrecht das Gewissen abstumpft. Aber wenn Hans und Inge Eltern hätten, die sich die Zeit nähmen, ihrer Aufgabe und Verantwortung gerecht zu werden, indem sie ihre Kinder mit den wichtigsten Problemen des Lebens vertraut machen, dann würden auf dem Wege der Suggestion auch Hans und Inge lernen, ihr Leben nach hohen und unverletzlichen sittlichen Maßstäben zu gestalten. Sie würden lernen, sich Freunde von einwandfreiem Charakter zu wählen, kritisch zu prüfen, ehe sie irgendwelche menschlichen Bindungen eingehen ... und ihren Freunden zu helfen, das Leben mutig zu meistern.

Wenn sich die Eltern die Zeit nähmen, solche Fragen regelmäßig mit Hans und Inge zu besprechen, würde sich das Gefühl der Zusammengehörigkeit und des gegenseitigen Vertrauens so stark entwickeln, daß die Kinder von sich aus dem Rat ihrer Eltern vertrauen und entsprechend handeln würden.

Wenn sich die Eltern nicht die Mühe machen, ein solches Gefühl der Familienzusammengehörigkeit zu entwickeln, so rufen die Ratschläge, die sie ihren Kindern geben, oft nur die gegenteilige Wirkung hervor. Bewußt oder unbewußt wird dann der Junge oder das Mädchen genau das Gegenteil von dem tun, was die Eltern wünschen. Anstatt also im Augenblick der Versuchung negativen äußeren Einflüssen zu widerstehen und sie zu überwinden, geben sie nach der Meinung einiger Psychologen ihren Eltern zum Trotz sogar mit Freuden der Versuchung nach.

Die Methode, mit der ich meinen Mitarbeitern half, kann mit gleicher Wirksamkeit auch von Ihnen angewandt werden, denn sie ist allgemein gültig und verhältnismäßig einfach.

- Ich verwendete die Suggestion, um in dem Betreffenden den Wunsch zu wecken, das Rechte zu tun, weil es das Richtige ist.
- Ich zeigte ihm, wie er Selbstsuggestion anwenden konnte, um in sich selbst den Wunsch zu verstärken, das Rechte zu tun, weil es das Richtige ist.
- Wenn nötig, versetzte ich den Betreffenden in eine andere Umgebung, um ihn somit Schritt um Schritt der Verwirklichung seiner Ziele näherzubringen.
- Ich erklärte ihm die Gesichtspunkte, nach denen er eine für seinen Charakter und seine Ziele günstige und gesunde Umwelt wählen konnte.

Die Geschichten, die Sie gerade gelesen haben, boten Ihnen einige Beispiele für die Anwendung dieser Grundsätze. In den folgenden Kapiteln werden Sie weitere Methoden kennenlernen.
Schon jetzt aber sollten Sie in der Lage sein, sowohl Suggestion als auch Selbstsuggestion und Autosuggestion anzuwenden, und auch erfaßt haben, welch entscheidende Bedeutung die Umwelteinflüsse für die Verwirklichung ihrer Pläne haben.
Sie können zum Beispiel:

- die in diesem Buch erwähnten Selbstansporne anwenden,
- Ihre eigenen Selbstansporne entwickeln,
- andere durch Suggestionen beeinflussen,
- dieses Buch weiterlesen und dann weitere Bücher lesen, die ihnen mit Sicherheit weiterhelfen werden.

Wir sagten vorher, daß Unzucht, Alkohol, Betrug und Diebstahl die vier Hauptgründe allen menschlichen Versagens sind. Wenden wir uns nun der am weitesten verbreiteten Ursache zu, dem Betrug.
Selbst gefeierte Helden werden durch Betrug und Täuschung zu Verrätern. Der Erwachsene, der sein Leben nicht nach hohen und unverletzlichen moralischen Grundsätzen gestaltet, ist nie reif geworden. Ganz wie ein Kind ist auch er völlig ich-bezogen. Er kümmert sich nur um sich selbst — aber während dies bei einem kleinen Kind normal ist, bezeichnen die Psychiater eine solche Einstellung bei einem Erwachsenen bereits als krankhaft. Er ist eben unreif. Weil er geistig noch nicht erwachsen ist, hat er auch nicht den Mut, der Wahrheit ins Gesicht zu sehen. Und so werden aus kleinen Täuschungsmanövern immer größere Betrügereien und zum Schluß schändliche Verbrechen.
Denn wie Benedikt Arnold im Unabhängigkeitskrieg kann ein Held zum Verräter werden, wenn er emotionell unreif bleibt und nicht jeden Täuschungsversuch als seiner unwürdig betrachtet.

Der Verräter

Der verwegene Angriff von Benedikt Arnold auf das Fort Ticonderoga machte ihn in den Augen der Öffentlichkeit zu einem der wagemutigsten und erfolgreichsten Generäle des Unabhängigkeitskrieges. Aber er hatte eben jene Charakterfehler, die das Leben vieler begabter Menschen zerstört haben. Er war ein Mann von großen Fähigkeiten, vielseitigen Interessen und großem Standvermögen. Er besaß Initiative und eine ungeheure Energie. Aber Benedikt Arnold war äußerst egoistisch, und wo es um seine persönlichen Interessen ging, war seine *Handlungsweise oft gefühlsbedingt, anstatt vernunftbestimmt.* In dieser Beziehung war er noch unreif.
Aufgrund seiner kämpferischen Natur war er als General bei seinen Untergebenen beliebt. Kongreßmitglieder und höhere Offiziere fanden ihn aber alles andere als umgänglich. Sein Hochmut, seine übertriebenen Forderungen, seine Ungeduld und sein Eigensinn machten es schwierig, mit ihm auszukommen.
Ganz wie der gefühlsbetonte Menschentyp, der sich kritisiert und bestraft fühlt, wenn ihm eine andere Stellung zugewiesen wird, fühlte sich Benedikt Arnold zutiefst verletzt und beleidigt, als er im Jahre 1777 seines Kommandos enthoben wurde. Als jedoch die Briten am

7. Oktober angriffen, scharte Arnold das Revolutionsheer um seine Fahne, ohne dazu irgendwelche Vollmachten zu besitzen. Seine Führereigenschaften, seine Begeisterung und sein Kampfesmut brachten noch einmal den Sieg, und der Kongreß zeigte sich erkenntlich, indem er ihn zum Generalmajor beförderte.

Oft geht der entscheidende Einfluß, der einen Mann zum Erfolg oder Mißerfolg führt, von einer Frau aus. Im Jahre 1779 heiratete Benedikt Arnold die 18 Jahre alte Tochter eines Mannes, der mit den Engländern sympathisierte. Es ist charakteristisch, daß er im Frühling des gleichen Jahres *dem Feind das erste Mal seine Dienste anbot*. Im Mai des Jahres 1780 bat Arnold um das Kommando über die Militärakademie in West Point. Dieser Wunsch wurde gewährt. Sofort darauf teilte er den Briten mit, daß er ihnen für 20 000 Pfund Sterling das Fort ausliefern würde.

Sein Verrat hatte persönliche und nicht politische Motive — ganz wie ein Vertrauensbruch seitens eines Verkaufsleiters eine persönliche und nicht etwa eine grundsätzliche Entscheidung ist. Genau wie ein Verkaufsleiter, der seinen Arbeitgeber verrät, fand auch Arnold nachher Entschuldigungsgründe für seine Handlungsweise. Wie jeder andere Betrüger handelte auch er nach einem negativen Selbstansporn: »Welchen Nutzen kann ich daraus ziehen?«

Rüsten Sie sich schon jetzt zum Widerstand

Sie können sich aber schon jetzt rüsten, um später einer Versuchung zu widerstehen. Machen Sie es sich zur festen Gewohnheit, sofort, wenn Sie irgendeiner Versuchung ausgesetzt sind, auf zwei positive Selbstansporne zu reagieren:

Zählen Sie die Gnaden, die Gott Ihnen erwiesen hat!

Verhalten Sie sich anderen gegenüber so, wie Sie wollen, daß sich diese Ihnen gegenüber verhalten.

Sobald Sie sich einmal daran gewöhnt haben, auf diese Selbstansporne zu reagieren, werden Sie feststellen, daß sie bei jeder Versuchung eine große Hilfe darstellen.

Nun können Sie sich dem nächsten Kapitel zuwenden: »Der Weg zum Ziel.«

ZUSAMMENFASSUNG

Hohe moralische und ethische Wertmaßstäbe sind eine Grundvoraussetzung für jeden bleibenden Erfolg. Dies gilt insbesondere in bezug auf unerlaubte Beziehungen zu Frauen, Alkohol, Betrug und Diebstahl. Diese vier Ursachen haben mehr erfolgversprechende Karrieren zerstört als irgendein anderer Grund.

Wenn man die feste Gewohnheit bilden will, nur das Rechte zu tun, so bedeutet die Selbstsuggestion eine große Hilfe. Durch Selbstsuggestion rufen Sie die Kräfte des Unterbewußtseins und der Phantasie wach.

Wiederholen Sie die folgenden Selbstansporne mehrere Male am Tag: »Habe den Mut, ›nein‹ zu sagen, und habe den Mut, der Wahrheit ins Gesicht zu sehen!«

»Tu das Rechte, weil es das Richtige ist!«

KAPITEL 13

Der Weg zum Ziel

»Geben Sie mir, bitte, die günstigsten Rabatte für Geschäftsreisende«, sagte ich und schaute dabei dem stellvertretenden Geschäftsführer des Hotels gerade in die Augen.
Er zögerte einen Augenblick, betrachtete dann meine Eintragung ins Hotelregister, lächelte, beugte sich zu mir und flüsterte väterlich: »Nun ja, für unsere Leute aus Arkansas tun wir's ja. Nur den Burschen aus Chicago knöpfen wir das Geld ab!«
Ich lachte, weil ich ja auch aus Chicago war, was er aber nicht wissen konnte.
»Sie und Ihre Familie werden also zwei Wochen bei uns bleiben? Ich gebe Ihnen unsere schönsten Zimmer für fünf Dollar die Nacht. Ist es Ihnen recht so?«
Dies geschah im Jahre 1932, als wir der Gesundheit meines Sohnes wegen der Sonne nachreisten. Ich hatte mir eine staatliche Lizenz für Arkansas ausstellen lassen. Solange ich in diesem Staat arbeitete, war mein offizieller Wohnsitz Little Rock. Als ich in dem besten Kurhotel von Hot Springs Zimmer nahm, gab ich wie gewohnt meine örtliche Adresse an.
Während meines Aufenthaltes im Arlington Hotel zog ich den größtmöglichen Nutzen aus meiner Umwelt. Ich machte wie üblich Kundenbesuche, jedoch mit einer Ausnahme: mittags nahm ich mir eine zusätzliche Stunde frei. Die Thermalbäder waren zwar während der Mittagszeit offiziell zwei Stunden geschlossen, aber der Geschäftsführer und die Angestellten meines Lieblingsbades hatten sich bei mir versichern lassen, und weil sie mich gut leiden konnten, ließen sie mich auch in der Mittagszeit ein. Ungefähr 5 Minuten vor zwölf Uhr pflegte ich das Bad zu betreten. Um diese Zeit war ich der einzige Kunde, und dies bot mir Gelegenheit, mich zu entspannen und eine Bäderkur zu ma-

chen. Um zwei Uhr nachmittags begann ich dann sozusagen meinen Tag von neuem.
Ich hatte es mir zur Gewohnheit gemacht, mir jeden Tag körperliche Bewegung zu verschaffen, indem ich z. B. im Sommer Tennis spielte und im Winter Schlittschuh lief. Und wenn ich mich in einem Kurort befand, nützte ich meinen Aufenthalt gleichzeitig, um meine Gesundheit zu fördern. Ich war schon immer überzeugt, daß ein gesunder Körper eine Voraussetzung für einen gesunden Geist ist.

Beschaffen Sie sich selbst den Posten, den Sie wünschen

Jedes Jahr im März kehrte ich nach Hot Springs zurück und vergrößerte mein Geschäft. Im Jahre 1935, gerade bevor die Versicherungsverträge erneuert werden mußten, die ich im letzten Jahr verkauft und erneuert hatte, erhielt ich einen Brief von D. A. Cooke, der eine Stellung als Verkaufsleiter suchte. Er hatte sich insbesondere erkundigt, wer die bereits geworbenen Kunden weiterhin betreuen würde. Ich gab ihm die Vertretung, weil er sich mit solcher Umsicht um den Posten beworben hatte.
An dem Tag, an dem ich D. A. Cooke persönlich in seine Arbeit einführen wollte, fuhren wir von Hot Springs nach Malvern. Trotz all meiner Bemühungen erzielte ich aber an jenem Tag nur wenig Abschlüsse. In den vielen Jahren, in denen ich neue Mitarbeiter einarbeitete, hatte ich kaum mehr als vierzehn schlechte Tage, aber dies war einer davon. Jedes Mal, nachdem ich einen solchen erfolglosen Tag hatte, bemühte ich mich, mich geistig neu zu sammeln und erzielte dann am nächsten Tag hervorragende Erfolge. Die einzige Ausnahme war, als ich einmal eine neue Versicherungsart in Seattle einführte. Damals brauchte ich drei Tage, um in die richtige Verkaufsstimmung zu kommen, aber dann machte ich mit den mich begleitenden Verkäufern Tag für Tag einen Abschluß nach dem anderen.
Wenn ich einen schlechten Tag hatte, so pflegte ich dafür nicht irgendwelche äußeren Umstände, meine Mitmenschen oder die Bedienung im Hotel dafür verantwortlich zu machen. Ich wußte, daß die Schuld bei mir selbst lag. Und das sagte ich auch an jenem Abend zu Mr. Cooke. Er antwortete darauf: »Ich weiß schon, was Sie meinen, aber es macht wirklich nichts aus, denn ich habe Ihr System und seine Anwendung durchaus verstanden.«

Wenn ich damals schon gewußt hätte, was ich jetzt weiß, hätte ich am nächsten Tag noch einmal mit Mr. Cooke zusammen gearbeitet. Mit der Möglichkeit jedoch, daß ich einen schlechten Tag haben könnte, hatte ich nicht gerechnet und mir deshalb ein sehr umfangreiches Reiseprogramm zurechtgelegt. Ich kam gar nicht auf den Gedanken, dieses unerwarteten Ereignisses wegen mein Programm abzuändern. So fuhr ich also weiter, um einen anderen Vertreter in einem anderen Staat einzuarbeiten, und mein Mißerfolg spornte mich zu außergewöhnlichen Leistungen an.

Obwohl mein Unternehmen im ganzen Land verbreitet war, hatte ich in einigen Staaten nur ganz wenige Vertreter, weil ich es mir zur Regel gemacht hatte, alle meine Mitarbeiter selbst auszubilden. Dies brauchte natürlich Zeit. Ich pflegte die östlichen und südlichen Staaten einmal im Jahr zu besuchen und die westlichen alle zwei Jahre. Bei diesen Blitzreisen mußte jede Minute genützt werden. Wie Sie sich erinnern werden, war ja mein Mitarbeiterstab zusammengeschrumpft, und beim Wiederaufbau maß ich der gründlichen Ausbildung meiner Mitarbeiter große Bedeutung bei.

Mein Programm bestand darin, daß ich mich mit dem Verkäufer am Abend traf, ihm bei dieser Gelegenheit alles Wichtige erklärte, am nächsten Tag bis ungefähr 3 Uhr nachmittags mit ihm zusammen arbeitete und dann zu meinem nächsten Ziel weiterfuhr.

Mr. Cooke wurde nie zu einem hervorragenden Versicherungsvertreter, aber in einem gewissen Sinne war dies sogar gut, denn dies zwang ihn, Verkaufsleiter zu werden. Er wurde ein hervorragender Verkaufsleiter, unter anderem deshalb, weil er einen hervorragenden Verkäufer anwarb — Johny Simmons. Johny hatte, wie Sie noch sehen werden, genau die Voraussetzungen, die Mr. Cooke fehlten. Und daraus lernte ich einen weiteren Grundsatz:

Wenn es Ihnen an Erfahrung oder einem besonderen Talent oder einer gewissen Fertigkeit fehlt und Sie nicht die Mühe und Kosten auf sich nehmen wollen, sich die entsprechenden Qualifikationen zu erwerben, dann stellen Sie sich jemanden an, der die betreffende Arbeit für Sie erledigt.

Mr. Cooke erwies sich als guter Verkaufsleiter. Er hatte ein Talent dafür, genau die Vertreter für uns zu gewinnen, die er haben wollte. Seine Methode war sehr einfach: er erzählte den Betreffenden die Geschichte meines Lebens. Und wiederum lernte ich einen Grundsatz: im Gespräch mit Vertretern und Verkäufern ist es wichtig, ihre Phantasie und ihre Gefühle anzusprechen, indem man ihnen vom Leben und Erfolg anderer Männer erzählt, die für das gleiche Unternehmen arbeiten. Sobald ich diese Tatsache einmal erkannt hatte, verwendete ich diese Technik mit großem Erfolg.

Es lohnt sich zu studieren, zu lernen und ein Erfolgssystem anzuwenden

D. A. Cooke wendete diese Methode in seinen Gesprächen mit Johny Simmons an, dessen Büro sich neben dem seinen befand. Er ging dabei so geschickt vor, daß Johny heute noch denkt, daß er es war, der sich um eine Stelle bewarb. Mr. Cooke aber sagte sich: Wenn du einen Mann haben willst, dann hole ihn dir, und Johny Simmons wollte er haben und stellte ihn auch ein. Als Johny sich vom Geschäft zurückzog, war er Millionär.

Er schmiedete eine Kette ohne Ende

Als Verkaufsleiter schmiedete Johny Simmons eine Kette ohne Ende, mit deren Hilfe er hervorragende Mitarbeiter verpflichtete. Er gab nie eine Anzeige auf — das hätte Geld gekostet. Aber er hatte immer eine Warteliste von Versicherungsnehmern und Freunden, die für uns arbeiten wollten. Dieselbe Fähigkeit entwickelte er auch in den Vertretern, die er anstellte, und deshalb arbeiteten sie auch sehr gern für ihn.
Viele befolgten Johnys Beispiel und Rat, wenn er sagte: »Wenn Ihnen Ihre Arbeit gefällt... wenn Sie gut verdienen... wenn Sie eine erfolgreiche und gesicherte Zukunft vor Augen sehen, dann geben Sie doch auch Ihren Verwandten und Freunden eine Chance. Lassen Sie die anderen doch auch an dieser Gelegenheit teilhaben, viel Geld zu verdienen und eines Tages reich zu sein.«
Brüder, Schwestern, Väter, Söhne, angeheiratete Verwandte — sie alle wurden von jenen geworben, die Johnys Ratschlag befolgten. Die Kette, die Johny auf diese Art und Weise schmiedete, reichte schließlich bis nach Arkansas, Tennessee, Louisiana, Texas, Mississippi, Alabama, Neumexico, Arizona und Nord Carolina. Die von ihm angestellten und ausgebildeten Verkäufer wurden später Verkaufsleiter in mehreren anderen Staaten.

Die Anziehungskraft guter Mitarbeiter

Nur sehr wenige Verkäufer oder Verkaufsleiter, die beruflich Erfolg haben, haben die günstige Gelegenheit, nahe und entfernte Verwandte zur Mitarbeit heranzuziehen und sie so an ihrem Glück teilhaben zu lassen. Sobald ich den Wert dieser Kette ohne Ende erkannt hatte, forderte ich alle unsere Vertreter auf, andere Menschen, die ihnen nahestanden, an ihrem Glück teilhaben zu lassen, und viele taten es auch. Mit Hilfe dieses Systems kann man mit geringen Kosten hervorragende Mitarbeiter gewinnen.

Ich könnte mehrere Bücher mit sensationellen Geschichten aus dem Leben meiner Mitarbeiter füllen, die mir halfen, meine Organisation aufzubauen. Einige dieser Geschichten werden Sie hier finden. Zunächst aber halte ich es für das Beste, Ihnen die noch fehlenden Hinweise für Ihren Weg zum Erfolg zu geben.

In dem Maße, wie mein Unternehmen anwuchs, wurde mir bewußt, daß ich allmählich die persönliche praktische Ausbildung meiner Mitarbeiter auf Verkaufsleiter, auf hervorragende Verkäufer, die vor ihrer Beförderung zu Verkaufsleitern standen, und auf diejenigen Mitarbeiter beschränken mußte, die aus dem einen oder anderen Grund von den Verkaufsleitern nicht zum vollen Einsatz angespornt werden konnten. Während so die Verkaufsleiter die praktische Ausbildung der neuen Mitarbeiter übernahmen, konnte ich selbst Lehrgänge für einen größeren Kreis veranstalten und meinen Mitarbeiterstab zu immer neuem Einsatz anspornen.

Glücklicherweise entdeckte ich Methoden, mit deren Hilfe es mir gelang, Verkaufsleiter heranzubilden, die ihrerseits hervorragende Verkäufer ausbildeten. Was mich selbst betraf, so kam ich zu dem Schluß, daß ich es dem Unternehmen schuldig war, auf meine geliebte Verkaufstätigkeit zu verzichten und meine Zeit der Leitung und Ausbildung meiner Mitarbeiter zu widmen.

Im Jahre 1937 war es dann, daß ich das seltsamste Buch in die Hand bekam, das je geschrieben wurde.

Das seltsamste aller Bücher

Morris Pickus, ein weithin bekannter Verkaufsleiter und Verkaufsberater, war damals gerade bemüht, ein bestimmtes Buch bei Verkaufsorganisationen abzusetzen. Als er mir das Werk verkaufen wollte, lehnte ich ab, denn schon beim Durchblättern hatte ich festgestellt, daß es für uns nicht in Frage kam. Es handelte sich um ein Werk über Phrenologie, eine Wissenschaft, die zu ergründen sucht, welche charakterlichen Rückschlüsse aus den Formen des Kopfes zu ziehen sind. Für mich war dieses Buch bedeutungslos, denn bei meinem Erfolgssystem ist es gleichgültig, wie ein Kopf geformt oder ob dieser groß oder klein ist — jeder Mensch läßt sich überzeugen. Ein erfolgreicher Geschäftsabschluß hängt nämlich davon ab, was der Verkäufer denkt. Wenn er denkt, daß ein Mensch mit kleinem Kopf leicht zu überzeugen ist, dann wird er ihn auch überzeugen — aber nicht, weil der Betreffende einen kleinen Kopf hat, sondern weil der Verkäufer seines Erfolges sicher war.

Als Morris Pickus sah, daß er in mir keinen Abnehmer für sein Buch fand, tat er etwas, was meinem Leben eine andere Richtung gab. Er gab mir ein anderes Buch, nämlich »Think and Grow Rich« (Denke und werde reich) mit einer persönlichen Widmung. Als ich das Buch las, stellte ich fest, daß die darin enthaltenen Anschauungen so weitgehend mit den meinen übereinstimmten, daß auch ich es mir zur Gewohnheit machte, anderen zu helfen, indem ich ihnen mitreißend geschriebene Selbsthilfebücher schenkte. Napoleon Hill, der Verfasser dieses Buches, hatte insbesondere *ein* Prinzip entdeckt, aus dem ich größten Nutzen zog, nämlich das Prinzip der Arbeitsteilung und der Arbeitsgruppe, die gemeinsam an der Verwirklichung eines bestimmten Zieles arbeitet. Es wurde mir bewußt, daß ich einen großen Teil meiner Arbeit anderen anvertrauen und damit zusätzliche Zeit für weitere Tätigkeiten gewinnen konnte.

Da ich in meinem ganzen Leben den Gedanken nicht ertragen konnte, irgend jemandem verpflichtet zu sein, rief ich Morris an, nachdem ich das Buch gelesen hatte, bedankte mich und kaufte ein anderes Buch bei ihm. Obwohl ich immer wieder auf die eine oder andere Weise versucht habe, mich bei ihm erkenntlich zu zeigen, werde ich mein ganzes Leben lang in seiner Schuld stehen für die Hilfe und den Nutzen, die ich dem Buch verdanke, das er mir schenkte.

Denke nach und werde reich

Denn ich dachte nach und wurde tatsächlich reich. Alle meine Vertreter, die bereit waren, sich die in diesem Buch genannten Grundsätze

Der Weg zum Ziel 161

anzueignen und sie anzuwenden, dachten ebenfalls nach und wurden ebenfalls reich. Jeder von ihnen erhielt das Buch von mir. Und damit kam der Stein ins Rollen. Vielleicht können Sie sich daran erinnern, daß wir im Jahre 1937 allmählich begannen, uns von der Wirtschaftskrise zu erholen. Schon der Titel des Buches hatte eine große Anziehungskraft. Sein Inhalt war Offenbarung und Ansporn zugleich für alle Leser, die nach Reichtum und Erfolg strebten. Von da an versuchte ich bei jedem meiner öffentlichen Vorträge, meine Zuhörer mit meinem neuerworbenen Wissen vertraut zu machen, und ich verschenkte regelmäßig einige Exemplare von »Denke nach und werde reich«.
Dieses Verschenken von Selbsthilfebüchern wurde mir zur Gewohnheit. Heute sende ich jedes Jahr drei oder vier solcher anspornender Werke an alle Mitarbeiter und Aktionäre von Unternehmen und Gesellschaften, die ich leite.
In meinem Buch hier können Sie nachlesen, welchen günstigen Einfluß meine Buchgeschenke auf das Leben vieler Menschen hatten. Ich bin immer wieder erstaunt darüber, daß die Zahl derer, die wirklich gute Selbsthilfebücher lesen, so gering ist.
Sobald ich im Jahre 1937 begonnen hatte, unter meinen Mitarbeitern das Buch »Denke nach und werde reich« zu verteilen, begannen meine Verkaufsleiter hervorragende Verkäufer auszubilden, und meine Vertreter erreichten dermaßen phantastische Verkaufsziffern, daß es jedem unglaublich erscheint, der nichts von der Kunst der Motivierung weiß. Zwei Jahre nachdem ich das Buch »Denke nach und werde reich« erhalten hatte, hatte ich wiederum mehr als 1000 zugelassene Vertreter. Meine Rechnungen waren bezahlt. Ich verfügte über ein Sparkonto, besaß Wertpapiere und hatte darüber hinaus ein Haus für den Winter gekauft — ein modernes Zweifamilienhaus in Florida. Ein Zweifamilienhaus hatte ich deshalb gekauft, weil ich durch die Vermietung der einen Wohnung sämtliche anfallenden Kosten decken konnte.
Wenn ich auch keinen unwiderlegbaren Beweis dafür liefern kann, bin ich doch überzeugt, daß das Buch »Denke nach und werde reich« mehr Menschen zum Erfolg verholfen hat als irgendein anderes Buch, das von einem zeitgenössischen Autor verfaßt wurde. Hören Sie nur folgendes Beispiel:

Ein Brocken Kohle ... und noch mehr

Ich hielt in Salt-Lake City eine Mitarbeiterversammlung ab, die um 10 Uhr beginnen sollte. Ich war schon um 8 Uhr angekommen, und deshalb hatte ich Zeit, mir nach dem Frühstück noch etwas Bewegung zu machen. Auf meinem Rückweg zum Hotel sah ich in einem Schaufenster einen metergroßen Würfel Kohle. Vor dieser Kohle lagen zwei Bücher: »Denke nach und werde reich« und »Der reichste Mann in Babylon«. Das Stück Kohle überraschte mich nicht, denn das Firmenschild zeigte mir, daß hier eine Kohlenhandlung war. Was mich erstaunte, waren die beiden Bücher. Da ich noch Zeit hatte, betrat ich das Geschäft und fragte, ob ich den Eigentümer sprechen könne. Er stellte sich mir als Mr. Martin vor, und ich erzählte ihm, wie das Buch »Denke nach und werde reich« dem Leben so vieler Menschen eine Wendung zum Besseren gegeben hatte. Dann sagte ich:

»Der Grund, warum ich Sie sprechen wollte, war zu fragen, warum Sie die beiden Bücher vor dieses Quaderstück Kohle gelegt haben.«

Mr. Martin zögerte nur kurz und sagte dann mit sehr ernster Stimme: »Was ich Ihnen jetzt sagen werde, würde ich sonst nie einem Fremden erzählen, aber ich habe das Gefühl, daß Sie und ich vieles gemeinsam haben. Sie kommen mir nicht wie ein fremder Mensch vor.«

»Danke«, antwortete ich.

»Mein Geschäftspartner und ich führten zwei Unternehmen — eine Kiesgrube und eine Kohlenhandlung. Mit beiden hatten wir so große Verluste, daß wir bestenfalls noch hoffen konnten, durch den Verkauf des einen Geschäftes das andere zu retten. Wir versuchten es, fanden aber keine Abnehmer. In diesem Augenblick stieß ich glücklicherweise auf »Denke nach und werde reich«.

Er hielt einen Augenblick inne und fuhr dann fort: »Und hier kommt nun der Teil der Geschichte, den ich niemals einem Fremden erzählen würde. Wenige Jahre nachdem wir dieses Buch gelesen hatten, gelang es meinem Partner und mir, beide Unternehmen wieder auf eine sichere Grundlage zu stellen. Es ist ein merkwürdiger Zufall, daß Sie gerade heute gekommen sind. Denn erst vor einigen Tagen haben wir unsere letzten Rechnungen bezahlt, und schauen Sie...« Er öffnete sein Scheckbuch und deutete voll Stolz auf eine Zahl: »Heute verfügen wir über ein Barvermögen von 186 000 Dollar. Früher habe ich das Buch »Denke nach und werde reich« meinen Freunden geliehen, aber ich

habe es nicht immer zurückerhalten. Und so dachte ich, daß ich meinen Mitmenschen einen Dienst erweisen könnte, indem ich für das Buch in meinem Schaufenster warb. Jeder, der es haben will, bekommt es von mir zum Selbstkostenpreis.
Das andere Buch, »Der reichste Mann von Babylon«, ist ebenfalls ein Werk, das ich Ihnen empfehlen möchte, wenn Sie es noch nicht kennen. Denn mit Hilfe der darin erklärten Methode kann jeder Mensch, selbst ein Angestellter mit einem festen Gehalt, zu Wohlstand gelangen.«

Der Weg zum Ziel ist nunmehr klar

Im Jahre 1939 hatte ich endlich auch die letzten Teile des Weges gefunden, der zu dem verborgenen Schatz führt.

1. Ständiger Selbstansporn zum Handeln ...

2. Das Wissen, wie man zu Wohlstand und Erfolg gelangt ...

3. Die notwendigen Kenntnisse, wie man ein erfolgreiches und gewinnbringendes Unternehmen aufbaut ...

4. Und noch etwas — eine lebendige Philosophie.

Ich wußte, daß ich nunmehr mein System vervollständigt und abgerundet hatte, denn im Jahre 1939 wurde ich auf eine schwere Probe gestellt, und diese Probe bestand ich erfolgreich. Schon damals war mir klar, daß Erfolg im Leben mehr bedeutet, als ausschließlich die Verwirklichung eines einzigen Hauptzieles anzustreben. Wenn man Erfolg haben will, muß man zuerst den wahren Kern und die wahre Bedeutung vieler Dinge suchen. Nun handelt es sich aber bei diesen höheren Zielen des Lebens um abstrakte Begriffe, die sich niemals ganz verstehen und verwirklichen lassen. Doch schon die Suche nach der Vollkommenheit macht den Menschen vollkommener. Suchen Sie nach dem wahren Wesen des Erfolges und Sie werden mehr Erfolg haben. Suchen Sie nach dem wahren Wesen der Leistung und Sie werden mehr leisten.
Bei dieser Suche nach dem wahren Wesen der Dinge werden Sie sich jedoch gleichzeitig auch auf die Verwirklichung bestimmter Hauptziele konzentrieren. Mit jedem Schritt nach vorne nähern Sie sich dem wah-

ren Wesen und eigentlichem Kern dessen, was Sie suchen. Und wenn Sie mit der gleichen Hingabe materiellen Reichtum und Erfolg suchen, wie Sie die wahren Reichtümer des Lebens suchen, so wird Ihre Suche nicht vergeblich sein. Denn letztlich hängt der eigentliche Erfolg jedes Menschen von seiner Lebensphilosophie ab.

Eine Lebensphilosophie

Die wesentlichste Voraussetzung einer Lebensphilosophie besteht darin, daß es sich um eine lebendige Philosophie handelt. Um lebendig zu sein, muß sie gelebt werden. Um diese Philosophie *zu leben*, müssen *Sie* handeln! Taten, und nicht nur Worte, bestimmen den Wert einer Lebensphilosophie.
Denn: der Glaube ohne Werke ist tot.
Ob es nun dem einzelnen bewußt ist oder nicht, jeder Mensch hat eine Lebensphilosophie. Jeder Mensch wird zu dem, was er denkt. Und meine Lebensphilosophie besteht in folgendem:

1. *Unser Gott ist immer ein guter Gott.*

2. *Was wahr ist, bleibt wahr; gleichgültig, ob man der betreffenden Wahrheit mit Unverständnis, Unglauben oder Unwissen begegnet.*

3. *Der Mensch ist das Ergebnis der Vererbung, der Umwelt, seines Körpers, seines Bewußtseins, seines Unterbewußtseins, seiner Erfahrung, seiner besonderen Lage und Richtung in Raum und Zeit und darüber hinaus das Produkt bekannter und unbekannter Kräfte. Es steht in seiner Macht, auf all diese Faktoren einzuwirken, sie zu benutzen, sie zu beherrschen und sich mit ihnen in Einklang zu bringen.*

4. *Der Mensch wurde geschaffen als Ebenbild Gottes, und er besitzt die gottgegebene Fähigkeit, seine Gedanken zu lenken, seine Gefühle zu beherrschen und sein Schicksal zu bestimmen.*

5. *Die christliche Religion ist eine dynamische, lebendige und organisch wachsende Erfahrung. Ihre allgemein gültigen Grundsätze sind einfach und bleibend. Die goldene Regel z. B., daß man seinen Nächsten lieben soll wie sich selbst, ist leicht verständlich, bleibend und*

allgemein gültig. Um lebendig zu werden, muß sie aber verwirklicht werden.

6. *Ich glaube an das Gebet und an seine wunderbare Wirkung.*

Nun, und was bedeutet diese Philosophie für mich? Sie wäre völlig wertlos, wenn ich nicht danach lebte. Deshalb werde ich Ihnen ein Beispiel geben, wie mir diese Philosophie in einem Augenblick der Not half.

Im Jahre 1939 besaß ich eine Versicherungsagentur, die eine große Unfall- und Krankenversicherung vertrat, deren Sitz sich im Osten der Vereinigten Staaten befand. Mehr als tausend hauptberufliche und staatlich zugelassene Vertreter arbeiteten unter meiner Leitung in jedem Staat der Vereinigen Staaten. Zwischen jenem Unternehmen und mir bestand nur ein mündlicher Vertrag, der den ausschließlichen Vertrieb einer bestimmten Reihe von Unfallversicherungen vorsah. Aufgrund dieses Abkommens war ich Eigentümer der Agentur, das von mir vertretene Unternehmen druckte die Versicherungspolice und übernahm die Zahlungen im Schadensfall, während ich alle anderen Kosten trug.

Es war im Frühjahr. Meine Familie und ich machten gerade Urlaub in Florida, als ich einen Brief von einem der leitenden Direktoren jenes von mir vertretenen Unternehmens erhielt. Er teilte mir darin kurz mit, daß mein Vertrag in zwei Wochen gekündigt würde und daß damit gleichzeitig meine Zulassung und die Zulassung aller meiner Mitarbeiter aufgehoben würden, daß nach jenem Datum keinerlei Versicherungsverträge mehr verkauft oder erneuert werden dürften und daß der Präsident der Gesellschaft zwei Monate verreise und nicht mehr zu erreichen sei.

Damit stand ich vor einem sehr ernsten Problem. Kein Mensch macht heute noch Verträge von der Art, wie ich sie damals abgeschlossen hatte. Und daß ich innerhalb von zwei Wochen ein Unternehmen finden würde, das groß genug war, um meine in den ganzen Vereinigten Staaten verbreitete Verkaufsorganisation zu beschäftigen, war äußerst unwahrscheinlich. Wenn ich keine Lösung fand, war nicht nur meine Existenz bedroht, sondern auch die der Familien meiner tausend Mitarbeiter.

Was tun nun *Sie*, wenn *Sie* vor einem ernsten persönlichen Problem stehen — sei es nun körperlich, geistig, moralisch, religiös, familiär, sozial oder geschäftlich?

Was tun *Sie*, wenn die Wände einstürzen?
Was tun *Sie*, wenn Sie sich nirgends hinwenden können?
In einem solchen Augenblick wird *Ihr* Glaube auf die Probe gestellt. Denn der Glaube wird erst lebendig, wenn er gelebt wird. Wahrer Glaube wird immer gelebt, aber in den Zeiten größter Not wird er auf die Probe gestellt.
Was hätten *Sie* also in meiner Lage getan? Ich tat folgendes:
Ich erzählte keinem Menschen von dem Brief, sondern zog mich eine dreiviertel Stunde lang in mein Zimmer zurück. Ich überlegte mir folgendes: Unser Gott ist immer ein guter Gott; was recht ist, ist richtig; und jeder Nachteil birgt in sich einen größeren Vorteil, wenn man ihn nur zu finden weiß. Dann kniete ich nieder und dankte Gott für die Gnaden, die er mir erwiesen hatte: einen gesunden Körper, einen gesunden Geist, eine wundervolle Frau und drei wundervolle Kinder, das Vorrecht, in einem so schönen und freien Land leben zu dürfen — einem Land der unbegrenzten Möglichkeiten —, und die Freude, am Leben zu sein. Ich betete um Rat und Hilfe. Und ich *glaubte*, daß sie mir gewährt würden.
Dann machte ich mich daran, mein Problem von der positiven Seite her zu sehen! Ich stand auf, dachte nach und traf vier Entscheidungen:

1. Ich würde die Kündigung nicht annehmen.

2. Ich würde meine eigene Unfall- und Krankenversicherung gründen und sie bis zum Jahre 1956 zur größten der Vereinigten Staaten machen.

3. Bis zum Jahre 1956 würde ich noch ein weiteres Ziel verwirklichen. (Dieses Ziel war so bedeutend und von so persönlicher Natur, daß ich hier nicht davon sprechen kann.)

4. Ich würde mich mit dem Präsidenten der betreffenden Gesellschaft in Verbindung setzen, gleichgültig, in welchem Teil der Welt er sich gerade aufhalten mochte.

Darauf begann ich zu handeln. Ich ging aus dem Haus und fuhr zur nächsten Fernsprechzelle, um von dort aus den Präsidenten zu sprechen; denn ich wollte nicht, daß meine Familie von der gefährlichen Lage erfuhr, in der wir uns befanden. Ich hatte Erfolg, weil ich mich entsprechend einsetzte. Der Präsident war ein gütiger und verständnisvoller Mann mit Grundsätzen. Er gab mir die Erlaubnis, sein Unternehmen weiter zu vertreten, vorausgesetzt, daß ich meine Mitarbeiter aus dem Staate Texas zurückzöge, wo die Generalvertretung seiner Gesellschaft es schwierig gefunden hatte, mit meinem Vertreterstab zu konkurrieren. Wir vereinbarten eine Aussprache in seinem Büro nach seiner Rückkehr.

Dieses Treffen kam auch nach drei Monaten zustande. Ich vertrete das betreffende Unternehmen noch heute mit großem Erfolg. Die von mir im Jahre 1939 gegründete Unfall- und Krankenversicherungsgesellschaft war zwar im Jahre 1956 nicht die größte Versicherungsgesellschaft in den Vereinigten Staaten, wohl aber die größte ihrer Art. Auch mein anderes Ziel hatte ich erreicht.

Denken Sie immer daran: Die eigentliche Voraussetzung einer Lebensphilosophie besteht darin, daß sie lebendig sein muß. Um lebendig zu sein, muß sie gelebt werden. Um sie zu leben, müssen *Sie* handeln! Taten, nicht bloß Worte bestimmen den Wert einer Lebensphilosophie.

ZUSAMMENFASSUNG

Das Buch, das Sie gerade lesen, ist ein Selbsthilfebuch. Wenn Sie die entsprechenden Nutzanwendungen aus ihm ziehen, wird es Ihnen den Weg zu einem besseren Leben zeigen. Es gibt aber viele Selbsthilfebücher, Bücher, die die gesamte Lebenserfahrung und Weisheit ihrer Verfasser enthalten. Machen Sie sich diese Werke zunutze, denn je mehr Wissen Sie erwerben, und je mehr Erfolgsmethoden Sie kennenlernen, desto schneller und sicherer werden Sie Erfolg haben.

TEIL IV

Wohlstand und die wahren Reichtümer des Lebens

Der Wohlstand eines Landes wird von seinen Bürgern geschaffen.
Sie stehen vor einem Problem? Um so besser!
Intelligenz ist eine bestimmte Handlungsweise.
Denken Sie zuerst nach — und die Aufgabe ist schon halb gelöst.
Wenn Sie mit anderen teilen, wächst und mehrt sich Ihr restlicher Besitz.

KAPITEL 14

Die Grundlagen des Wohlstandes

»Wie wird man wohlhabend?«

Dies ist die Frage, die während meiner letzten Vortragsreihe durch Australien und Neuseeland am häufigsten an mich gerichtet wurde. Und zwar deshalb, weil »Erfolg durch positive Geisteshaltung« gerade in Australien veröffentlicht worden war und auf dem Umschlag von mir die Rede war, als »der Mann, der aus 100 Dollar ein Vermögen von 35 Millionen Dollar machte«.

»Der unfehlbare Weg zum Erfolg« schildert, wie ich zu Wohlstand kam. Der Zweck dieses Buches ist es, Ihnen die Methoden darzulegen, mit deren Hilfe ich reich wurde. Ehe Sie sich jetzt aber daranmachen festzustellen, wie Sie eine Million Dollar verdienen können — wenn Sie eine Million Dollar überhaupt besitzen wollen —, wollen wir zunächst einmal untersuchen, welche *Grundlagen* jeder Wohlstand heute hat. Die Gelegenheiten, reich zu werden, sind in ebenso reichem Maße vorhanden wie die Luft, die wir atmen — vorausgesetzt, Sie atmen die Luft eines freien Landes. Da ein Selbsthilfebuch wie »Der unfehlbare Weg zum Erfolg« Sie anregen will, über sich selbst und alle äußeren Einflüsse nachzudenken, die auf Sie einwirken oder auf die Sie Einfluß haben, ist es am Platz, auch an die Rolle zu denken, die die Regierung eines Landes in unserem Leben spielt. In welcher Weise wirkt sie sich aus? Was können Sie tun, um auf sie einzuwirken?

Unser großes Erbe

Washington, Franklin, Jefferson und alle anderen Gründer unseres Landes waren Menschen, die ihr Leben einer großen Aufgabe gewidmet hatten, nämlich eine Regierung zu schaffen, die der größtmöglichen Anzahl von Menschen den größtmöglichen Nutzen bringen würde —

»eine Regierung des Volkes, durch das Volk und für das Volk«, wie Abraham Lincoln es so treffend ausdrückte.

Und mit der Verfassung und nach dem Motto »Gott ist unsere Hoffnung« begannen in Amerika eine Tradition und Staatsphilosophie, die sich die Sauberkeit der Lebensführung zur Pflicht machten, den Unternehmungsgeist belohnten und den Wohlstand des Landes und seiner Bewohner förderten. Denn der Wohlstand des Landes nahm zu in dem Maße, wie seine Bewohner Wohlstand schufen.

Wohlstand wird geschaffen durch die positive geistige Einstellung, die Erziehung, die Arbeit, das Wissen, die Praxis und den moralischen Charakter eines Volkes, dessen Geschicke gelenkt werden von einer Regierung, die die Freiheit des privaten Unternehmers garantiert und das Recht und Eigentum des einzelnen achtet und schützt. Die wichtigsten Voraussetzungen für den Wohlstand sind Ideen, Arbeit, Rohmaterialien, Kreditwürdigkeit und angemessene Steuern. Das Geld oder andere bestehende Zahlungsmittel müssen einen anerkannten und annehmbaren Wert besitzen.

All diese Dinge sind wichtig, all diese Dinge sind gut. Alle stellen sie amerikanische Tradition dar und haben Amerika reich gemacht. Die Regierung der Vereinigten Staaten von Amerika schafft durch die *Durchführung* der verfassungsmäßigen Rechte günstige Vorbedingungen, die Ihnen und jedem anderen, der danach strebt, gestatten, Wohlstand zu erlangen mit Hilfe des *unfehlbaren Erfolgssystems:* Ansporn zur Tat, das Wissen-Wie und Fachkenntnisse.

In manchen Ländern gelten andere Philosophien, und deshalb begünstigen auch die Umstände dort keineswegs die Vermögensbildung der großen Massen. Weder diese Länder noch ihre Bewohner werden jemals zu großem Reichtum gelangen, wenn sie nicht ihre veralteten Wirtschaftstheorien betreffend Eigentum, Wohlstand und Kredit aufgeben und die richtige Einstellung zum Erwerb von Wohlstand gewinnen.

Wie Wohlstand entsteht

Sie haben sicher schon oft gehört, daß der Geldwert einer Nadel mehr als tausendmal größer ist als der Wert des Rohmaterials, aus dem sie hergestellt wird. In ähnlicher Weise ist der Materialwert eines sechzigstöckigen Bürogebäudes, eines großen Schiffes oder eines modernen Elektronengehirns verschwindend gering im Vergleich zum Preis des

Die Grundlagen des Wohlstandes 173

fertigen Produktes. Die eigentlichen Kosten bestehen in den Löhnen für die *Ideen und die Arbeit,* die die Rohmaterialien in nützliche Güter verwandeln. Der Wert, den das Gebäude darstellt, mag schwanken, aber sein Marktwert wird so lange bestehen bleiben, wie das Gebäude steht. Und genauso verhält es sich mit dem Wert des Elektronengehirnes oder des großen Schiffes.
Heutzutage schaffen *Ideen und Arbeit* zusätzlichen Wohlstand, der in der Form von abstrakten Eigentumswerten wie Aktien, Obligationen, und vertraglichen Rechten erscheint. Dieses abstrakte Eigentum kann oft größere Reichtümer einbringen als materielles Eigentum. Der Marktwert der Aktien einer erfolgreichen Aktiengesellschaft ist z. B. höher als der Marktwert ihres materiellen Eigentums. Der Geldanleger richtet sich nach den Gewinnen, dem Abnehmermarkt, der Tendenz, den Gewinnaussichten und nach dem allerwichtigsten Geschäftsfaktor: der Qualität der Geschäftsführung. Somit beruht der Marktwert nicht nur auf den gegenwärtigen, sondern auch auf den zukünftigen Gegebenheiten. In Amerika gibt es Millionen von Menschen in guten Stellungen, die ihnen ein großes Einkommen sichern; es gibt Hunderttausende, die wohlhabend sind, und es gibt Zehntausende von Millionären. Sie sind wohlhabend und Millionäre nicht etwa aufgrund des Verkaufswertes der Unternehmen, die ihnen vielleicht gehören, sondern in den meisten Fällen aufgrund des Marktwertes der Wertpapiere, die sie besitzen — Wertpapiere, die sie erwerben konnten, *indem sie einen Teil ihres Einkommens sparten.*
Wiederholen wir noch einmal: Ideen, Arbeit und Rohmaterialien schaffen Beschäftigung und Wohlstand. Wohlstand setzt darüber hinaus aber auch ein gutes Wirtschaftssystem und ein geeignetes Verbraucherkreditsystem voraus.
Hierzulande hat jeder Mensch mit gutem Leumund die Möglichkeit, sich Kredite zu beschaffen und seine Kreditwürdigkeit aufrechtzuerhalten. Mit der richtigen geistigen Einstellung können Sie ihre schöpferischen Gedanken, Ihr künstlerisches Talent, Ihre Kenntnisse, Ihr Wissen-Wie, Ihre Persönlichkeit und Ihre Energie in großen Reichtum verwandeln.
Sie können sich einen Wagen, Möbel oder ein Haus leisten — Sie können ein Geschäft gründen oder einen landwirtschaftlichen Betrieb erwerben und ausstatten — und all das im Rahmen des bestehenden Kreditsystems nach und nach abzahlen. Wenn Sie aber Ihre Kreditwürdig-

keit erhalten wollen, so müssen Sie zu Ihren Verpflichtungen stehen und die entsprechenden Zahlungen bei Fälligkeit leisten.

Und wenn Sie etwas kaufen, so schaffen Sie und andere Verbraucher wie Sie Arbeit für andere, die ihrerseits auf Kredit Güter des alltäglichen und des gesteigerten Lebensbedarfes kaufen.

Sobald Sie einmal den vollen Preis für Ihr Haus oder was immer sonst Sie auf Kredit gekauft haben mögen, bezahlt haben, so haben sie materielles Eigentum erworben, dessen Wert sich nach der jeweiligen Marktlage richtet. Und der Marktwert eines auf Kredit gegründeten Unternehmens oder der Marktwert einer mit geborgtem Geld vorgenommenen Kapitalsanlage kann zu dem Zeitpunkt, zu dem der Kredit voll zurückbezahlt ist, um vieles höher liegen als der ursprüngliche Kaufpreis.

Während Sie mit Hilfe der Ihnen gewährten Kredite zu Wohlstand kommen, vermehren Sie gleichzeitig den Wohlstand des Landes. *Denn der Wohlstand eines Landes hängt ab vom Wohlstand seiner Bewohner.* Und der Wohlstand der Bewohner hängt ab von ihrem ständigen Einkommen an Löhnen und Gehältern.

Aus der Statistik wissen wir, daß ein Vertreter 32 anderen Menschen Arbeit verschafft. Wenn Sie z. B. einen Wagen kaufen, so erzielen damit der Verkäufer und die Arbeitnehmer des Herstellers ein gewisses Einkommen. Ebenfalls verdienen daran die Angestellten sämtlicher mittelbaren und unmittelbaren Zulieferindustrien.

Jeder dieser Arbeitnehmer zahlt direkte und indirekte Steuern. Die Regierung ihrerseits verwendet einen Teil dieser Steuern, um ihre Angestellten und Beamten zu bezahlen, und diese wiederum treten als Käufer auf. Auf diese Weise werden weitere Arbeitsplätze geschaffen, und die betreffenden Arbeitnehmer werden ebenfalls zu Verbrauchern, kaufen ebenfalls auf Kredit und zahlen ebenfalls Steuern.

Auch die Aktionäre zahlen Gewinnsteuern, und ihr Wohlstand vermehrt sich, wenn ihre Aktiengesellschaft mit Gewinn arbeitet und dadurch der Marktwert ihrer Aktienteile steigt.

Steuern sind gut

Eine angemessene Besteuerung jeden Einkommens und jeden Vermögens ist gut. Sie ist gut für das Land, und was gut ist für das Land, ist gut für seine Bewohner.

Selbstverständlich darf man nicht zulassen, daß sich Korruption breit macht oder daß durch Unfähigkeit oder ungeeignete Maßnahmen Zeit und Geld verschwendet werden. Die Geschäftsführung der Regierung sollte wie die irgendeines Unternehmens in regelmäßigen Zeitabständen überprüft werden, damit solche Gefahren abgewendet werden können.

Auch die Regierung der Vereinigten Staaten wird erst durch die ihr zur Verfügung gestellten Kredite instand gesetzt, Projekte größten Maßstabes in Angriff zu nehmen. Zusätzlich zu den laufenden Steuereinkommen arbeitet sie mit geborgtem Geld und ist dabei ein äußerst zuverlässiger Schuldner, denn solange es eine amerikanische Regierung gegeben hat, ist sie immer ihren finanziellen Verpflichtungen nachgekommen. Der Grundstein dieses traditionellen Verhaltens wurde gelegt, als die Regierung die Deckung für die während der Revolution in Umlauf gesetzte Währung übernahm. Die hohe Moral der Regierung der Vereinigten Staaten ist ein Spiegelbild der hohen Moral der amerikanischen Bürger.

Eine angemessene Besteuerung ist gut, weil auf diesem Wege eine Regierung wie die der Vereinigten Staaten ihre militärische Stärke aufrechterhalten kann, um somit das Leben, die Freiheit und den Wohlstand des Volkes zu schützen. Darüber hinaus kann sie mit diesen Steuergeldern alle freiheitsliebenden Völker in ihren Anstrengungen unterstützen, ihre Freiheit zu bewahren, und indem sie diesen Völkern hilft, ihre Bedürfnisse zu decken, vermehrt sich der Wohlstand des eigenen Landes. Mehr Fabriken, mehr Maschinen, mehr Produkte, mehr Arbeitsplätze: all dies zusammen bedeutet ein höheres Steuereinkommen.

Steuern sind etwas Gutes; aber wie es auch bei vielen anderen guten Dingen in unserem Leben der Fall ist, sind sie uns nicht besonders angenehm, bis wir einmal ihren Wert eingesehen haben. Was die Bundessteuern betrifft, legt der Kongreß die Spielregeln fest und sagt: »Möge jedermann selbst die Höhe seiner Steuerabgaben berechnen und keinen Cent mehr zahlen als nötig. Dafür ist es aber notwendig, daß sich jeder an die Regeln des ehrlichen Spieles hält, sonst müssen wir die Regeln ändern.« Was könnte fairer sein?

Ein kluger Geschäftsmann hält sich auch an die Regeln. Er verwandelt Nachteile in Vorteile und erzielt dadurch zusätzliche Gewinne. Anstatt die Unternehmensgewinne in der Form eines großen persönlichen Ein-

kommens (wobei die Besteuerung bis 91 Prozent des verdienten Geldes ausmacht) aus dem Betrieb zu nehmen, re-investiert er seine Gewinne im Betrieb, so daß dieser größer und größer wird.
Wenn er dann eine größere Summe Geldes benötigt, so bringt er es bei völliger Beachtung der Regeln fertig, »den Kuchen zu essen und ihn trotzdem zu behalten«. Er bietet der Öffentlichkeit in Form von Aktien einen Anteil an seinem Unternehmen an. Und wenn ihm jetzt auch nur noch ein kleinerer Teil seines Unternehmens gehört, nimmt sein Vermögen trotzdem zu, da der Marktwert seiner Aktienteile um vieles größer sein kann als der materielle Verkaufswert seines Unternehmens vor dessen Verwandlung in eine Aktiengesellschaft. Wie Sie wissen, prüft ja der Käufer von Aktien eine Reihe von Faktoren, wie z. B. die Qualität der Geschäftsführung und die wahrscheinliche zukünftige Entwicklung.
Derjenige, der sein Geld in Aktien angelegt hat, wird ebenfalls wohlhabend. Geld bringt ihm Geld ein. Und diejenigen, in deren Händen die Aktienmehrheit und damit die Leitung des Unternehmens liegt, sind gleichzeitig jene, die arbeiten müssen, um selbst Geld zu verdienen, das sie dann ihrerseits wieder in Wertpapieren anlegen können. Parallel damit steigt auch der Wert jener Aktien, die sich im Besitz der Öffentlichkeit befinden. Und auch der Aktienbesitzer kann mit Hilfe seiner Aktien Kredite aufnehmen, indem er seine Wertpapiere als Sicherheit anbietet.

Der Reichtum der Nationen

Wenn Sie die reichen Nationen der Welt mit den armen vergleichen, ist es auf den ersten Blick hin offensichtlich, daß der Wohlstand eines Landes nicht abhängt vom Umfang seiner Mineralvorkommen, seines Öls, der Üppigkeit seiner Vegetation, einem günstigen Klima, guten Häfen und einem weitverzweigten Netz von Wasserstraßen. Der Reichtum eines Landes wird in erster Linie geschaffen durch die Inspiration, die Ideen, das Wissen, die Kenntnisse und die Arbeit seiner Bewohner. Bodenschätze sind nur *potentieller* Wohlstand. Ganz wie Wissen für sich allein nicht Macht ist, sondern nur *potentielle* Macht, müssen auch die natürlichen Hilfsquellen erst in tatsächlichen Wohlstand verwandelt werden. Ehe wir nun untersuchen, wie Länder, die zwar glückliche Besitzer von Bodenschätzen sind und trotzdem relativ arm sind, diese in

Die Grundlagen des Wohlstandes 177

tatsächlichen Reichtum verwandeln können — hierher gehören Länder wie Indien, Mexiko, Argentinien und Brasilien —, müssen wir uns vor Augen führen, daß es Nationen gibt, die nicht so reich an Bodenschätzen sind und sich trotzdem auf dem Weg zum Reichtum befinden, — so z. B. die Schweiz, Westdeutschland, Österreich, Japan usw. Der Fortschritt dieser Länder ist zurückzuführen auf die positive geistige Einstellung ihrer Regierungen und ihrer Bürger, ihr Wissen und ihre Erfahrung in industrieller Fertigung, in der Finanzierung, im Absatz und in der Ausfuhr. Jedes dieser Länder wendet ein Erfolgssystem an, und jedes von ihnen wird weitere Fortschritte erzielen.
Es ist deshalb leicht zu verstehen, daß in den Vereinigten Staaten und in jedem anderen Land, das reich an Bodenschätzen ist, großer Wohlstand für die Masse des Volkes geschaffen werden kann, indem man die natürlichen Schätze des betreffenden Landes in Reichtum verwandelt durch *das unfehlbare Erfolgssystem,* und zwar wenn:

1. alle Bodenschätze innerhalb der Grenzen des betreffenden Landes liegen,

2. die Arbeitskräfte des eigenen Landes eingesetzt werden, um die Endprodukte herzustellen,

3. die Löhne und Gehälter, Materialien und alle anderen Kosten in einheimischer Währung bezahlt werden,

4. ein wirksames Kreditsystem besteht, das dem Handel, der Industrie und dem Verbraucher zugute kommt,

5. eine starke Regierung die Anwendung ihrer Gesetze garantiert, die die Freiheit des Unternehmers bewahren und das Leben und die Eigentumsrechte jedes einzelnen in gleicher Weise beschützen,

6. die Regierung bestrebt ist, kriegerischen Entwicklungen aus dem Wege zu gehen, indem sie sich so stark erhält, daß keine Nation sie anzugreifen wagt,

7. das Volk eine positive Haltung einnimmt und auf die eigene Leistung stolz ist, Freude an der Arbeit hat und den Wunsch in sich fühlt, das eigene Land und die ganze Welt schöner und besser zu machen.

Schenken führt zu vermehrtem Wohlstand

Die Vereinigten Staaten vermehrten ihren materiellen Wohlstand, als Überschüsse an Nahrungsmitteln und allen möglichen Industriegütern, darunter auch militärische Ausrüstungsgegenstände, in der ganzen Welt verteilt wurden, um armen Völkern zu helfen. Dies bedeutet im eigenen Land mehr Fabriken, mehr Maschinen, mehr Produkte, mehr Arbeitsplätze, mehr Eigenheime und ein größeres Steueraufkommen. Obwohl wir in vielen Fällen für die gelieferten Nahrungsmittel und Industriegüter keinerlei Zahlungen erhalten werden (da sie ja in der Absicht verteilt wurden, den anderen Völkern zu helfen, sich selbst zu helfen), wurde trotzdem durch unsere Auslandshilfe im eigenen Land materieller Wohlstand geschaffen. Was jedoch noch wichtiger ist, ist die Tatsache, daß wir damit unsere Freunde und Verbündeten ermutigten und stärkten. Wenn nötig, sind sie nun bereit, ihr Leben zu opfern, um ihre Freiheit und die unsrige zu schützen, denn dank unserer Hilfe sind sie nun in der Lage, sich selbst zu verteidigen. Norwegen, Italien, Griechenland, Westdeutschland und Japan sind nur einige der hervorstechendsten Beispiele.

Darüber hinaus zögerten die Regierung und die Bürger der Vereinigten Staaten nicht, anderen Nationen zu helfen, sich selbst zu helfen, indem sie mit ihnen ihr *unfehlbares Erfolgssystem* teilten. *Der Ansporn zur Tat* wurde diesen Nationen gegeben durch die Geistlichen einer Reihe von Religionsgemeinschaften, durch Ärzte, Krankenschwestern, Wissenschaftler, Lehrer und Geschäftsleute, die so viel von ihren *Kenntnissen* und ihrem *Wissen-Wie* mitteilten, wie jene Länder überhaupt fähig und willens waren aufzunehmen. Wir gewährten Kredite und Darlehen und nahmen ihre Industriegüter ab, so daß auch sie schneller zu Wohlstand kommen konnten.

Die internationalen Zahlungsbilanzen

Die grundlose Furcht vor einer ungünstigen Zahlungsbilanz hat viele Länder daran gehindert, sich aus ihrer Armut emporzuarbeiten. Die führenden Staatsmänner jener Länder könnten vom Beispiel der Nationen lernen, die zu Wohlstand gekommen sind.

Für jedes Problem gibt es eine befriedigende Lösung, man muß es nur mit der richtigen inneren Einstellung in Angriff nehmen. Falls die Zah-

Die Grundlagen des Wohlstandes 179

lungsbilanz eines hochentwickelten Landes einmal eine bedrohliche Tendenz zeigen sollte, so bräuchte es nur seine Importe entsprechend beschränken und jeden falschen Stolz ablegen, indem es vorübergehend eine Methode anwendet, die sich bereits zum großen Nutzen vieler Länder ausgewirkt hat: nämlich ein System, bei dem der Austausch von Gütern die Rolle der üblichen Zahlungsmittel wie z. B. Gold und Silber übernimmt. Wenn z. B. ein Industrieland die Erzeugnisse eines Agrarlandes benötigt, gestalten sich die Wirtschaftsbeziehungen in folgender Weise: Die Industrienation erklärt sich bereit, Wolle, Holz, Fleisch und andere Produkte im Gesamtwert von 500 Millionen Dollar vom Agrarland zu kaufen. Dieses erklärt sich dann seinerseits bereit, dem Industrieland Industriegüter im gleichen Wert abzunehmen. Jedes Land bezahlt dabei die eigenen Hersteller in der eigenen Währung. Der Geschäftsmann im Agrarland bezahlt die von ihm bezogenen Industriegüter an eine Behörde seiner Regierung, und der Fleischgroßhändler im Industrieland zahlt ebenfalls an seine Regierung bzw. an die von ihr geschaffene Behörde.

Mit einem Wort: *Wohlstand wird geschaffen durch die positive innere Einstellung, die Erziehung, die Arbeit, das Wissen, die Praxis und den moralischen Charakter eines Volkes, dessen Regierung die Freiheit des einzelnen Unternehmers garantiert und das Leben und die Eigentumsrechte jedes einzelnen achtet und schützt. Die unerläßlichen Voraussetzungen zur Schaffung jeden Wohlstandes sind Ideen, Arbeit, Rohmaterialien, ein gutes Kreditsystem und angemessene Steuern. Die Währung und alle anderen Zahlungsmittel müssen einen anerkannten und annehmbaren Wert besitzen.*

Ein schnellerer Sieg im Kalten Krieg

Wenn wir den notleidenden Nationen der Welt helfen wollen, Wohlstand zu erwerben, so können wir sie *anspornen,* all die *Kenntnisse* und das *Wissen,* wie man Wohlstand erwirbt, praktisch anzuwenden. Indien wird ärmer durch seine wachsende Bevölkerung. Der Grund: mehr Verbraucher. Die Vereinigten Staaten werden reicher durch ihre wachsende Bevölkerung. Der Grund: mehr Verbraucher. Dieselbe Formel, mit deren Hilfe Amerika reich wird, würde auch Indien reich machen, wenn sie dort angewendet würde.

Und noch etwas: Rußland und China können zu Wohlstand kommen, ohne daß sie deswegen andere Länder erobern und ihre Völker unterjochen müßten. Denn auch sie können große Reichtümer ansammeln, wenn sie im eigenen Lande Wohlstand schaffen durch Anwendung des *unfehlbaren Erfolgssystems*. Dazu müssen sie aber verstehen, auf welche Weise man heute zu Wohlstand kommt, und müssen die entsprechenden Grundsätze anwenden.

Ihre Chancen, reich zu werden

Denken Sie immer daran, daß der Wert des durch Ideen, Arbeit und Rohmaterialien in den Vereinigten Staaten geschaffenen materiellen Eigentums den Wert der Gold- und Silberbestände der gesamten Welt weit übersteigt.
Wenn Sie verstanden haben, was in diesem Kapitel über die Voraussetzung und die Schaffung von Wohlstand gesagt wurde, dann sind Sie auch fähig, die entsprechenden Grundsätze in Ihrem eigenen Leben anzuwenden.

ZUSAMMENFASSUNG

Der Wohlstand eines Landes hängt ab vom Wohlstand seiner Bürger. Sie selbst sind ein Teil des Wohlstandes Ihres Landes. Sie müssen zuerst einmal *verstehen*, auf welchen Grundlagen Wohlstand beruht, ehe Sie selbst zu Wohlstand kommen können. Lesen Sie doch dieses Kapitel noch einmal durch ... Sie werden dabei sicher Dinge entdecken, die Sie beim ersten Lesen übersehen haben.

KAPITEL 15

Wie man den Ehrgeiz weckt

»Was meinen Sie mit ›rotem Knopf‹?« fragte ich.

»Nun, jeder Mensch hat einen«, sagte Jack. Um ihn zu finden, müssen Sie nur in Erfahrung bringen, was sich der Betreffende wünscht — was er braucht, um es zu bekommen — und auf welche Weise Sie ihm dazu verhelfen können. Als allererstes müssen Sie ihm helfen, sein Denken und Sehnen auf einen Gegenstand zu konzentrieren, den er noch nicht besitzt. Dann müssen Sie ihm zeigen, daß Sie seinen Wunsch am besten erfüllen können. Und wenn dann das von Ihnen erweckte Bedürfnis bei dem Betreffenden zum brennenden Wunsch wird, haben Sie seinen *roten Knopf* gedrückt.«

»Wollen Sie damit sagen, daß Sie mit Hilfe dieses ›roten Knopfes‹ den Betreffenden zum Handeln angespornt haben?«

»Ja«, antwortete Jack, der des öfteren Jahresumsätze von mehr als einer Million Dollar erzielt hat. Er ist ein führender Experte darin, wie man Männer und Frauen anregt, erfolgreiche Verkäufer zu werden. Er bringt ihnen bei, wie man den »roten Knopf« findet und drückt. Jack Lacy ist eine in den ganzen Vereinigten Staaten bekannte Persönlichkeit und hat Verkäufer für Hunderte von Gesellschaften im ganzen Land ausgebildet. Seine Fernlehrgänge und Schallplatten sind in vielen Teilen der Welt bekannt.

Sie wissen ja bereits, daß der wichtigste Bestandteil des *unfehlbaren Erfolgssystems* darin besteht, daß man jemanden *zum Handeln anspornt*. Jack Lacy sagt: »Wenn Sie jemanden zum Handeln anspornen wollen, müssen Sie den *roten Knopf* drücken!« Und damit meint Jack, daß man dem Betreffenden ein Motiv geben muß, alle seine Kräfte zu konzentrieren.

Jeder Mensch braucht einen Lebensinhalt

Leonard Evans war einer der Verkäufer, die ich zum Verkaufsleiter befördert hatte. Leonard war durchaus erfolgreich, aber er wurde selbstzufrieden — und die Umsätze hörten auf zu steigen. Soweit lief das Geschäft zwar sehr gut, und Leonard hatte ein gutes Einkommen, aber im Vergleich zur Geschäftsentwicklung in den anderen Staaten war ich nicht zufrieden. Wieder und wieder machte ich den Versuch, ihn irgendwie anzuspornen, das bequeme Geleise zu verlassen, in dem er sich festgefahren hatte. Seine anfängliche Begeisterung war aber jedesmal nur von kurzer Dauer.

Leonard war einfach mit sich, dem Geschäft und der Welt zu sehr zufrieden. Trotzdem versuchte ich es weiter, und selbstverständlich hatten meine Bemühungen auch einen gewissen Erfolg. Dennoch blieben aber seine Umsätze hinter allen anderen zurück. Eines Tages erhielt ich dann einen Brief von seiner Frau:

»Lieber Mr. Stone,
Leonard hatte einen schweren Herzanfall. Der Arzt zweifelt an seinem Aufkommen. Leonard hat mich gebeten, Ihnen mitzuteilen, daß er seinen Posten zur Verfügung stellt.«

Wenn er diesen Schritt als gesunder Mensch unternommen hätte, so hätte ich seinem Wunsch gern entsprochen. *Zum Geschäft gehört aber mehr als nur Geld verdienen,* und ich wollte, daß Leonard am Leben blieb. Das Geheimnis des Anspornens liegt darin, daß man nicht nur den Verstand, sondern auch das Gefühl anspricht. Und deshalb schickte ich Leonard einen sorgfältig überlegten Brief. Darin erwähnte ich ganz nebenbei, daß ich seine Kündigung nicht annehme — und daß seine Zukunft noch vor ihm liege. Dann riet ich ihm, seine Zeit auf Studium, Denken und Planen zu verwenden. Daraufhin bat ich ihn, sich insbesondere auf die Frage zu konzentrieren: »Habe ich ein bestimmtes, wichtiges Ziel?«

Ich ließ ihn wissen, daß ich das nächste Flugzeug nehmen würde, um ihn zu besuchen, sobald er aus dem Krankenhaus entlassen sei und Besucher empfangen könne.

Die Erfahrung hatte mich gelehrt, daß man *einen Menschen am besten dadurch am Leben hält, indem man seinem Leben einen Inhalt gibt.*

Deshalb schrieb ich auch: »... wir brauchen Sie, wir brauchen Sie drin-

Wie man den Ehrgeiz weckt 183

gend! Werden Sie schnell wieder gesund, denn ich habe Großes mit Ihnen vor.«

Und Leonard erholte sich in der Tat schnell und blieb am Leben, denn nun hatte er wieder ein Ziel. Es war ihm bewußt geworden, daß das *Leben aus mehr besteht* als nur aus Geschäft und Geldverdienen. Als ich ihn zu Hause besuchte, konnte er bereits wieder aufstehen. Er hatte seine Zeit verwendet, um nachzudenken und Pläne zu schmieden. Voller Begeisterung erzählte er mir von seinen fünf Hauptzielen:

- Sich nach drei Jahren am 31. Dezember vom Geschäft zurückzuziehen,
- bis dahin den Jahresumsatz zu verdoppeln,
- Eigentum im Wert einer Million Dollar zu erwerben,
- andere Menschen heranzubilden, indem er die ihm unterstehenden Verkäufer und Verkaufsleiter dazu anspornte, ausbildete und anleitete, ein immer schneller anwachsendes Einkommen zu erzielen und zu Wohlstand zu gelangen.
- Vor allem aber dies: andere an der Erleuchtung und der Weisheit teilhaben zu lassen, die er aus der Lektüre der *Bibel* und einiger Selbsthilfebücher gewonnen hatte.

Er verwirklichte jedes dieser Ziele. Das Leben vieler Menschen, die seine Vorträge über positive Geisteshaltung hörten, wurde dadurch günstig beeinflußt — Verkäufer, Verkaufsleiter, Heranwachsende, Geschäftsleute, Lehrer und Mitglieder religiöser Gruppen. Wenn man sie fragte, würden alle von ihnen übereinstimmend sagen, daß Leonard Evans ihnen geholfen habe, sich besser in dieser Welt zurechtzufinden.

Wie ich ihm neuen Auftrieb gab

Werfen wir nun einen Blick auf einige Faktoren, die Leonard Evans neuen Auftrieb gaben. Es waren folgende:

1. Um mit Jack Lacy zu sprechen: ich »erweckte in ihm ein Bedürfnis und zeigte ihm, daß ich das beste Mittel besaß, um dieses Bedürfnis zu befriedigen«. Es handelte sich hier also um eine Suggestion.

2. Ich wandte mich ebensosehr an seine Gefühle wie an seinen Verstand. Ich ließ Leonard wissen, daß ich ihn haben wollte, brauchte und zuversichtlich glaubte, daß seine Zukunft noch vor ihm lag. Er schenkte meinen Worten Glauben, denn sie waren ehrlich gemeint.
3. Er wurde schnell wieder gesund, weil er seine Zeit sinnvoll mit Studieren, Denken und Planen ausfüllte. Sein Leben hatte wieder ein Ziel.
4. Er folgte dabei einem genau vorgezeichneten Weg, denn er benutzte ein Selbsthilfebuch, das schon viele Menschen zu größten Leistungen angespornt hat.
5. Seine Gedankengänge wurden dabei in bestimmte Bahnen gelenkt, so daß er eine positive Einstellung zu den Dingen gewann und auf dem Wege der Selbstbesinnung seine fünf Hauptziele fand.
6. Ich verstärkte noch die Wirkung meiner schriftlichen Suggestionen durch ein persönliches Gespräch, das ihn restlos davon überzeugte, daß ich nicht nur versucht hatte, einem Sterbenden Mut zuzusprechen. Ich erzählte ihm auch die Geschichte meines Freundes Charlie Sammons aus Dallas in Texas. Charlie hatte zwar einen schweren Herzanfall erlitten, aber sein Leben hatte nach wie vor ein Ziel. Nachdem er sich erholt hatte, hielt er sich an die ärztlichen Anordnungen. Er beschränkte sich auf eine rein geistige Tätigkeit und ließ andere die schwere Arbeit tun. Seine Leistungen waren schon vor dem Herzanfall hervorragend gewesen, nachher wurden sie aber noch bedeutend größer und besser. Charlies Arzt sagte: »Er wird länger leben, weil ihn sein Herzanfall veranlaßt, auf seine Gesundheit zu achten.«

Träume werden wahr

Es war Johny Simmons, der Leonard Evans angestellt hatte, und auch Felix Goodson hatte er für uns angeworben. Ich fragte einmal Felix: »Warum, glauben Sie, kommen wohl die meisten unserer Verkaufsleiter aus Arkansas?«

Er antwortete: »Ich weiß nicht, wie das bei den anderen ist, aber als Johny Simmons mit mir sprach und mir die Gelegenheit bot, in Ihrem Unternehmen an einem Tag mehr zu verdienen als ich damals in einer

Woche verdiente, sah ich eine günstige Gelegenheit. Und mehr brauchte ich nicht, denn ich wollte ja gerne arbeiten. Ich hatte endlich die Möglichkeit gefunden, soviel Geld zu verdienen, daß ich meine Träume verwirklichen konnte.« Aber er arbeitete nicht nur, er arbeitete auch mit System. Mit Hilfe unseres *unfehlbaren Erfolgssystems* stieg er vom Verkäufer zum Verkaufsleiter und zum Generalvertreter für West Virginia auf. Auch er kam zu Wohlstand.

Als Junge war Felix barfuß von seines Vaters Farm in die Schule gegangen. Wenn er bei dem weißen Herrenhaus auf dem Hügel vorbeikam, sagte er oft zu sich selbst: »Einmal wird diese Farm mir gehören, und ich werde in dem großen weißen Herrenhaus auf dem Hügel wohnen.«

Kurz nachdem ich ihm die Generalagentur für West Virginia übertragen hatte, kaufte er tatsächlich die Farm mit dem weißen Herrenhaus oben auf dem Hügel. Und sein Zuchtvieh wurde als das beste im ganzen Staat berühmt.

Auch als Verkaufsleiter bewies er, daß er seine Mitmenschen liebte. Er verhalf vielen Menschen zum Aufstieg, und da er ein Mann von Charakter war, machte er auch die anderen zu charaktervollen Menschen. Dies ist wohl auch der Grund, warum ich nicht überrascht war, als er mir, noch verhältnismäßig jung an Jahren, mitteilte, daß er sich vom Geschäft zurückziehen und seine Talente der Verwirklichung eines anderen Traumes widmen wolle. Sein Ziel war es, Geistlicher zu werden und sich insbesondere der Kirchenmusik zu widmen, um auf diesem Wege seine Religionsgemeinschaft zu unterstützen. Seine Kenntnisse und Fähigkeiten als Verkäufer und Geschäftsmann kamen ihm sehr zustatten, als er Spenden für seine Kirche sammelte. Ein langjähriges Studium lag zwischen seinem Wunsch und dessen Erfüllung, aber heute dient er seiner Kirche als Geistlicher und Musiker und hilft mit, unsere Welt schöner zu machen.

Der Grundsatz, den ich von Felix Goodsen lernte, war also: Sie können einen anderen Menschen veranlassen, das zu tun, was Sie wollen, indem Sie ihm eine Gelegenheit bieten, das zu bekommen, was er haben will.

Eine der leichtesten und interessantesten Methoden, einen Menschen anzuspornen, besteht darin, daß man ihm wahre und begeisternde Erlebnisse aus dem Leben anderer Menschen erzählt, die sowohl sein Gefühl als auch seinen Verstand ansprechen. Genau diese Methode wende ich in dem vorliegenden Buch an. *Aber komme ich an?*

Der Reiz der Romantik

»*Du kommst an* oder *du kommst nicht an* sind Ausdrücke der Teenagersprache«, erklärte Pfarrer David Wilkerson, der schlanke, jungenhaft aussehende »Bandenprediger« von Brooklyn, New York. Ich erzähle seine Geschichte, um Ihnen zu zeigen, wie eine romantische Gestalt den Anstoß geben kann, sich Napoleon Hills Grundsatz zu eigen zu machen: »*Jede Widrigkeit des Schicksals trägt in sich den Keim eines ebenso großen oder sogar noch größeren Vorteils.*« Aber lassen wir David Wilkerson selbst sprechen:
»Ich war Pfarrer in einer kleinen Landkirche in den Bergen von Pennsylvania, in Coalport. Ich hatte so viel von den Verbrechen gehört, die von Banden Halbwüchsiger begangen wurden, und von der Rauschgiftsucht, die unter den Heranwachsenden verbreitet war, daß ich manchmal weder essen noch schlafen konnte. Der Gedanke an diese Zustände verfolgte mich, und zum Schluß konnte ich an nichts anderes mehr denken als daran, wie man Zugang zu diesen jungen Menschen finden könnte.
Eines Tages saß ich in meinem Arbeitszimmer und nahm eine Nummer des Magazins LIFE zur Hand. Ich fand darin das Bild von sieben Halbwüchsigen, die des Mordes angeklagt waren. Ihre Gesichter prägten sich mir unauslöschlich ein. Sie schienen mich zu verfolgen, und der Gedanke an sie ließ mich nicht mehr los.«
Er erzählte mir dann, daß er nach New York gefahren sei, um selbst der Verhandlung beizuwohnen. Voll Entsetzen hörte er die grauenhaften Einzelheiten des Verbrechens, das die sieben angeklagten Jungen begangen hatten. Er erzählte mir, welch tiefes Mitleid er mit ihnen fühlte und wie sehr er sich wünschte, ihnen geistlichen Zuspruch geben zu können. Und hier folgen seine eigenen Worte, wie ich sie auf Band aufgenommen habe:
»Trotz allem, was ich im Gerichtssaal hörte, fühlte ich nur Mitleid mit diesen Jungen. Als der Richter am Nachmittag aufstand, um die Verhandlung zu vertagen, empfand ich den seltsamen und unwiderstehlichen Drang, mich ebenfalls zu erheben. Ich mußte einfach mit jenem Richter sprechen, ehe er sich in seine Räume zurückzog. Denn dort

würden ja wieder die Polizeiposten stehen, die mich schon einmal abgewiesen hatten und mir auch jetzt wieder den Zutritt verwehren würden.
Ich nahm also meine Bibel in die Hand, so daß man mich als Geistlichen erkennen würde, und sagte: »Hohes Gericht, möchten Sie mir bitte als Geistlichem eine Unterredung gewähren?« Der Vorsitzende zuckte vor Überraschung zusammen, suchte dann blitzschnell Deckung hinter dem Richterstuhl und schrie: »Schnell, schafft ihn hinaus!«
Dies löste ein wildes Durcheinander im Gerichtssaal aus. Zwei Polizeibeamte stürzten sich auf mich und schleiften mich durch den Mittelgang zur Tür. Mindestens 35 Personen sprangen auf und liefen aus dem Gerichtssaal. Einige riefen: ›Macht die Kameras fertig, hier kommt er, macht die Kameras fertig!‹ Und zu meiner großen Überraschung mußte ich erfahren, daß diese Leute Reporter waren. Die Polizeibeamten durchsuchten mich nach Waffen. Der Richter hatte Mordandrohungen erhalten, was ich aber nicht gewußt hatte. Die Beamten dachten, daß ich mich nur als Geistlicher ausgab und den Richter ermorden wollte. Als ich an die Türe kam, hingen mir die Haare in die Augen und ich begann zu weinen. Das Ganze war wie ein Alptraum. Ich hatte die besten Absichten gehabt, und jetzt schien es mir, als ob die Welt über mir zusamenstürzte.
Ich kam an die Tür und wurde von ganzen Batterien von Blitzlichtern geblendet. Fernsehreporter, Reporter von Tageszeitungen und die Vertreter der nationalen Nachrichtenagenturen schrien mir zu, ob ich mich vielleicht schäme, die Bibel in die Höhe zu halten. Und ich erwiderte darauf, daß ich mich der Bibel nicht schäme und daß das Wort Gottes die einzige Lösung für die Probleme dieser Art sei.
Und so wurde ich mit erhobener Bibel fotografiert.
Später sah ich dann eine Zeitung. Es war schrecklich! Es hat sich in mein Gedächtnis eingegraben. Ich sehe noch das Bild vor mir — die zwei Polizeibeamten, ich selbst mit wild in die Stirne hängenden Haaren, Schlagzeilen:›RADIKALER PREDIGER UNTERBRICHT MORDPROZESS!‹«
Und dann erzählte mir »Davy« — wie ihn seine Freunde nennen — von seiner demütigen Rückkehr nach Coalport. Sein Vater dachte, er habe vielleicht einen Nervenzusammenbruch erlitten. Der Kirchenvorstand empfahl ihm, einen mindestens zweiwöchigen Urlaub zu nehmen.
»Ja, die Glaubensgemeinschaft, die mich zum Geistlichen ordiniert hat-

te, berief eine Sondersitzung ein und wollte mich meines Amtes entheben, weil ich das Ansehen der Geistlichkeit geschädigt hätte«, sagte er.
David Wilson kehrte nach New York zurück, und was er dort erlebte, wirft ein Licht auf die Bedeutung des Selbstansporns: *Jede Widrigkeit des Schicksals trägt in sich den Keim eines gleich großen oder sogar noch größeren Vorteils.*
»Denn«, sagte der junge Geistliche, »als ich meinen Wagen geparkt hatte und die 176. Straße hinunterging, hörte ich jemand rufen: »He da, Dave!« Ich ging hinüber und sagte: »Kennen Sie mich?«
Er sagte: »Sie sind doch der Prediger, der bei Mike Farmers Mordprozeß hinausgeworfen wurde. Sie wollten damals zu Rul Valdrez und den anderen Jungen, nicht wahr?«
Ich antwortete: »Ja!«
Er sagte: »Nun, ich bin Tom, der Chef von der Orval Bande. Kommen Sie mit, die anderen wollen Sie auch kennenlernen.«
Er nahm mich mit und stellte mich den Jungen vor ... Und sie sagten: »Sie sind in Ordnung, Sie sind einer von uns.« Ich wußte nicht, was sie damit meinten, bis einer von ihnen sagte: »Na, als wir sahen, wie die zwei Polypen Sie aus dem Gerichtssaal schleiften, wußten wir, daß die Polizei Sie nicht mag, und uns mögen sie auch nicht. Also sind Sie einer von uns.« Und sie fingen an, mich »Bandenprediger« zu nennen.
Seiner großen Niederlage, dem Hinauswurf aus dem Gerichtssaal, dem schiefen Licht, in das ihn die Zeitungsberichte gerückt hatten, und seiner Erniedrigung verdankte es David Wilkerson, daß er Zugang fand zu den jugendlichen Banden von New York — zu jungen Menschen, die kein anderer erreichen konnte.
Dave Wilkerson *kam an* bei den halbwüchsigen Verbrechern, Dirnen, Säufern und Rauschgiftsüchtigen — den »Orvals«, den »Drachen«, den »Teufelsbraten«, den »Mau-Maus« und wie sie sich sonst noch nennen mochten. Durch die harte und deutliche Sprache seiner Predigten gelang es ihm, sie auf den richtigen Weg zurückzuführen und anständige, gesetzestreue Bürger aus ihnen zu machen.
Mit Hilfe der von ihm entwickelten Methoden gelingt ihm eine große Reihe sofortiger Bekehrungen. Seine Erfolge sind dermaßen erstaunlich, daß viele Geistliche sagen: »Er vollbringt Wunder!« Selbst einige der hoffnungslosesten jugendlichen Alkoholiker, Rauschgiftsüchtigen und gefährlichen Gewaltverbrecher sind von Dave Wilkerson inspiriert

worden, Geistliche zu werden und ihm bei der Erfüllung seiner Aufgabe zu helfen.

Was bedeutet das aber für Sie?

Falls es Ihnen an geistiger Bereitschaft fehlt — gar nichts. Es bedeutet nicht das Geringste für Sie, wenn Sie nicht den folgenden Grundsatz glauben und ihn anwenden:

Jede Widrigkeit des Schicksals trägt in sich den Keim eines gleich großen oder sogar noch größeren Vorteils.

Wecken Sie den Ehrgeiz mit Hilfe des unfehlbaren Erfolgssystems

Sie werden jetzt vielleicht fragen:

- *Wie kann ich* den Grundsatz verwerten: *Romantik als Ansporn zur Tat?*
- *Wie kann man in einem Menschen Ehrgeiz wachrufen, wenn es ihm an Ehrgeiz fehlt?*
- *Wie kann man jemanden, dem es an Unternehmungslust fehlt, zum Handeln anspornen?*
- *Wie kann man überhaupt Ehrgeiz wachrufen?*
- *Wie bewahrt man die Flamme der Begeisterung vor dem Erlöschen?*

Diese Fragen wurden oft an mich gestellt von Eltern, Lehrern, Geistlichen, Geschäftsleuten, Verkaufsleitern und Jugendführern, und meine Antwort darauf ist immer: »Wenden Sie das *unfehlbare Erfolgssystem* an. Es besteht aus drei wichtigen Teilen:

1. *Ansporn zur Tat,*
2. *Wissen-Wie,*
3. *Fachkenntnisse.*«

Und dann verwende ich als Beispiel eine *romantische Gestalt.* Ich fahre etwa fort: »Jeden Mittwoch abend unterrichte ich eine Gruppe von Jungen, die einem Jugendklub angehören. Diese jungen Männer nennen ihren Klub den Junior Success Club (Erfolgsklub der Junioren).«

Dann mache ich die Leute, die die obigen Fragen an mich richten, darauf aufmerksam, wie sehr ihre Arbeit durch geeignete Lektüre, Filme und Theaterstücke gefördert werden könne.

Als ich vor zwei Jahren das erste Mal in dem Jugendklub sprach, sagte ich: »Dies ist Ihr Klub, was wollen Sie bei den nächsten beiden Treffen diskutieren?«

»Wie man in der Schule besser wird und wie man eine Stellung findet«, war die Antwort.

Wie werde ich besser in der Schule?

Ich war erstaunt, als ich feststellte, daß die Jungen vor allem daran interessiert waren, wie sie ihre schulischen Leistungen verbessern konnten. Ich fragte also, in welchen Fächern sie am schlechtesten waren. Es wurden zwar verschiedene Gebiete genannt, ich möchte aber die Mathematik als Beispiel wählen. Ich tat folgendes:

1. *Ansporn zur Tat:* Ich romantisierte das betreffende Fach und legte dar, *warum* jenes Fach so wichtig für *sie* war! Mathematik — ich erzählte ihnen Geschichten aus dem Leben großer Mathematiker, wie Archimedes und Einstein, erklärte, daß Mathematik das logische Denken schule, und erwähnte die Möglichkeit, sich mit Hilfe mathematischer Symbole mit Lebewesen auf anderen Planeten in Verbindung zu setzen. Ich zeigte ihnen, wie leicht es ist, Mathematik zu lernen, indem man ganz einfach zunächst einmal die Grundsätze und Formeln auswendig lernt und durchdenkt.

2. *Wissen-Wie:* Ich legte dar, daß sie jedes mathematische Problem lösen könnten, sobald sie einmal den ihm zugrunde liegenden Grundsatz gelernt hätten. Als ich Trigonometrie studierte, machte ich zwar keine Hausaufgaben, aber ich wandte diese Methode an und bekam bei jeder Prüfung hervorragende Noten. Die Hauptsache bei der Lösung mathematischer Aufgaben ist die Anwendung des ihnen zugrunde liegenden Prinzips. Warum also nicht einfach dieses Prinzip *auswendig lernen?* Die Lösung der Aufgabe geht dann sehr schnell, denn man weiß ja dann, was man zu tun hat.

3. *Fachkenntnisse:* Die Gruppe wurde daraufhin gefragt, von welchem Lehrer ihrer Schule sie am liebsten im Klub unterrichtet würden. Der

Fachlehrer hat eben die notwendigen *Fachkenntnisse* und das *Wissen-Wie.* Er verstand zwar nicht, die Jungen anzufeuern, aber das tat ja ich. *Was waren die Ergebnisse?* Innerhalb von 90 Tagen verbesserte sich einer der Jungen um zwei Notenstufen. Ein Schüler der siebten Klasse, der so stockend las wie ein Viertklässler, hatte am Ende des Schuljahres alles Versäumte nachgeholt. Er besucht jetzt die Oberschule; und wenn er auch nicht zu den Besten seiner Klasse zählt, so sagte mir doch sein Klassenleiter, daß Dick »in Anbetracht seiner positiven Einstellung« wahrscheinlich zu den besten 10 % der Abschlußklasse gehören werde. Viele von den Jungen sind heute die Besten ihrer Klassen.

Wie man eine Stellung findet

Es ist verständlich, daß ein heranwachsender Junge Geld verdienen will. In einem gewissen Sinn treibt ihn die Notwendigkeit dazu. Ich verfuhr ähnlich wie bei der vorhergehenden Versammlung:

1. *Ansporn zur Tat:* Ich romantisierte die Freuden der Arbeit und Leistung und gab dann jedem das Buch »The Richest Man in Babylon« (Der reichste Mann von Babylon) zu lesen. Sie lernten daraus, daß jeder Mensch zu Wohlstand gelangen kann, wenn er 10 % seines Einkommens spart und klug anlegt. Anschließend gründeten wir sofort einen Investitionsklub.

2. *Wissen-Wie:* Wir besprachen die verschiedenen Arten, eine Stellung zu finden. Jeder Junge machte seine Vorschläge, und ich ergänzte sie. Unter anderem wurde vorgeschlagen: die Lektüre der Stellenanzeigen und der Besuch von Stellenvermittlungsbüros, die Nachfrage von Laden zu Laden, die Eröffnung eines eigenen Geschäftes. Auch der Verkauf von Zeitungen, Magazinen, Weihnachtskarten oder von selbst hergestellten Dingen wurde genannt. Ich erklärte ihnen auch, wie man einen Arbeitgeber anzusprechen hat, was man tun muß, wenn man einen abschlägigen Bescheid erhält, und ähnliche Techniken.

3. *Fachkenntnisse:* Jeder von den Jungen, die Arbeit suchten, wurde angewiesen, seine Adresse bei Tom Moore, dem stellvertretenden Klubleiter, zu hinterlassen. Tom hatte eine Liste von Firmen, die Aus-

hilfskräfte brauchten. Mein Mitarbeiter Art Niemann erkundigte sich bei der Handelskammer von Uptown Chicago, ob irgendein Mitglied Arbeitskräfte suchte. *Was waren die Ergebnisse?* Ein Junge wurde sechsmal abgewiesen und bekam dann eine hervorragende Stellung. Jeder Junge, der Arbeit suchte, fand sie auch. Wenn irgendeiner der Jungen später aus dem einen oder anderen Grund eine Arbeit aufgab, fand er selbst eine neue Stellung oder wandte sich an Tom um Rat.

Dies beweist, daß anständige und ehrliche Bürger erzogen und nicht geboren werden. Schlechte Schüler können gute Schüler werden, und der Heranwachsende, der Arbeit sucht, wird sie auch finden. Wenn Sie nun Kapitel 16 lesen, werden Sie sehen, daß auch »begabte Menschen erzogen und nicht geboren werden«.

ZUSAMMENFASSUNG

Jeder bedeutende Mensch, jeder erfolgreiche Mensch, gleichgültig was sein Tätigkeitsgebiet sein mag, hat die magische Wirkung der folgenden Worte kennengelernt: *Jede Widrigkeit des Schicksals trägt in sich den Keim eines gleich großen oder sogar noch größeren Vorteils!*

KAPITEL 16

Begabte Menschen werden erzogen, nicht geboren

Sind Sie begabt?

Ob Ihre Antwort auf diese Frage nun ja oder nein lautet, glauben Sie mir — Sie sind ein *potentiell begabter Mensch*. Und Sie können wirklich begabt genannt werden, wenn Sie Ihre Talente in der Praxis richtig einsetzen. Vielleicht fällt es Ihnen im Augenblick noch schwer, dies zu glauben. Überzeugen Sie sich also zunächst einmal selbst, ob Sie ein *potentiell* begabter Mensch sind oder nicht.
Bei dieser Selbstbewertung werden Ihnen die hier zusammengestellten Definitionen und Zitate aus den Werken führender Fachleute von großem Nutzen sein. Sie brauchen nur bei der jeweiligen Frage das Wort »ja« oder »nein« oder ein Fragezeichen einzusetzen.
Was ist ein begabter Mensch? Überlassen wir in dieser Frage den Experten das Wort.

INTELLIGENZ

Das führende amerikanische Lexikon von Webster definiert *Intelligenz* folgendermaßen:
Die Fähigkeit, jede Situation, insbesondere eine neue Situation, durch eine entsprechende Anpassung der Verhaltensweise zu meistern.
Verfügen Sie über diese Fähigkeit?
Können Sie diese Fähigkeit erwerben?
Machen Sie sich die Mühe, in einem Lexikon die Bedeutung eines Ihnen unbekannten Wortes nachzuschlagen?
Die Fähigkeit, die Zusammenhänge dargestellter Sachverhalte so zu verstehen, daß man aufgrund dieses Verständnisses seine Handlungsweise auf die Verwirklichung eines bestimmten Zieles einstellen kann.
Besitzen Sie diese Fähigkeit?
Können Sie diese Fähigkeit entwickeln?

Die erfolgreiche Inangriffnahme und Lösung von Problemen, insbesondere von neuen oder verwickelten Problemen.
Haben Sie solche Erfolge zu verzeichnen?
Glauben Sie, daß es Ihnen jetzt leichter gelingt, Ihre Probleme zu lösen?
Verständnisfähigkeit, anpassungsfähiges Verhalten und die Befähigung, Wahrheiten, Tatsachen und Bedeutungsinhalte zu erfassen.
Erfassen Sie Wahrheiten, Tatsachen und Bedeutungsinhalte?
Können Sie Ihr Verständnis für Wahrheiten, Tatsachen und Bedeutungsinhalte verbessern?

Ein berühmter Psychologe definiert *Intelligenz* als »die Fähigkeit eines Organismus, sich erfolgreich an seine Umwelt anzupassen« (T. L. Engle in »Psychology — Principles and Application«, World Book Co. 1945).
Passen Sie sich erfolgreich an Ihre Umwelt an?
Können Sie lernen, sich besser an Personen, Örtlichkeiten, Situationen und Dinge anzupassen?

Nach Lester und Alice Crowe ist *Intelligenz* »die Fähigkeit des einzelnen, neue Situationen oder Probleme zu meistern« (»Learning to Live With Others«, D. C. Heath & Co. 1944).
Begegnen Sie neuen Situationen und Problemen im allgemeinen mit der richtigen geistigen Einstellung?
Sind Sie willens, selbst dazu beizutragen, um neue Situationen und Probleme intelligenter zu meistern?

»Intelligenz ist die Fähigkeit, ein Problem zu durchschauen und eine Lösung zu finden mit Hilfe der bei früheren Erlebnissen gesammelten Erfahrungen. Sie ist also nicht etwas, wovon man mehr oder weniger hat; vielmehr bezeichnet man damit eine bestimmte Verhaltensweise. Ein Mensch beweist Intelligenz, wenn er einer bestimmten Situation intelligent gegenübertritt. Die Intelligenz steht in enger Verbindung mit dem Intellekt, einem Sammelbegriff für die Tätigkeit des Beobachtens, Verstehens und Denkens... Intelligenz beruht auf Wissen, aber es handelt sich dabei mehr um die Anwendung als um den Besitz des Wissens. Man sagt manchmal von einem Menschen, daß er viel weiß, daß er aber doch ziemlich dumm ist, weil er aus seinem Wissen so wenig Nutzen zieht.« (Robert W. Woodworth und Mary Rose Sheehan in »First Course in Psychology«, Henry Holt & Co. N. Y. 1951.)

Durchschauen Sie und lösen Sie ein Problem mit Hilfe früher gemachter Erfahrungen?
Wollen Sie versuchen, Ihre Probleme zu erkennen und zu lösen, indem Sie das anwenden, was Sie gelernt haben?
Verstehen Sie, was die zitierte Definition der Intelligenz als einer »Verhaltensweise« bedeutet?
Sind bei Ihnen Beobachten, Verstehen und Denken gut aufeinander abgestimmt?
Können Sie Ihre Beobachtungsgabe, Ihr Verständnis und Ihre Denkfähigkeit verbessern?
Verstehen Sie, was in diesem Buche mit *Fachkenntnissen* gemeint ist?
Verstehen Sie, was wir mit *Wissen-Wie* meinen?
Verwenden Sie Ihre Kenntnisse dazu, bestimmte Ziele zu erreichen?
Ist Ihnen aus den obigen Definitionen klar geworden, daß man *Intelligenz* beurteilt nach Handeln... Anwenden... Ausführen... Beobachten... Verstehen... Denken... Verwenden... u.s.w.?
William H. Roberts sagt: »Man muß sich immer den bedeutenden Unterschied vor Augen halten, der zwischen Intelligenz einerseits und Wissen oder Unterrichtetsein andererseits besteht. Intelligenz ist Fähigkeit. Es handelt sich dabei nicht um den Zustand des Unterrichtetseins, sondern um die Fähigkeit zu lernen, nicht um Geschicklichkeit, sondern um die Fähigkeit, Geschicklichkeit zu erwerben. Ein hoher Intelligenzgrad ist jedoch keine Garantie für den Erfolg, und zwar weder in der Schule noch bei der Arbeit, noch im Leben überhaupt...« (»Psychology You Can Use«, Harcourt Brace & Co. 1943.)
Verstehen Sie nun, daß Intelligenz Fähigkeit ist — nicht Wissen oder Geschicklichkeit, sondern die Fähigkeit, sich Geschicklichkeit anzueignen?
Ist es klar, daß Intelligenz keine Garantie für Erfolg ist?
Sehen Sie ein, daß Fähigkeit nichts anderes bedeutet als ungeweckte Talente?
Joseph Tiffin und Frederick Knight sagen: »Intelligenz bzw. intelligentes Verhalten hängt ab von:

1. der Klarheit des Eindruckes,

2. der Fähigkeit, Eindrücke festzuhalten und zu verwerten,

3. einer fruchtbaren Phantasie,

4. der Anpassungsfähigkeit an Umweltsbedingungen,
5. Selbstkritik,
6. Selbstvertrauen,
7. einer hinreichend starken Motivierung«
(»Psychology of Normal People«, D. C. Heath & Co. 1940).
Glauben Sie, daß Sie all dies in sich entwickeln können?
Würden Sie sagen, daß Ihre Eindrücke von Menschen und Dingen klar sind?
Haben Sie die Fähigkeit, Eindrücke festzuhalten und zu verarbeiten?
Haben Sie eine schöpferische Phantasie?
Phantasie kann entwickelt werden; wollen Sie es versuchen?
Passen Sie sich an Ihre Umweltsbedingungen an? Sagen wir zum Beispiel, Sie tun etwas, was einen anderen verletzt. Wären Sie fähig, zu erkennen, womit Sie den anderen verletzt haben, und wären Sie bereit, dies wieder gutzumachen?
Sind Sie gesunder Selbstkritik und Selbstvervollkommnung fähig?
Haben Sie Selbstvertrauen?
Haben Sie hinreichend starke Motive, um das zu tun, was sie tun sollten oder tun wollen?

BEGABUNG — FÄHIGKEIT — GENIE — TALENT

»Begabt ist jenes Kind, dessen Leistungen auf einem Gebiet menschlicher Tätigkeit andauernd oder wiederholt hervorstechen«, hörte ich Dr. Witty bei einem Vortrag sagen. Dr. Paul Andrew Witty ist Professor der Pädagogik und Rektor des Psychologischen Erziehungsinstituts der North Western Universität.
Waren Ihre Leistungen auf irgendeinem sinnvollen Tätigkeitsgebiet bis jetzt immer oder wiederholt den Leistungen anderer überlegen?
Die neueste Auflage des führenden amerikanischen Lexikons von Webster gibt folgende Definitionen:

1. *Begabung* bedeutet »von der Natur mit einer oder mehreren Gaben ausgestattet, talentiert«.
   Glauben Sie, daß jedem normalen Menschen diese natürlichen Gaben verliehen sind?
2. *Synonyme für Begabung* wie *»natürliche Anlage, Fähigkeit, Genie, Talent, Fertigkeit, Neigung«;* sie bedeuten alle eine besondere Fähigkeit für eine bestimmte Arbeit.

Jeder Mensch hat eine besondere Fähigkeit für eine bestimmte Art von Arbeit. Haben Sie die Ihrige schon entdeckt?

3. *Eignung* bedeutet »eine natürliche Anlage für eine bestimmte Tätigkeit und die Wahrscheinlichkeit, darin erfolgreich zu sein«.
Wissen Sie, für welche Tätigkeiten Sie eine besondere Eignung besitzen?

4. *Genie:* »angeborene Geistesgaben, Talent, außerordentliche schöpferische oder erfinderische Begabung«.
Jeder normale Mensch hat angeborene Geistesgaben oder Talente, aber nicht jeder setzt sie auch wirklich ein. Haben Ihre bisherigen Leistungen bewiesen, daß Sie Ihre Geistesgaben verwerten? Waren Sie als Erfinder oder schöpferisch tätig?
Sind Sie dazu bereit, in naher Zukunft Ihr schöpferisches Denken und Ihre Erfahrung zur Verwirklichung eines bestimmten Zieles einzusetzen?

5. *Talent:* »oft im Gegensatz zu Genie gebraucht. Bedeutet im allgemeinen eine nicht jedem angeborene Gabe, die aber erst durch Fleiß voll entwickelt wird«.
Fleiß und Arbeit entwickeln das Talent. Sie haben die angeborene Fähigkeit, Talent zu entwickeln. Arbeiten Sie schon an sich selbst?

Kommentare zu den Meinungen der Fachleute

Während des bereits obenerwähnten Vortrages stellte Dr. Witty fest: *»Begabte Kinder waren ihren gleichaltrigen Klassenkameraden überlegen an Größe, Kraft und Gesundheit.«*
Können Sie Ihre Kräfte vermehren und Ihren Gesundheitszustand verbessern?

»Die schulische Entwicklung der begabten Kinder war im allgemeinen der der anderen überlegen. Ihre besonderen Leistungen lagen auf den Gebieten des Lesens und Sprechens; am schlechtesten waren sie in der Schönschrift und der Rechtschrift.«
Können Sie Ihre Lesegeschwindigkeit vergrößern und Ihre Aufnahmefähigkeit verbessern?

»Der begabte Schüler zeichnet sich im allgemeinen durch besondere Sprachbeherrschung und Reichtum des Ausdrucks aus.«

Auch dies sind erworbene Fähigkeiten. Können Sie die Ihren verbessern?

»*Die Schnelligkeit, mit der begabte Kinder lernen, ist ein hervorstechendes Merkmal, das in pädagogischen Fachbüchern immer wieder erwähnt wird.*«

Können Sie eine Methode finden, mit deren Hilfe Sie rascher lernen können?

Motive sind von größter Bedeutung

Nach dem Vortrag fragte ich Dr. Witty, welche Rolle bei der Entwicklung des begabten Kindes die Motive spielen. Er stimmte mit mir darüber ein, daß *Motive von größter Bedeutung sind.*

»*Genie ist ein Prozent Inspiration und 99 Prozent Perspiration*«, sagte Thomas Edison. Er stellte ebenfalls fest: *Die Hauptbestandteile des Erfolges sind Phantasie plus Ehrgeiz plus dem Willen zur Arbeit.*

Trifft es zu, daß Sie mit Hilfe der richtigen Motive Ihre Phantasie, Ihren Ehrgeiz und Ihren Arbeitswillen entwickeln können?

In seinem Buch »Das begabte Kind« kommt Dr. Witty auf die eigentliche Bedeutung des Wortes »Genie« zu sprechen. Er schreibt:

Es ist völlig falsch, die Bezeichnung »Genie« auf ein Kind oder einen Jugendlichen anzuwenden. Diese Auszeichnung sollte den Menschen vorbehalten bleiben, die bereits eigene Beiträge von hervorragendem und bleibendem Wert geleistet haben. Diejenigen, deren Intelligenzquotient 180 und mehr beträgt und die noch in der Entwicklung stehen, werden als »potentielle Genies« betrachtet, jedoch muß sich erst einmal erweisen, ob diese jungen Menschen den Fleiß, die Ausdauer, Unternehmungslust und Originalität besitzen, um wirklich Anrecht auf die Bezeichnung »Genie« zu haben.

Der Ansporn zur Tat entwickelt den Fleiß, die Ausdauer und die Unternehmungslust. Er feuert die Phantasie zu wirklich eigener Leistung an. Haben Sie schon versucht, mit Hilfe der Selbstinspiration eigene Leistungen von hervorragendem und dauerndem Wert zu erzielen?

Machen Sie Bekanntschaft mit einem potentiellen Genie

Wenn Sie es nicht schon getan haben, so setzen Sie nunmehr die entsprechenden Antworten in die Liste ein. Dabei werden Sie feststellen: *Sie sind ein potentielles Genie.*

Denn wie Sie schon in den vorhergehenden Kapiteln gesehen haben, und auch im nächsten Kapitel »Die Kraft, die den Lauf des Schicksals ändert« feststellen werden, kann jeder Mensch den *Ansporn zur Tat*, sein *Wissen-Wie* und seine *Kenntnisse* einsetzen, um die bekannten und unbekannten Kräfte seines Unterbewußtseins wachzurufen. Napoleon Hill erzählte mir einmal, daß Thomas Edison diese Phänomene als *»unsichtbare Kräfte, die aus dem Äther kommen«* beschrieben hat. Diese unsichtbaren Kräfte, die Sie wachrufen können, ebenso die Ihnen vererbten geistigen Fähigkeiten und die Art Ihrer geistigen Einstellung können durch einen Intelligenzquotienten nicht ausgedrückt werden.

Und im Hinblick auf Intelligenzquotienten sagte Dr. Witty:
»Wenn wir mit begabten Kindern jene jungen Menschen meinen, die anscheinend im Besitz großer schöpferischer Fähigkeiten sind, so ist es sehr zweifelhaft, ob einer der üblichen Intelligenztests geeignet ist, diese Fähigkeiten zu entdecken. Denn schöpferisches Vermögen setzt Originalität voraus, und Originalität bedeutet die erfolgreiche Behandlung, Beherrschung und Gestaltung neuer Wissensgebiete und Erfahrungen. Intelligenztests sagen nur etwas über erlerntes Wissen aus. Einer der offenkundigsten Mängel des Intelligenztestes ist es, daß er keinerlei Situationen vorsieht, in denen sich die Originalität oder das Schöpferische des Denkens erweisen könnte.«

Sie können Ihren Intelligenzquotienten verbessern

Schon seit vielen Jahren ist mir bewußt, daß der Intelligenztest nichts über die Anlage zur Denkfähigkeit aussagt. Die Struktur dieser Tests übersieht völlig die schöpferischen Kräfte des Unterbewußten.
Aufgrund dieser Erkenntnis wurde es mir möglich, eine ganze Anzahl von Menschen zu höchsten Leistungen anzuspornen, indem ich sie veranlaßte, eine Umwelt zu wählen, die die Verwirklichung ihrer Ziele förderte, und indem ich ihnen die Größe der Kräfte vor Augen führte, über die jeder Mensch verfügt, wenn er durch bewußte Anstrengung sein Unterbewußtsein in die gewünschten Bahnen lenkt.
Kinder, die aus dem Waisenhaus zu guten Adoptiveltern übersiedeln, zeigen oft eine Verbesserung des Intelligenzquotienten. Dieser Anstieg ist zwar im allgemeinen nicht sehr groß, kann aber generell bis zu zehn und 20 Punkten ausmachen ...
Dies ist ein Zitat aus dem Buch »First Course in Psychology« (Grund-

kurs der Psychologie) von Robert Woodworth und Mary Rose Sheehan. Experimente auf dem Gebiete der Erwachsenenbildung zeigen ebenfalls an, daß die Vergrößerung des Wortschatzes und die Verbesserung der Lesefähigkeit zu einer Erhöhung des Intelligenzquotienten führen. Ein Weg, dieses Ziel zu erreichen, ist es also, *viel und regelmäßig zu lesen.* Lesen Sie im Jahr mindestens vier gute Bücher, eine Monatszeitschrift wie z. B. »Das Beste« und ihre täglichen Morgen- und Abendzeitungen. Von den vier Büchern sollte zumindest eines Selbsthilfe und Selbstvervollkommnung zum Gegenstand haben.

Sie könnten auch an einem Schnell-Lesekurs teilnehmen. Auch diese Methode ist geeignet, Sie zum Handeln anzuspornen, und Sie vermehren dabei Ihr Wissen.

Haben Intelligenztests überhaupt einen Sinn? Diese Frage muß unbedingt mit Ja beantwortet werden. Aufgrund ganz bestimmter Wertmaßstäbe sind sie durchaus geeignet, den Grad der geistigen Aufnahmebereitschaft eines Menschen zu messen.

Da Ihnen nunmehr Ihre potentiellen Kräfte und Anlagen bewußt sind, können wir uns mit dem nächsten Kapitel »Die Macht, die den Lauf des Schicksals ändert« beschäftigen und dabei ergründen, wie Sie diese Macht für Ihre Zwecke nützen können.

ZUSAMMENFASSUNG

Die in Ihnen schlummernden Kräfte sind unbegrenzt. Alles hängt nur von Ihnen ab. Welche großen Ziele wollen Sie sich setzen? Erinnern Sie sich an die Worte von Thomas Edison: »Erfolg beruht auf *Phantasie* und *Ehrgeiz* und dem *Willen zur Arbeit!*«

KAPITEL 17

Die Macht, die den Lauf des Schicksals ändert

»Heureka, heureka« — »ich habe es gefunden, ich habe es gefunden!« rief Archimedes aus, als er in der Badewanne stand.
Archimedes war ein großer Mathematiker und Erfinder des alten Griechenlands. Sein Freund, der König, hatte ihn bei einem ungewöhnlichen Problem um Hilfe gebeten. Der König hatte eine neue Krone bestellt, die durch und durch aus Gold sein sollte. Dem Goldschmied war die für diesen Zweck benötigte genaue Menge des Edelmetalls zur Verfügung gestellt worden. Als die Krone fertig war, fragte sich der König, ob sie wirklich durch und durch aus Gold sei. Er hegte den Verdacht, daß der Goldschmied etwas von dem Gold für sich behalten und statt dessen weniger wertvolles Metall verwendet hatte.
Der König beauftragte also Archimedes, den Goldgehalt der Krone zu prüfen, ohne sie jedoch dabei in irgendeiner Weise zu beschädigen.
Archimedes *dachte eine Zeitlang nach*. Das Problem beschäftigte ihn mehrere Tage, ohne daß er eine Lösung gefunden hätte. Aber auch sein Unterbewußtsein beschäftigte sich ununterbrochen mit dieser Frage. Eines Tages stieg Archimedes in eine Badewanne, die bis zum Rand gefüllt war. Sofort floß das Wasser über. Archimedes erstarrte einen Augenblick und stieß dann den Freudenruf: »Heureka! Heureka!« aus. Sein Unterbewußtsein hatte seinem Bewußtsein blitzartig die richtige Antwort eingegeben. Es ist ja eine häufige Erscheinung, daß uns ganz unerwartet die Lösung eines Problems einfällt, wenn wir uns entspannen, ein Bad nehmen, uns rasieren, Musik hören oder gerade aufwachen.
Solche blitzartigen Erleuchtungen erscheinen in der Form von geistigen Bildern und Dingen, die Sie früher einmal gesehen, gehört, gerochen, geschmeckt, gefühlt, erfahren oder gedacht haben. Und dieses geistige Bild kann als Symbol erscheinen, das Sie mit Hilfe der Gedankenassoziation leicht interpretieren können. Dies ist besonders dann der Fall,

wenn Ihnen die gesuchte Antwort im Traum erscheint.
Der Gedanke, der Archimedes gekommen war, bestand darin, drei völlig gleiche Gefäße zu nehmen, von denen jedes die gleiche Menge Wasser enthielt, und die Krone in das erste, die vom König dem Goldschmied zur Verfügung gestellte Menge Goldes in das zweite und eine gleiche Menge Silber in das dritte Gefäß zu legen. Daraufhin brauchte er nur noch die Menge Wasser zu messen, die aus jedem Gefäß überfloß.
Archimedes beeilte sich, seine Idee zu erproben. Sein Experiment lieferte ihm den schlüssigen Beweis, daß der Goldschmied ein Betrüger war. Er hatte eine Silberlegierung benützt und das damit gesparte Gold für sich selbst behalten. Diese Entdeckung beruhte auf dem uns heute wohlbekannten Prinzip des spezifischen Gewichtes. Archimedes war, wie auch viele Wissenschaftler und Erfinder unserer Tage, nicht daran interessiert, materielle Reichtümer zu sammeln oder ein Geschäft zu gründen. Wäre dies aber der Fall gewesen, so hätte er haargenau dieselben Methoden einsetzen können, um sein Unterbewußtsein und Bewußtsein für sich arbeiten zu lassen. Denn er wußte sie einzusetzen — *die Macht, die den Lauf des Schicksals ändert.*

Nützen Sie die Macht, die den Lauf des Schicksals ändert

Welche Macht ist das, die den Lauf Ihres Schicksals ändern kann?
Es ist eine Macht, die Sie besitzen. Aber wie alle anderen Mächte und Kräfte kann sie sich sowohl positiv als auch negativ auswirken. Sie kann für gute oder schlechte Zwecke verwendet werden. Alles hängt dabei von Ihnen ab. Die Macht, die den Lauf des Schicksals ändert ist — *der Gedanke!*
Wie jede andere Macht oder Kraft kann der Gedanke im Verborgenen schlummern oder offensichtlich vorhanden sein, konzentriert oder zerstreut sein, genutzt werden oder brachliegen. Diese Macht wird um so größer, je mehr Sie sie einsetzen. Je mehr Sie denken, um so mehr können Sie denken. Sie müssen aber mit der richtigen geistigen Einstellung denken.
Wir wissen, daß jede *Wirkung eine Ursache* hat. Und im *Gedanken* nimmt jeder Erfolg seinen Ursprung. Wenn Sie nicht denken, können Sie keinen Erfolg haben. Wenn Ihre Gedanken von falschen Voraussetzungen ausgehen, werden Sie auch nicht die richtige Antwort finden.

Die Macht, die den Lauf des Schicksals ändert   203

Archimedes nahm sich die Zeit, über seine Probleme *nachzudenken*. Auch Napoleon Hill nahm sich die Zeit *nachzudenken*, um einen passenden Titel für sein Buch zu finden.

Streng' deine Birne an

Der Arbeitstitel, den Napoleon Hill für sein Buch gewählt hatte, lautete: »Die 13 Schritte zum Reichtum«. Der Verleger wollte aber einen zugkräftigeren Titel, er suchte nach einem Millionen-Dollar-Namen für das Buch. Jeden Tag erkundigte er sich nach dem neuen Titel, aber obwohl Hill schon ungefähr 600 verschiedene Möglichkeiten geprüft hatte, war er mit keiner restlos zufrieden.

Eines Tages aber rief der Verleger an und sagte: »Bis morgen muß ich den Titel unbedingt haben. Wenn Ihnen keiner einfällt, ich habe einen gefunden. Er ist einfach prima — ›Streng' die Birne an und komm zu Kies‹.«

»Sie werden mich ruinieren«, rief Hill. »Der Titel ist ja lächerlich!«

»Nun, bei dem Titel bleibt es, falls Sie mir bis morgen früh keinen besseren Vorschlag machen«, antwortete der Verleger.

An jenem Abend unterhielt sich Hill mit seinem Unterbewußtsein. Mit lauter Stimme sagte er: »Du und ich sind jetzt schon lange beisammen. Du hast schon vieles für mich getan — und einiges gegen mich. Aber jetzt möchte ich noch heute abend einen Millionen-Dollar-Titel finden. Hörst du mich?« Mehrere Stunden lang dachte Hill nach, dann ging er zu Bett. Gegen zwei Uhr morgens wachte er auf, als ob ihn jemand gerüttelt hätte. Noch halb im Schlaf schoß ihm plötzlich ein Gedanke durch den Kopf. Er sprang auf und schrieb ihn sofort nieder. Dann eilte er ans Telefon und rief den Verleger an. »Wir haben ihn«, rief er, »einen Titel, der uns Millionen bringt!« Und er hatte recht. Denn »Think and Grow Rich« (Denke nach und werde reich) ist seitdem in einer Auflage von mehreren Millionen erschienen und wurde zu einem klassischen Werk der Selbstvervollkommnung.

Kürzlich trafen Napoleon Hill und ich uns mit Dr. Norman Vincent Peale in New York zum Essen. Im Laufe der Unterhaltung erwähnte Hill, wie er auf den Titel »Denke nach und werde reich« gekommen war. Dr. Peale sagte daraufhin, ohne eine Sekunde zu zögern: »Sie haben doch dem Verleger genau das gegeben, was er haben wollte. ›Streng' deine Birne an‹ ist ein umgangssprachlicher Ausdruck für ›Den-

ke nach‹, und ›Kies‹ heißt ›Geld‹. ›*Streng deine Birne an und komm zu Kies*‹ ist also genau dasselbe wie ›Denke nach und werde reich‹.«
In diesen und in anderen Geschichten, die in diesem Buch erzählt werden, stoßen Sie immer wieder auf die Verwendung von Suggestion, Selbstsuggestion und Autosuggestion. Sie können daraus ersehen, daß die Reaktionen jedes Menschen von seinen Erlebnissen, Erfahrungen und Gewohnheiten im Denken und Handeln abhängen.
Jeder von uns vermag seine Gedanken zu lenken. Wenn wir unsere Gedanken richtig lenken, können wir auch unsere Gefühle beherrschen — und wenn wir unsere Gefühle beherrschen, können wir uns vor den schädlichen Auswirkungen jedes starken inneren Dranges schützen, der z. B. von den Instinkten, Leidenschaften und Gefühlszuständen ausgeht, die sich in unserer Erbmasse finden und die uns so häufig veranlassen, Dinge zu tun, die wir selbst nicht ganz verstehen.
Wir können uns in der Zukunft vor ernstlichen Verfehlungen schützen, indem wir uns *hohe, unverletzliche sittliche Maßstäbe setzen, denen unser Tun und Denken stets entsprechen müssen.*

Ein brennender Wunsch ließ ihn das Falsche tun

In dem Kapitel »Der Weg allen Fleisches« wurden unerlaubte Beziehungen zu Frauen, Alkohol, Betrug und Diebstahl als die vier Hauptursachen menschlichen Versagens genannt. Bei jeder dieser Ursachen spielen im allgemeinen in der einen oder anderen Form Täuschung und Betrug eine Rolle.
Nehmen wir z. B. Joe. Ich bin stolz auf ihn, denn er ist ein Mann, der einen bleibenden Sieg über sich selbst davongetragen hat. Hier ist seine Geschichte:
Joe ist einer meiner Mitarbeiter und wurde bei einer Vertreterversammlung zum Handeln angespornt. Eine schlechte Gewohnheit aber führte ihn auf die falsche Bahn. Er hatte sich nicht den unverletzlichen Maßstab der Ehrlichkeit angeeignet. Im Wettbewerb mit seinen Kollegen versuchte er die Siegerkrone zu stehlen, anstatt nach den Ehren zu streben, die ehrliches Bemühen belohnen.
In jeder dynamischen Verkaufsorganisation, die darauf abzielt, in unermüdlicher Anstrengung alle Verkaufsrekorde zu brechen, wird der Verkaufsleiter bei jeder Versammlung der Mitarbeiter versuchen, ihren Verstand und ihre Gefühle anzusprechen.

Während der Versammlung, der auch Joe beiwohnte, setzte ich sehr hohe Ziele, sowohl für die Verkaufsorganisation als Ganzes als auch für jeden einzelnen.
Bei einem solchen Treffen glaubt jeder Verkäufer, daß er das ihm gesetzte hohe Ziel erreichen kann. Wenn die Versammlung vorbei ist, so macht er sich an die Arbeit, und die für die Organisation gesetzten hohen Ziele werden verwirklicht, weil *das Unterbewußtsein jeden brennenden Wunsch zu verwirklichen sucht, wenn der Betreffende davon überzeugt ist, daß es sich um ein erreichbares Ziel handelt.*
Nach jenem Abend erzielte Joe höhere Tagesumsätze als jeder andere Vertreter in den gesamten Vereinigten Staaten. Seine Verkaufsziffern waren phänomenal. Jeder von den Hunderten von Versicherungsanträgen, die er brachte, war voll bezahlt. Bei Schluß des Wettbewerbs hatte Joe alle ersten Preise und Ehrungen gewonnen. Er war der Star unter allen Verkäufern.

Seine ethischen Wertmaßstäbe geboten ihm nicht Einhalt

Ich nahm ihn zu Vertreterversammlungen in vielen Teilen des Landes mit, und Joe erzählte jedes Mal in allen Einzelheiten, wie er seine Erfolge erzielt hatte. Was er erzählte, klang so aufrichtig und überzeugend, daß ihm jeder glaubte. Joe wurde zum Verkaufsleiter eines anderen Gebietes befördert. Als aber der Zeitpunkt kam, da die von ihm eingebrachten Versicherungsverträge hätten erneuert werden müssen, erwies sich, daß Joe ebenso ein Betrüger war wie damals jener Goldschmied. Er hatte die Geschäftsleitung getäuscht. Er hatte die Siegerkrone gestohlen. Was aber am schlimmsten war: Joe hatte sich selbst betrogen. Je mehr lügenhafte Geschichten er von seinem angeblichen Erfolg erzählte, um so mehr glaubte er selbst daran.
Seine niedrigen ethischen Wertmaßstäbe hatten ihm keinen Einhalt geboten — hohe sittliche Ansprüche hätten dies getan.
Ich war gerne bereit, Joe zu helfen, aber ich forderte von ihm die Gegenleistung: er mußte alle Preise zurückerstatten, ging aller Ehrungen verlustig und verlor sein Ansehen bei seinen Arbeitskollegen, denn der Betrug wurde offenbar, als die wirklichen Sieger geehrt wurden.
Ich bat Joe, unsere Organisation zu verlassen, bis er beweisen würde, daß er sich selbst gefunden hatte. Da die Hoffnung eine der größten Triebfedern ist, stellte ich ihm in Aussicht, daß er wieder bei uns auf-

genommen würde, sobald er sein inneres Gleichgewicht wieder hergestellt hätte. Ich riet ihm, sich in psychiatrische Behandlung zu begeben und mir regelmäßige Berichte zu senden. Ich legte ihm auch dringend nahe, dort Hilfe zu suchen, wo jeder Mensch immer Hilfe finden wird — bei seiner Kirche.

Nach dieser Erfahrung machten wir es uns nach jedem Wettbewerb zur Regel, die Abschlüsse zu überprüfen, ehe wir die Preise verteilten. Joe war jedem als ein Mann von Charakter erschienen, und um so unglaublicher war seine Handlungsweise. Um Anerkennung zu finden, hatte er doch tatsächlich die beim Abschluß fällige Prämie aus eigener Tasche bezahlt.

Es gibt viele Menschen wie Joe, deren ethische Maßstäbe unzureichend sind. Oft können sie ihre Verfehlungen nicht einmal begründen. Der wahre Grund aber ist, daß sie es versäumten, *hohe, unverletzliche Wertmaßstäbe zu finden, nach denen sie ihr Tun und Denken hätten einrichten können.*

Hohe Wertmaßstäbe schützen vor strafbaren Handlungen

Ich war hier auf ein Problem gestoßen, das so schwerwiegend war, daß es mich nicht mehr losließ.

Was sind die Gründe für einen solchen Betrug? Wie können wir ähnliche Vorfälle in Zukunft verhindern? Wie kann ich Joe und anderen wie ihm helfen? Ich konzentrierte alle meine Gedanken auf dieses eine Problem. Wie schon in vielen anderen Fällen fand ich auch hier die Antwort, indem ich den Schatz meiner Erfahrungen und die Summe meiner Kenntnisse auf das augenblickliche Problem anwandte. Ganz ähnlich hatte auch Archimedes die Lösung seines Problems gefunden, indem er seine mathematischen und physikalischen Kenntnisse anwendete.

Zu einem früheren Zeitpunkt hatte ich Emil Coués berühmtes Werk »Selbstbeherrschung durch bewußte Autosuggestion« studiert, und der in meinem Buch gebrauchte Ausdruck *Selbstsuggestion* ist gleichbedeutend mit Coués *»bewußter Autosuggestion«.*

Dr. Emil Coué wurde, wie Sie wissen, in der ganzen Welt dadurch berühmt, daß er anderen half, mittels bestimmter Aussagen, die ich als »Selbstmotivatoren« oder »Selbstansporne« bezeichne, gewisse Krankheiten selbst zu heilen und sich körperlich, geistig und moralisch gesund zu erhalten. Sein berühmtester Satz war: »*Mir geht es jeden Tag in jeder Beziehung besser und besser!*«

Ich wußte auch von hypnotischen Experimenten, bei denen dem Hypnotisierten suggeriert wurde, er halte ein Messer in der Hand und werde von einem Feind bedroht. Sobald man aber dem Betreffenden den Befehl gab: »Stich ihn nieder!«, so weigerte sich der Betreffende, diese Tat auszuführen. Sein Unterbewußtsein ließ nicht zu, daß er einen Mord beging.

Warum? Weil der unverletzliche Wertmaßstab so fest im Unterbewußtsein des Betreffenden wurzelte, daß sich diese Bewußtseinsschicht weigerte, eine Suggestion auszuführen, die diesem Maßstab nicht entsprach. Hohe Wertmaßstäbe bewahrten ihn vor einer strafbaren Handlung.

Ein Mensch, der schon einen anderen niedergestochen oder einen Mord begangen hat und der diesbezügliche Hemmungen verloren hat, würde nicht zögern, in einem Zustand der Hypnose das zu tun, was er auch bewußt tun würde.

Hohe, unverletzliche Wertmaßstäbe
machen schlechte Suggestionen unwirksam

Ich dachte lange nach, und am Schluß stand die Antwort kristallklar vor mir:

1. Was ist der Grund für einen solchen Betrug? Ich kam zu folgendem Schluß:

- Joe hatte einer Versammlung beigewohnt, bei der die mitreißende Suggestion, daß er die im Rahmen des Wettbewerbes gesteckten Ziele erreichen solle, seine Gefühle angesprochen hatte. Ein Mensch, dessen Gefühle stark erregt sind, wird dadurch besonders empfänglich für ihm angenehme Suggestionen. Joe hatte gehört, daß er Verkaufsrekorde erzielen könne, und er glaubte dies auch.

- Joe hatte sich keine hohen, unverletzlichen Maßstäbe der Ehrlichkeit gesetzt, denen sein Handeln und Denken zu entsprechen hatten. Geld hätte er zwar nicht gestohlen, wohl aber die Siegerkrone. Sein Gewissen hinderte ihn nicht daran, einen Betrug zu begehen und Versicherungsabschlüsse zu melden und einzuzahlen, die gar nicht zustande gekommen waren. Denn er hatte sich an Täuschungen dieser Art gewöhnt, zuerst in unwichtigen und später in wichtigen Dingen.

2. Wie können wir die Wiederholung eines solchen Vorfalls verhindern?

- Den Besuchern einer Vertreterversammlung muß die Wichtigkeit von Ehrlichkeit und persönlicher Integrität besonders eingeprägt werden. Besonders wirksam sind hier die folgenden Selbstansporne:
Habe den Mut, der Wahrheit ins Gesicht zu sehen!
Sei wahrhaftig!

- Jeder muß wissen, daß seine Arbeit überprüft wird, denn es ist eine wohlbekannte Tatsache, daß viele Menschen die in sie gesetzten Erwartungen nicht erfüllen, wenn sie nicht wissen, daß ihre Arbeit überprüft wird.

3. Wie kann ich Joe und anderen seiner Art helfen? Ich tat folgendes:

- Gemäß meinem Vorschlag hatte Joe eine Stelle mit einem festen Gehalt angenommen, so daß er nicht wieder in Versuchung kommen konnte. Ich schrieb ihm und ermunterte ihn, sich weiter so in seiner Stelle zu bewähren, wie ich dies seinen Briefen und denen seines Psychiaters entnehmen konnte.

- Ich legte ihm nahe, die zwei Selbstansporne auswendig zu lernen: »Habe den Mut, der Wahrheit ins Gesicht zu sehen« und »Sei wahrhaftig«. Ich gab ihm den Rat, diese Grundsätze zehn Tage lang jeden Tag, besonders morgens und abends, des öfteren zu wiederholen. Wenn dann die Versuchung, zu lügen oder zu betrügen, an ihn heranträte, sollte er sofort der Stimme seines Unterbewußtseins folgen und das Rechte tun.

- Ich sandte ihm die Artikel, in denen ich den Leser dazu anregte, hohe, unverletzliche Wertmaßstäbe der Ehrlichkeit und persönlichen Integrität zu entwickeln.

- Ein Jahr später, als sowohl er als auch sein Psychiater mir mitteilten, daß Joe jetzt soweit war, stellte ich ihn nach einem persönlichen Gespräch wieder ein. Ich ließ ihn wissen, wie stolz ich auf ihn war, daß er diesen Sieg über sich selbst davongetragen habe.

Die Entdeckung der Notwendigkeit, hohe, unverletzliche Wertmaßstäbe zu entwickeln, denen alles Handeln und Denken zu entsprechen haben, führte mich zur Entwicklung weiterer Techniken, mit denen ich vielen Menschen aller Schichten, insbesondere aber Kindern und Heranwachsenden, helfen konnte, sich selbst zu helfen.
Für mich ist dies einer der wahren Reichtümer des Lebens.
In Kapitel 13 erfuhren Sie, wie man Suggestion bei Heranwachsenden anwendet. Wahrscheinlich ist Ihnen bekannt, daß bei Kindern oft wiederholte Feststellungen eine suggestive Wirkung haben. In vielen Fällen wird ein Kind auf Behauptungen wie: »Du bist böse«, »Du bist ein Nichtsnutz«, »Aus dir wird nie etwas« so reagieren, daß diese negativen Prophezeiungen auch tatsächlich eintreten. Bei anderen Kindern können dieselben Behauptungen durchaus zur entgegengesetzten Wirkung führen, und zwar insbesondere bei einem eigenwilligen Charakter, dessen Grundeinstellung eher ein »Ich kann« ist als »Ich kann nicht«. Die negative Suggestion führt in diesem Falle dazu, daß das Kind sagt: »Dir werde ich es zeigen! Jetzt erst recht nicht!«
Im Rahmen meiner Jugendarbeit, besonders im Jugendklub von Chicago und selbst bei den Zöglingen einer Besserungsanstalt, habe ich immer wieder die Erfahrung gemacht, daß Suggestion eine große Rolle in der Behandlung sogenannter schwer erziehbarer Kinder spielen kann. Wenn ein solches Kind etwas Gutes tut und Sie säen in ihm den Samen guter Gedanken, wird es sofort positiv reagieren.
Solche Samen guter Gedanken sind z. B.: »Du machst Fortschritte. Du wirst jeden Tag besser. Ich bin stolz auf dich.«

Wie man die Macht entwickelt, die den Lauf des Schicksals ändert

Wir haben nun gesehen:

- daß der Gedanke die Macht hat, den Lauf des Schicksals zu ändern,
- daß Suggestion, Selbstsuggestion und Autosuggestion von entscheidender Bedeutung sind und
- daß zwischen dem Unterbewußtsein und dem Bewußtsein eine Beziehung besteht.

Wir haben ebenfalls festgestellt, daß man sich Zeit nehmen muß nachzudenken, wenn man ein Problem lösen will.

Der Zweck dieses Kapitels ist es, Sie zu ermuntern, sich jeden Tag Zeit zu nehmen zum Studieren, Nachdenken und Planen, um somit die Kraft zu entwickeln, die den Lauf Ihres Schicksals ändern kann. Denn, wie Dr. Alexis Carrel sagt: *Denken als Selbstzweck ist eine Art geistiger Perversion.* Auf das Denken muß das Handeln folgen.

Sie haben nun selbst gesehen, daß tägliches Studium, Nachdenken und Planen Sie instand setzen können, den Lauf Ihres Schicksals zu ändern. Vielleicht aber wissen Sie nicht, wie Sie hier vorzugehen haben.

In Kapitel 19 »Der Erfolganzeiger bringt Erfolg« werden Sie die Geschichte von George Severance und seinem »Zeitverwendungsanzeiger« finden, und Sie werden erfahren, wie Sie Ihren eigenen Zeitverwendungsanzeiger entwickeln können, der Ihnen garantiert Erfolg bringt, wenn Sie sich an die Gebrauchsanweisung halten und ihn täglich verwenden. Er wird Ihnen helfen, die drei Voraussetzungen für eine erfolgreiche Tätigkeit auf jedem Gebiet Ihrer Wahl zu schaffen, nämlich *Ansporn zum Handeln, Fachkenntnisse* und *das Wissen-Wie.*

Betrachten wir aber zunächst noch die *wahren Reichtümer des Lebens.* In Kapitel 18 finden Sie Zitate aus Briefen, in denen mir berühmte Persönlichkeiten meine Frage beantworten: »Was sind die wahren Reichtümer des Lebens?« Und Sie werden die Geschichte eines Mannes lesen, der diese Reichtümer erworben hat.

ZUSAMMENFASSUNG

Der Gedanke ist die ungeheuerlichste Kraft im Universum.
Denken Sie gütige Gedanken ... und Sie werden gütig.
Denken Sie glückliche Gedanken ... und Sie werden glücklich.
Denken Sie an Erfolg ... und Sie werden erfolgreich.
Denken Sie gute Gedanken ... und Sie werden gut.
Denken Sie böse Gedanken ... so werden Sie böse.
Denken Sie an Krankheit ... so werden Sie krank.
Denken Sie an Gesundheit ... und Sie werden gesund.

Sie werden, was Sie denken!

KAPITEL 18

Die wahren Reichtümer des Lebens

»Hallo, Jack«, sagte eines morgens um 7.30 Uhr eine Stimme am anderen Ende des Drahtes. Dieser Anruf löste eine Kette von Ereignissen aus, die das Leben des jungen Geschäftsmannes Jack Stephens völlig veränderten.
Der Anrufer war Harold Steele, der stellvertretende Direktor eines Jugendklubs in Atlanta, Georgia. Harolds Stimme klang erregt, als er erklärte: »Mein Wagen will nicht anspringen, Jack, und ich habe eine wichtige Verabredung. Ich habe versprochen, daß ich einen vier Jahre alten Jungen und seine Mutter heute morgen um 8 Uhr abholen und ins Krankenhaus bringen werde. Der Junge ist im letzten Stadium der Leukämie, und mir wurde mitgeteilt, daß er höchstens noch ein paar Tage zu leben hat. Könntest du für mich einspringen und den Jungen heute morgen ins Krankenhaus fahren? Sie wohnen nur ein paar Straßen von dir.«
Um 8 Uhr saß die Mutter des Jungen im Vordersitz von Jacks Wagen. Das Kind war so schwach, daß es mit dem Kopf im Schoß der Mutter liegen mußte. Nachdem Jack den Motor angelassen hatte, schaute er zu dem kleinen Jungen hinunter, der ihn anstarrte. Ihre Blicke trafen sich.
»Bist du Gott?« fragte der Junge.
Jack zögerte, dann antwortete er leise: »Nein, mein Junge, warum fragst du?«
»Mutter sagte, daß Gott bald kommen und mich mitnehmen würde.«
»Und sechs Tage später kam Gott in der Tat, um den Kleinen zu sich zu nehmen«, erzählte mir Jack.
Dieses Erlebnis gab Jack eine andere Richtung. Denn der Anblick des kleinen Jungen, wie er mit seinem Kopf in seiner Mutter Schoß dalag, der hilflose Blick seiner Augen und die Frage: »Bist du Gott?« mach-

ten auf Jack Stephens einen unauslöschlichen Eindruck, der ihn zwang etwas zu unternehmen.

Heute steht er aktiv in der Jugendarbeit und hat sein Leben der Aufgabe gewidmet, den Jungen in Atlanta zu helfen, anständige und vaterlandsliebende amerikanische Bürger zu werden.

Seitdem mir Jack Stephens damals seine Geschichte erzählt hat, ist sie mir oft wieder eingefallen, denn sie verdeutlicht die Macht des Gedankens. Jedermann besitzt diese Macht: die Macht, Gutes oder Böses zu denken oder zu tun.

»Bist du Gott?«

Niemand wird diese Frage an Sie richten. Aber wie Jack Stephens drängt es vielleicht auch Sie, danach zu streben, was Ihnen als *die wahren Reichtümer des Lebens* erscheint. Es gibt viele solcher Reichtümer, unter denen Sie Ihre Wahl treffen können.

Was sind die wahren Reichtümer des Lebens?

Bei einem Treffen des Vorstandes der amerikanischen Jugendklubs fragte ich General Robert E. Wood: »Wenn Sie öffentlich gefragt würden: ›Was sind die wahren Reichtümer des Lebens?‹, was würden Sie antworten?«

Ohne Zögern antwortete er: »Eine glückliche Ehe und ein glückliches Familienleben.«

Als ich heimkam, kam mir ein guter Gedanke: Warum sollte ich nicht dieselbe Frage an andere bekannte Persönlichkeiten richten — Menschen, denen es frei stand, Ziel und Inhalt ihres Lebens zu wählen. So fragte ich also Persönlichkeiten wie J. Edgar Hoover, Mrs. Franklin Delano Roosevelt und Captain Eddie Rickenbacker, die meiner Meinung nach heute in unserem Lande die drei höchstgeachteten Persönlichkeiten sind, und ich stellte meine Frage auch an die Gouverneure mehrerer Staaten. Auf den folgenden Seiten finden Sie einige Antworten, die ich erhielt. In ihrer Gesamtheit bilden diese Gedanken eine allgemein gültige Definition jeglicher Art von Erfolg.

J. Edgar Hoover:

»Ich glaube, daß einer der wahren Reichtümer des Lebens in dem Wissen liegt, daß wir durch den Dienst an unserer Nation und an der Menschheit dazu beitragen, unser kostbares Erbe zu bewahren und unsere geheiligten Freiheiten zu schützen.«

Eleanor Roosevelt:
»Der wahre Reichtum des Lebens liegt, meiner Meinung nach, in dem Gefühl, anderen Menschen geholfen zu haben.«

Eddie Rickenbacker:
»Der amerikanischen Jugend zu helfen.«

S. Ernest Vandiver, Gouverneur des Staates Georgia:
»Als ich im Zusammenhang mit einem umfassenden Programm zur Förderung der geistigen Gesundheit, das ich vor kurzem abgeschlossen habe, die Nervenheilanstalt des Staates Georgia besuchte, sah ich vor mir ein Meer von Gesichtern, die viele Jahre lang keinen Schimmer von Hoffnung ausgedrückt hatten. In diesen Gesichtern stand vordem nur die Hoffnungslosigkeit des Dahinvegetierens in einem ›menschlichen Lagerhaus‹. An jenem Tag aber sah ich Hoffnung — eine freudige, neu erweckte Hoffnung, deren Erfüllung in greifbarer Nähe lag. Für mich stellte dieses Erlebnis einen der größten Reichtümer des Lebens dar. Ein Mensch, der im öffentlichen Leben steht, besitzt unbegrenzte Möglichkeiten, die wahren Reichtümer des Lebens zu erringen, Gelegenheiten, die vielleicht größer sind als in jedem anderen Beruf.«

Michael V. DiSalle, Gouverneur des Staates Ohio:
»Zu jener Zeit, als ich noch das älteste von sieben Kindern war, gelang es meinen Eltern nur mit großer Mühe, uns durchzubringen. Während jener Tage aber lernten wir, daß — gleichgültig, wie wenig man hatte — das eigentliche Glück darin lag, mit anderen zu teilen.«

Buford Ellington, Gouverneur des Staates Tennessee:
»Einer der wahren Reichtümer des Lebens ist ein Freund. Ein Freund ist immer erreichbar. Er freut sich mit uns unseres Glückes. Er nimmt teil an unseren Enttäuschungen, und unsere Probleme sind die seinen. Selbst mit abgetragenen Kleidern und einem leeren Beutel ist man niemals arm, wenn man noch die Liebe und das Verständnis treuer Freunde sein eigen nennt.«

John Anderson jr., Gouverneur des Staates Kansas:
»Vielleicht das Wichtigste im Leben eines Menschen ist es, von seinen Mitmenschen geliebt und geachtet zu werden.«

John Graham Altman, Gouverneur des Staates Süd Carolina:
»Die wahren Reichtümer des menschlichen Lebens können am besten im Dienst an der Öffentlichkeit erworben werden. Ich meine damit durchaus nicht nur die Arbeit des Politikers.«

John Dempsey, Gouverneur des Staates Connecticut:
»Die wahren Reichtümer des Lebens sind in dem Gefühl der Befriedigung darüber zu finden, daß man seinen Mitmenschen gedient hat. Der Mensch, der sich den Dienst am Nächsten zum Hauptziel setzt, wird mit nahezu absoluter Gewißheit ein glückliches Ehe- und Familienleben genießen, und ihm werden auch all die anderen Dinge zuteil werden, die wir als die wahren Reichtümer des Lebens bezeichnen.«

Matthew E. Welsh, Gouverneur des Staates Indiana:
»Ich persönlich glaube, daß der Glaube, ein glückliches Heim und eine große Aufgabe die hauptsächlichsten Quellen eines glücklichen Lebens sind.«

Otto Kerner, Gouverneur des Staates Illinois:
»Meinem Urteil nach besteht der größte Reichtum, den ein Mensch in diesem Leben ansammeln kann, in der bleibenden Belohnung, die der Dienst am Nächsten mit sich bringt. Nur durch uneigennützigen Dienst an den anderen gelangen wir letzten Endes zur Erkenntnis unseres wahren Ichs.«

Elmer L. Andersen, Gouverneur des Staates Minnesota:
»Das Glück und der Erfolg seiner Kinder.«

Norman A. Erbe, Gouverneur des Staates Iowa:
»Für mich gehören zu den wahrsten Reichtümern des Lebens die besondere Gunst des Schicksals, an der Lösung derjenigen Aufgaben mitzuwirken, die dem bleibenden Wohl der Menschheit dienen, und die Befriedigung, die in dem Wissen liegt, daß ich helfen durfte, diese Ziele zu fördern und zu verwirklichen.«

Albert D. Rosellini, Gouverneur des Staates Washington:
»Ich stimme mit Aristoteles überein, daß Lernen die größte aller Freuden ist, und mit den Gründern unserer Nation, die an ein Leben in Freiheit und unter dem Gesetz glaubten. Dem könnte man noch hinzufügen: Gesundheit, ein glückliches Familienleben und das Vorrecht, zusammen mit anderen der Gemeinschaft dienen zu können.«

Archie Gubbrud, Gouverneur des Staates Süd Dakota:
»Gesundheit und Zufriedenheit. Diese Antwort mag sehr alltäglich klingen. Aber nach reiflicher Überlegung erscheint mir dies doch als die höchste Erfüllung aller unserer körperlichen und geistigen Wünsche.«

J. Millard Tawes, Gouverneur des Staates Maryland:
»In aller Bescheidenheit möchte ich nennen: Gott in seinem Himmel, die Verfassung der Vereinigten Staaten und die Größe der Mutter Natur.«

Farries Bryant, Gouverneur des Staates Florida:
»Das Bewußtsein, daß ich meinen Teil getan habe, ist einer der wahren Reichtümer des Lebens.«

Elbert N. Carvel, Gouverneur des Staates Delaware:
»1. Eine widerstandsfähige körperliche und geistige Gesundheit.
2. Die Gelegenheit, den Wissensdurst stets an einer reichen Quelle des Wissens stillen zu können.
3. Der volle Einsatz unserer Talente zum Wohl der ganzen Menschheit.«

Richard J. Hughes, Gouverneur des Staates New Jersey:
»Für mich bestehen die wahren Reichtümer des Lebens in einem glücklichen Familienleben, inniger und treuer Freundschaft und einem starken und dauerhaften Glauben. Inwieweit einem Menschen diese Segnungen zuteil werden und er sie als Segnungen erkennt, bestimmt den Reichtum seines täglichen Lebens.«

Jack R. Gage, Gouverneur des Staates Wyoming:
»Unter den Reichtümern muß die Gesundheit an erster Stelle stehen, als zweites folgt die Gnade, in seinem Beruf glücklich zu sein. Harte Arbeit in diesem Beruf ist dann die Voraussetzung für den ehrlichen Genuß von Erholung und Freizeit. Umgekehrt gilt natürlich, daß ohne harte Arbeit nichts Freude macht.«

F. Ray Keyser jr., Gouverneur des Staates Vermont:
»Darauf gibt es nur eine Antwort: Der Drang, den ewigen Frieden der Grundlagen menschlichen Glücks zu suchen und zu genießen.«

»Was sind die wahren Reichtümer des Lebens?« fragte ich Stanley, meinen Hotelfriseur. Er dachte lange Zeit nach. Und hier ist seine Antwort: »Das Gefühl der Zusammengehörigkeit... Güte... Suchen... und die Freude des Findens.«

Was wäre Ihre Antwort?

Die schönen Künste und die wahren Reichtümer des Lebens

Zu *den wahren Reichtümern des Lebens* gehören auch jene, die die Phantasie und den Schönheitssinn ansprechen. Bilder, Zeichnungen, Skulpturen, Architektur, Dichtung, Musik, Tanz, Theater usw. All dies zählt zu den schönen Künsten, die für viele Menschen das Leben erst lebenswert machen. Sie bringen Entspannung, Zufriedenheit und Freude, regen das schöpferische Denken an und werden zum Ansporn für Menschen aller Altersgruppen und Gesellschaftsschichten.

Es war seine Liebe zur Musik, die für ein kleines Mädchen mit Zöpfen, das zu arm war, um das National Music Camp in Interlochen besuchen zu können, zum Ansporn wurde, so vieles für so viele zu tun, als sie endlich an diesen so innig ersehnten Ort gelangte. Sie stellte ihre Zeit und ihre Talente zur Verfügung und half somit, den Traum eines bedeutenden Mannes und Tausender von Kindern zu verwirklichen. Hören wir sie selbst:

»Als ich noch Zöpfe trug und im Schulorchester einer kleinen Stadt in Missouri Saxophon spielte, war mein größter Traum, wie der von Tausenden von anderen kleinen Musikern in Amerika, einen Sommer an jenem märchenhaften Ort in den nördlichen Wäldern von Michigan zu verbringen, von dem ich nur den Namen Interlochen kannte. Für uns alle war damals Interlochen ein Zauberwort, ein Sommerlager, wo Kinder, die Musik liebten, hingehen und nach Herzenslust musizieren konnten. Für die meisten von uns war dies jedoch unerreichbar, ein unerfüllbarer Kindheitstraum, denn im Grunde unseres Herzens wußten wir alle, daß die Wirtschaftskrise die Verwirklichung eines solchen Planes unmöglich machte.«

Dies sind die Worte von Norma Lee Browning, einer Kolumnistin, die für die »Chicago Tribune« schreibt. Eines Tages waren sie und ihr Mann Russell Ogg meine Gäste beim Dinner. Sie las uns aus dem Manuskript ihres neuen Buches über Joseph E. Maddy und Interlochen vor. Sie unterbrach sich häufig, wenn ihr beim Lesen ein neuer Gedanke kam. So gleicht das Leben Enttäuschungen aus und verwandelt eine Kette unerwarteter Ereignisse in ein Kollier schimmernder Perlen. Dann las sie wieder weiter. Eine Geschichte in dem Manuskript erzählte von der bitteren Enttäuschung, als sich ihre Hoffnung auf ein Stipendium für Interlochen zerschlug. Sie schilderte dieses Erlebnis mit folgenden Worten:

»In einer der unteren Klassen der Oberschule — es war im Jahre 1932 — trat ein Ereignis ein, das mich wie ein Blitz traf. Ein kleines Mädchen namens Eleanor Cisco, das eine Klasse unter mir war und Klarinette spielte, wurde ausgewählt, nach Interlochen zu gehen.

Eleanor war die erste Klarinettistin unseres Orchesters. Ihr Bruder war Hornist, ihre Mutter eine hervorragende Pianistin und Leiterin unseres Kirchenorchesters. Ich freute mich für Eleanor, insgeheim war ich aber zutiefst enttäuscht, daß die Wahl nicht auf mich gefallen war. Ich war überzeugt, daß ich ebenso gut Saxophon spielte wie sie Klarinette. Meine Musiklehrerin erklärte mir mit großem Takt einige harte Tatsachen des Lebens und der Musik. Ich glaubte, es war zu jener Zeit, als mir zum ersten Mal aufging, daß in der Welt der guten Musik das Saxophon nicht unbedingt ein unersetzliches Instrument ist. Darüber hinaus spielte Eleanor ebenso gut Klavier wie Klarinette. Und aus diesen Gründen wurde sie für das Stipendium nach Interlochen ausersehen. Für mich als Saxophonistin bestand wenig Hoffnung, daß ich je dafür ausgewählt würde.

Als Eleanor von Interlochen zurückkam, schilderte sie das National Music Camp in den glühendsten Farben, so daß wir alle neidisch wurden. Wir hatten schon vorher von diesem Musiklager gehört, dies war aber das erste Mal, daß jemand aus unserer eigenen Stadt dort gewesen war. Obwohl ich mir bewußt war, daß für mich keinerlei Aussicht bestand, nach Interlochen zu kommen, machte diese Erfahrung einen tiefen Eindruck auf mich und wurde vielleicht zu einer der Haupttriebkräfte meines späteren Lebens.

Und zwar ganz einfach aus den folgenden Gründen: Meine Liebe zur Musik, der Klang des Wortes ›Interlochen‹, das einen Ort bezeichnete, den ich nie gesehen hatte und von dem ich nichts wußte, der aber trotzdem einen so tiefen Eindruck auf mich gemacht hatte, und die Erkenntnis, daß ich nicht gut genug spielte — all dies führte dazu, daß ich insgeheim den festen und unverrückbaren Entschluß faßte, mich eines Tages doch so auszuzeichnen, daß ich nach Interlochen käme. Obwohl man meinem Saxophon keine Aussicht gegeben hatte, jemals musikalische Lorbeeren zu ernten, übte ich nur noch mehr. Ich war fest entschlossen, Musikerin zu werden. Ich sparte jeden Cent, um ans College gehen und Musik studieren zu können.«

An diesem Punkt angelangt, schaute sie von ihrem Buch auf und sagte: »Aber ehe ich die Oberschule abschloß, sagte mir meine Musiklehrerin, daß ich viel besser Gedichte schreiben als Saxophon spielen könne, und sie gab mir den weisen Rat, Zeitungswissenschaften zu studieren. Das tat ich denn auch.«

Norma Lee Browning schloß ihre Universitätsausbildung ab, heiratete Russell Ogg, den sie an der Universität kennengelernt hatte und der jetzt ein bekannter Fotograf ist. Dann machten sich die beiden auf nach New York und bereisten die Welt als ein Schriftsteller-Fotografen-Team.

»Im Sommer 1941«, sagte Norma Lee, »fuhren Russ und ich im Auftrag von ›Reader's Digest‹ durch das nördliche Michigan. Plötzlich ragte vor uns ein Straßenschild auf, das in mir eine bittersüße Erinnerung weckte. Darauf stand:

> INTERLOCHEN
> LANDESMUSIKLAGER
> LINKS ABBIEGEN

In einem plötzlichen Anfall von Heimweh rief ich aus: ›Da *muß* ich hin. Ich will sehen, ob es so schön ist, wie ich immer geträumt habe.‹«
Wie sie in ihrem neuen Buch so schön beschreibt, übertraf die Wirklichkeit noch bei weitem die Träume des kleinen Mädchens.

Heute ist die Kette unerwarteter Ereignisse geschlossen. Ironie des Schicksals: das kleine Mädchen, dessen Familie zu arm war, um sie nach Interlochen zu schicken, und dessen Saxophon nicht als eines Stipendiums würdig betrachtet worden war, gehört nun zum Lehrkörper. Norma Lee Browning wurde als eine der ersten an die neugegründete Akademie der Schönen Künste in Interlochen berufen. Sie lehrt zwar nicht Musik, aber sie unterrichtet dort die begabten Kinder in der Kunst des schöpferischen Schreibens.

Durch ihren Einfluß als Schriftstellerin hat Norma Lee Browning Spenden in Höhe von Hunderttausenden von Dollars für die Akademie der Schönen Künste von Interlochen beschafft, und diese Schule für begabte Kinder hat ihr, mit Ausnahme von Dr. Maddy, mehr zu

Die wahren Reichtümer des Lebens 219

verdanken als irgendeinem anderen Menschen. Norma Lee Browning ist es auch, der ich einen der wahren Reichtümer des Lebens verdanke — die Bekanntschaft und enge Freundschaft mit Dr. Joseph E. Maddy, einem der bedeutendsten Männer Amerikas.

Er läßt andere Anteil haben an seiner Liebe zur Musik und findet wahren Reichtum

Haben Sie schon einmal, als Sie einen Menschen zum ersten Mal trafen, das Gefühl gehabt, daß es eine große Auszeichnung sein würde, ihn Freund nennen zu dürfen? Genau dies empfand ich, als ich Dr. Joseph Maddy zum ersten Mal traf, und genauso empfinde ich auch heute noch, nachdem ich ihn näher kennengelernt habe. Denn er ist ein Mann von Charakter, mit einer positiven geistigen Einstellung, ein Mann der Tat, der weiß, was er will, und seine Ziele auch erreicht.
Fay, seine Frau, ist eine Verkörperung all dessen, was eine gute Ehefrau und Mutter sein sollte. Musik, Fay und der brennende Wunsch, große Musiker in Amerika heranzuziehen — seine Liebe zur Musik mit der ganzen Menschheit zu teilen —, spornen diesen Menschen stetig an, das Beste herzugeben. Dr. Maddy erzählt gerne, und jeder hört ihm mit Begeisterung zu. Denn er erzählt Geschichte um Geschichte aus dem Leben der bedeutendsten Musiker unserer Zeit.
In ihrem neuen Buch beschreibt Norma Lee Browning, wie Dr. Maddy andere an seiner Liebe zur Musik Anteil haben läßt und wahre Reichtümer findet. An dieser Stelle aber möchte ich Ihnen einiges von seiner Lebensphilosophie und seinen Tätigkeiten berichten. Denn ich glaube, Sie werden so Zugang finden zu seinem *unfehlbaren Erfolgssystem, Ansporn zur Tat,* dem *Wissen-Wie* und den *Fachkenntnissen.* Ich lasse einige seiner Aussprüche folgen, die ich mir während unserer Gespräche notiert habe:
»Mein Lebenszweck ist es gewesen, die Musik zu einem Teil unseres Erziehungssystems zu machen.«
»Meine Ansichten sind alle auf Erfahrungen begründet.«
»Begeisterung ist die wichtigste Voraussetzung in der Musikerziehung.«
»Wenn wir es verstehen, unsere Schüler anzuspornen, dann haben wir auch Erfolg. Ohne das sind alle unsere Bemühungen umsonst.«
»Das ›Probiersystem‹, das wir in Interlochen entwickelt haben und das in der gesamten musikalischen Welt bekannt wurde, gibt unseren Stu-

denten den wirksamsten Anstoß, das Beste zu leisten. Jedem von ihnen wird im Rahmen eines Wettbewerbes Gelegenheit geboten, für seine Arbeit Anerkennung zu ernten.«

»Warum ich Musikerzieher wurde, ist ziemlich schwer zu erklären: Ich empfand einfach das Bedürfnis zu lehren. Mein Vater und meine Mutter waren beide Lehrer. Ich fühlte, daß ich eine gewisse pädagogische Begabung hatte. Und ein weiterer Grund, der mich dazu bestimmte, mich der Musikerziehung zu widmen, war die Tatsache, daß es mir mein ganzes Leben lang in den Fingern gejuckt hatte, jedes Instrument zu spielen, das ich sah.«

Einmal fragte ich Joe, wie ihn seine Freunde nennen: »Welcher Unterschied besteht zwischen der von dir entwickelten Lehrmethode und jener, die in Deutschland und anderen europäischen Ländern angewandt wird?«

»Die europäische Methode ist die mechanische Methode«, antwortete er. »In langwierigen und langweiligen Übungen muß der Schüler zunächst einmal lernen, die Mechanik des Instrumentes zu beherrschen. Jeder Schüler wird einzeln unterrichtet — es gibt keinen Klassenunterricht.

Ich dagegen wende die Motivationsmethode an. Zunächst einmal bemühe ich mich, meine Musikklasse mit Liebe und Begeisterung für die Musik zu erfüllen. Dann wird ein einfaches Lied vorgespielt, das jeder Student auf seinem eigenen Instrument nachzuspielen versucht.

Jedem Menschen ist es schon passiert, daß er eine beliebte Melodie hörte und sie am nächsten Morgen nachsang oder nachsummte. Meine Studenten verwandeln nur die Melodie in ihrem Kopf in die Klänge ihrer Instrumente.

Dies wird im allgemeinen als »nach dem Gehör Spielen« bezeichnet. Den Schülern macht dies großen Spaß. Von da an ist es ein leichtes, sie dazu anzuspornen, ihre Technik zu verbessern.«

Auf diese Art und Weise entwickelte Dr. Maddy die sogenannte »universale Lehrmethode«, die Grundausbildungsmethode, die in den ganzen Vereinigten Staaten angewendet wird. Schüler in großen Klassen lernen gleichzeitig an jeder Art von Instrument. Jedes Mitglied der Gruppe ist beschäftigt. Tausende und aber Tausende junger Menschen spielen heute Instrumente und spielen sie gut, weil sie sie nicht nach dem sogenannten mechanischen System, sondern mit Hilfe des Wettbewerbssystems erlernt haben.

Die wahren Reichtümer des Lebens

Dr. Maddy sagt: »Mein Beitrag zur Musikerziehung, den ich in Zusammenarbeit mit Dr. T. P. Geddings entwickelt habe, ist die wichtigste Leistung meines Lebens, denn damit habe ich es ermöglicht, daß nun alle Kleinstädte in den Vereinigten Staaten ihr eigenes Symphonieorchester besitzen und daß alle Instrumente in Schulen aller Größenordnungen gelehrt werden können.«
Er fuhr fort: »In Europa bildet man nach wie vor den Solisten aus. Hier bilden wir Orchester aus. Und heute gibt es bei uns 1400 Symphonieorchester, 80 Prozent aller Symphonieorchester der Welt. Diese Methode wenden wir im National Music Camp in Interlochen an, und ihrer werden wir uns auch an der Akademie bedienen.«
Dr. Joseph Maddy ist die Persönlichkeit, die die wahren Reichtümer des Lebens besitzt, von der ich am Ende des letzten Kapitels sprach. Denn er verwendet seine geistigen Anlagen, um zu denken und Gutes zu tun ... Er hat ein glückliches Ehe- und Familienleben ... leistet unserem Land und der Menschheit einen Dienst ... erfüllt die Bedürfnisse anderer ... hilft mit, charaktervolle Menschen heranzuziehen ... flößt Hoffnung ein ... läßt andere teilhaben ... wird bereichert durch die Freundschaft vieler treuer Freunde ... wird von seinen Mitmenschen geliebt und geachtet ... widmet sich einer großen und geliebten Aufgabe ... sieht seinen selbstlosen Einsatz von Erfolg gekrönt ... findet Glück in dem Erfolg seiner Kinder ... ist immer bereit und begeistert, Neues zu lernen ... ist gesund und zufrieden, ohne sich jedoch von dieser Zufriedenheit zur Untätigkeit verführen zu lassen. Mit einem Wort: Dr. Maddy hat viele der wahren Reichtümer dieses Lebens gefunden.
Es gibt Menschen, die hohe Ziele haben, aber trotzdem versagen. Denn sie machen niemals einen Anfang oder sie gehen nur das erste Stück Weg und geben dann auf. Vielleicht legen sie auch noch einen zweiten Teil auf der Strecke zurück — aber sie verfolgen ihren Weg nicht zu Ende. Um aber an sein Ziel zu gelangen, gleichgültig, um welches Ziel es sich handeln mag, muß man bis zum Ende gehen.

ZUSAMMENFASSUNG

Was bedeutet der Begriff der »wahren Reichtümer des Lebens« für Sie? Schaffen Sie sich ein klares Bild, indem Sie Ihre Vorstellungen schriftlich genau festhalten. Sie werden über die Fülle Ihrer Gedanken überrascht sein.

TEIL V

Wir sind am Ziel

KAPITEL 19

Der Erfolganzeiger bringt Erfolg

Sie werden Erfolg haben!
Ich wiederhole: Sie werden Erfolg haben — wenn Sie die in diesem Kapitel gegebenen *Anleitungen* befolgen. Sie erfahren hier:
Was ein Erfolganzeiger ist.
Wie man einen solchen herstellt.
Wie Sie ihn auf Ihre speziellen Bedürfnisse abstellen können.
Warum der *Erfolganzeiger* Erfolg bringt.
Und wenn Sie Ihren *Erfolganzeiger* anwenden — dann werden Sie sich selbst zu höchsten Leistungen anspornen ... schlechte Gewohnheiten ablegen und sich gute angewöhnen ... Sie werden sich von Ihren Schulden befreien ... Geld sparen ... zu Wohlstand, Gesundheit und Glück kommen ... viele der wahren Reichtümer des Lebens finden. Ich garantiere es.
Beweisen Sie es, mögen Sie jetzt denken.
Ich werde es Ihnen beweisen, wenn Sie nur eines für mich tun wollen: Machen Sie sich Ihren *Erfolganzeiger* und verwenden Sie ihn täglich, so wie es auf den folgenden Seiten beschrieben ist. Dann werden Sie den konkreten Beweis sehen, Sie werden anfangen, wichtige Veränderungen an sich selbst festzustellen. Versuchen Sie es. Sie haben alles zu gewinnen und nichts zu verlieren. Sie haben aber viel zu verlieren, wenn Sie aus Interesselosigkeit, Trägheit oder Mangel an Energie diesen Versuch nicht machen. Was Sie in diesem Fall versäumen würden, könnten Sie kaum wieder einholen.
Das Prinzip, das dem *Erfolganzeiger* zugrunde liegt, hat den unzähligen Tausenden von Menschen, die ihn benutzt haben, nur Gutes gebracht — berühmten Staatsmännern, Philosophen, Geistlichen, Menschen in allen Berufen und aller Gesellschaftsschichten.
Lesen wir aber zunächst einmal den Brief von Edward R. Dewey über

Vorzeichen, von denen wir in Kapitel 11 sprachen, denn auch dieses Wissen kann einen tiefgreifenden Einfluß auf Ihr Leben ausüben.

Vorzeichen

Würden Sie gerne wissen, wie es um Ihre geschäftlichen Aussichten bestellt ist? Es gibt viele Arten, dies in Erfahrung zu bringen. Eine dieser Möglichkeiten liegt in der richtigen Auswertung von »Vorzeichen«.
Ein Vorzeichen ist alles, was vor einem anderen Ereignis eintritt und auf dieses hinweist. So wäre eine schwarze Wolke ein Vorzeichen für Regen. Fallende Blätter geben einen Hinweis auf den nahenden Winter. Osterhasen in den Schaufenstern sind Vorboten von Ostern. In allen Fällen geht ein solches Vorzeichen dem Ereignis voraus, das Sie interessiert.
Gewisse geschäftliche Zahlenwerte haben die Tendenz, eher als andere zu sinken oder zu steigen. Das heißt, sie neigen dazu, einen Höchststand zu erreichen und wieder abzusinken (oder auf einen Tiefstand abzusinken und wieder anzusteigen), ehe der allgemeine Geschäftsverlauf dieselbe Richtung nimmt.
»Neue Aufträge für Gebrauchsgüter« ist ein wohlbekanntes Vorzeichen. Wenn die Aufträge zurückgehen, vermindert sich die Produktion, dann folgt die Entlassung von Arbeitskräften, dann kürzen die hiervon Betroffenen ihre Ausgaben, dann sinken die Verkäufe des Einzelhandels, dann schränken die Einzelhändler ihre Aufträge ein usw. usw. Weitere solche Vorzeichen sind »die geleisteten Produktionsstunden«, »die Anzahl neuer Firmen und Gesellschaften«, »die Aktienkurse«, »die Bautätigkeit«, »die Anzahl der Vergleiche und Konkurse«.
»Die Anzahl der Konkurse« (einen noch deutlicheren Hinweis gibt die Höhe der Verbindlichkeiten) sind ein Vorzeichen, das Schlechtes anzeigt, wenn die Zahl zunimmt, und Gutes anzeigt, wenn sie abnimmt.

Der Geisinger Indikator

Es gibt bestimmte Kombinationen von solchen wirtschaftlichen Ziffern, die die Tendenz der wirtschaftlichen Entwicklung sogar noch besser (und früher) anzeigen, als die allgemein bekannten Vorzeichen. Eine dieser speziellen Kombinationen wurde von Robert Geisinger entdeckt und ist als Geisinger-Indikator bekannt. Im allgemeinen zeigt dieser

Indikator Tendenzveränderungen an, und zwar neun Monate ehe sich Veränderungen in der industriellen Produktion zeigen. (»Industrielle Produktion« ist ein Maßstab für die Menge der von der Industrie produzierten Güter.)

Es gibt nur drei Menschen in der ganzen Welt, die wissen, nach welchen Grundsätzen der Geisinger-Indikator zusammengesetzt ist: Bob Geisinger, Miss Gertrude Shirk, Herausgeber von »Cycles Magazine« (680 West End Avenue, N. Y. 25, N. Y.) und ich selbst. Das »Cycles Magazine« veröffentlicht den Geisinger Indikator jeden Monat, um seinen Abonnenten zu helfen, die zukünftige Wirtschaftsentwicklung vorherzusagen.

Verständnis und Anwendung

In diesem Buch haben Sie oft gelesen, daß man die genannten Grundsätze *verstehen und anwenden* muß. Und weil das Offensichtliche durchaus nicht immer gesehen wird, möchte ich Ihnen einige Beispiele dafür geben, wie die in Ed Deweys Brief über Vorzeichen genannten Grundsätze für Ihre Zwecke zu verstehen und anzuwenden sind.

Wollen Sie wissen, was auf Sie zukommt in Ihrem geschäftlichen, familiären, gesellschaftlichen oder persönlichen Leben (körperlich, geistig und moralisch)?

Vergessen Sie nicht: *Ein Vorzeichen ist alles, was vor dem Ereignis eintritt, auf das es hinweist.* Sie müssen aber die nötigen *Kenntnisse* und das *Wissen-Wie* besitzen, um Ihre Beobachtungen richtig zu deuten. Wenn Sie nicht wissen, daß die Wolken dem Regen vorausgehen, daß fallende Blätter den Winter ankündigen, oder daß der Verkauf von Osterhasen dem Osterfest vorausgeht, so sind diese Vorzeichen für Sie völlig bedeutungslos. Wenn Sie nicht wissen, daß der Mensch ein Gewohnheitstier ist, wird Ihnen auch nicht verständlich sein, daß ihn Diebstähle zum Dieb, Lügen zum Lügner und das Bekenntnis zur Wahrheit zum wahrheitsliebenden Menschen machen.

Da es einfach ist festzustellen, welche Charaktereigenschaften Vorzeichen für einen guten Charakter und welche Vorzeichen für einen schlechten Charakter sind, können Sie ohne weiteres diejenigen Charaktereigenschaften auswählen, die Ihnen helfen werden, zu dem Menschen zu werden, der Sie sein wollen. Um aber auf ein Vorzeichen zu reagieren, müssen Sie zuerst denken.

Sie beobachten, wie etwas geschieht. Aufgrund Ihrer Erfahrung und mit Hilfe des induktiven Denkens können Sie dann logisch schließen, welche Folgen dieses Geschehnis haben wird. Wenn es Ihnen aber an der nötigen Erfahrung fehlt, so kann es geschehen, daß Sie von den falschen Voraussetzungen ausgehen und daß Sie deshalb Fehlschlüsse ziehen. Aus diesem Grunde ist es ratsam, auf die Stimme der Erfahrung zu hören, bis Sie selbst genügend Erfahrungen gesammelt haben.
Es kann auch sein, daß Ihnen ein bestimmtes Ergebnis vorliegt. Aufgrund Ihrer Erfahrung und mit Hilfe des deduktiven Denkens können Sie dann erschließen, welche Ursachen zu diesem Ergebnis geführt haben. Sobald Sie also einmal eine Ursache erkannt haben, ist Ihnen auch künftig das Vorzeichen für dieses bestimmte Ergebnis bekannt.
Ein einfaches Beispiel: Wenn einer meiner neuen Mitarbeiter die richtige geistige Einstellung zeigt, so handelt es sich um ein Vorzeichen. Wenn er sich das in unserer theoretischen Ausbildung gebotene Wissen aneignet, handelt es sich ebenfalls um ein Vorzeichen. Wenn er die von ihm gelernten Grundsätze anwendet, handelt es sich wiederum um ein Vorzeichen. Jedes dieser Vorzeichen deutet darauf hin, daß er ein erfolgreicher Vertreter sein wird.
Als ich George Severance zum ersten Mal sah, beobachtete ich, daß er ein Mann von Charakter war, eine positive Einstellung hatte, seine Arbeit liebte und ein Fachmann war. Aus diesen Tatsachen konnte ich logisch schließen, daß er in seinem Arbeitsgebiet erfolgreich war.

Der Zeitverwendungsanzeiger und das unfehlbare Erfolgssystem
Sie werden sich vielleicht erinnern, daß ich in Kapitel 3 erzählte, wie George Severance seinen »Zeitverwendungsanzeiger« entwickelte und mit seiner Hilfe erfolgreich an sich selbst arbeitete.
Nun wird Ihnen zum ersten Mal das Geheimnis seines Erfolges enthüllt:
»Das große Problem nahezu jedes Menschen«, sagte mir George einmal, »kann am Beispiel der Vertreter gezeigt werden, die sich keine Notizen darüber machen, wie groß die Zahl ihrer *tatsächlichen* Arbeitsstunden ist. Diesen Vertretern kommt niemals der Geldwert der Arbeitsstunden zum Bewußtsein, die sie verschwenden. Genau gesagt, haben sie keine Ahnung, wohin ihr Leben führt oder wie sie ihre Ziele erreichen sollen — all dies nur, weil sie keinen Zeitverwendungsanzeiger benützen.«

»Nun, und wie haben Sie dieses Problem gelöst?« fragte ich.

»Wenn man seine Tagesleistung verbessern will, dann muß man zunächst einmal unbedingt einige der Fehler und Irrtümer erkennen, die sich in die tägliche Arbeit einschleichen. Sobald man diese Fehler einmal erkannt hat, wird man sich der Notwendigkeit der Selbstvervollkommnung bewußt. Somit hilft mir mein Zeitverwendungsanzeiger, *mehr zu leisten — mit weniger Arbeit.*«

»Und wie kommt das?« fragte ich.

»Man muß im Leben klar umrissene Ziele haben. Präsident Wilson pflegte zu sagen: ›*Ohne ideale Ziele geht ein Volk zugrunde!*‹ Und ohne Bestimmungsort weiß man nicht, wohin man geht. *Jeder Mensch muß einen Lebenszweck haben.* Denn was uns morgen geschieht, hängt von dem ab, was wir heute tun und für morgen planen. Aus diesem Grunde möchte ich wissen, was ich an jedem Tag leiste, um mich somit besser für den folgenden Tag vorbereiten zu können.«

»Nun, George, erklären Sie mir einmal«, sagte ich, »wie wenden Sie eigentlich Ihren Zeitverwendungsanzeiger genau an?«

»Sie müssen bedenken, daß der Anzeiger, den ich für mich entwickelt habe, bis ins Kleinste auf mich selbst zugeschnitten ist. Jeder aber *kann genau dieselben Grundsätze anwenden*, nach denen ich vorging, und seinen eigenen *Zeitverwendungsanzeiger* ausarbeiten. Er kann jeden Menschen zu höchsten Leistungen anspornen, gleichgültig, welche Art von Tätigkeit er ausüben mag. Natürlich muß er ihn täglich benützen. Wie Sie sehen, steht auf meiner Karte: *Büroarbeit, Mittagessen oder Abendessen, Versammlungen, müßige Unterhaltungen, zu lange Kundenbesuche, Sport, Familienpflichten und lange Abende.* Betrachten Sie einmal die Eintragung »Sport«. Ich bin schon immer ein begeisterter Sportler gewesen. Ich hatte gerade erst als Vertreter angefangen, da entdeckte ich Tischtennis und Faustball. Bald fand ich auch einen Klub, in dem diese beiden Sportarten betrieben wurden. Wir pflegten uns um zwölf Uhr zu treffen, und ehe man sich versah, war es drei Uhr nachmittags geworden.«

»Und wie erscheint das auf Ihrem Zeitverwendungsanzeiger?«

»Nun, auf die Zeile ›Sport‹ trug ich ›2 Stunden‹ ein in der Spalte mit der Überschrift ›verschwendete Zeit‹. Am Ende des Monats zählte ich dann die Stunden zusammen. Dabei stellte ich fest, daß ich während meiner *Arbeitszeit* 25 Stunden Tischtennis oder Faustball gespielt hatte. Bald ging mir auf, daß ich etwas dagegen unternehmen mußte.

Mißverstehen Sie mich nicht! Ich spiele auch heute noch Tischtennis und Faustball, aber nur während der Zeit, die ich mir für Spiele und Erholung reserviert habe.«

»Und in welcher Weise hat Sie Ihr Zeitverwendungsanzeiger angespornt, dieser Verschwendung von *Arbeitszeit* ein Ende zu setzen?« fragte ich.

»Auf meiner Karte befinden sich umrandete Felder mit den Überschriften: *nötige Verbesserungen — geschäftlich* und *privat*. Unter privat vermerke ich: »Schluß mit Tischtennis und Faustball während der *Arbeitszeit!*« Selbstverständlich verschlüsselte ich diese Eintragungen, so daß niemand Einblick in meine Schwächen gewinnen konnte, wenn ich die Karte aus Versehen offen liegenließ.

Da ich jeden Tag eine neue Karte ausfüllte, wurde mir jegliche Verschwendung von *Arbeitszeit* nachdrücklich zum Bewußtsein gebracht, und ich unternahm etwas dagegen. Am Ende des Monats sah ich dann, wie viele Stunden *Arbeitszeit* ich für den Sport gestohlen hatte. Dies spornte mich an, etwas dagegen zu unternehmen.«

»Wo stand dann auf Ihrem Zeitverwendungsanzeiger die Gesamtzahl der Stunden?« fragte ich.

»Beim Zusammenrechnen der Gesamtzahl der Stunden am Ende des Monats ersetzte ich das Wort »Tag« auf der ersten Zeile der einen Seite meines Zeitverwendungsanzeigers durch das Wort »Monat« (siehe Seite 232) und setzte dann den Gesamtaufwand an Zeit an den entsprechenden Stellen ein.«

»Und welche Wirkung hatte dies auf Sie?«

»Selbstverständlich wurde mein Unterbewußtsein dadurch beeinflußt, daß ich unter der Überschrift ›notwendige Verbesserungen‹ jeden Tag die Eintragung machte: ›Schluß mit Tischtennis und Faustball.‹ Ich strebte nach Erfolg, und bald gewöhnte ich mich daran, verschwendete Arbeitszeit in nutzbringende Arbeitszeit zu verwandeln. Ich trieb zwar weiterhin Sport, aber nur in meiner Erholungszeit.«

»Verstehe ich recht, daß sich Eintragungen auf der ersten Seite Ihrer Karte auf Zeitverwendungen beziehen, *die Ihre Arbeitszeit beeinträchtigen?*

Bedeutet ›*müßige Unterhaltung*‹ etwa Zeit, die für nicht geschäftliche Gespräche aufgewendet wurde?

Bedeutet ›*zu langer Kundenbesuch*‹ Zeit, die bei Kunden verschwendet wurde?

Der Erfolganzeiger bringt Erfolg

Bezieht sich ›*Familienpflichten*‹ auf Besorgungen, die Sie während der Arbeitszeit für Ihre Familie machten?
Und ist es richtig, daß ›*lange Abende*‹ Zeit bedeutet, die Sie nach geschäftlichen Versammlungen unnötig außer Haus verbrachten, und daß die Abkürzung ›Z‹ für Ziel und ›D‹ für soundsoviel Tausende von Dollars Lebensversicherung steht?«
»Ganz recht«, sagte George.
»Was bedeutet der Untertitel ›*Abend*‹?« fragte ich.
»In meiner Tätigkeit ist es nötig, daß ich auch an dem einen oder anderen Abend Kundenbesuche mache. Mit Hilfe meines Zeitverwendungsanzeigers habe ich die darauf verwendete Zeit auf höchstens zwei Abende in der Woche statt wie früher sechs verringert. An solchen Tagen verkürze ich also meine Arbeitszeit, so daß mir noch genug Zeit zur Verfügung steht für meine Familie, für Erholung und Studium. Jeder dieser Punkte ist äußerst wichtig für ein wirklich erfolgreiches Leben.«
Dann fuhr ich fort: »Auf der Rückseite Ihrer Karte (Seite 232) führen Sie die Namen der Personen auf, die Sie besuchen wollen. ›Termin‹ zeigt dabei die vereinbarte *Uhrzeit* an, und unter ›*Bes. Zeit*‹ tragen Sie die Zeit ein, die Sie bei dem betreffenden in Aussicht genommenen Kunden verbrachten. Dann bedeutet wohl ›*W. Bes.*‹ weitere Besuche bei dem betreffenden Kunden, nicht wahr?«
»*Ja, und ich mache einen Unterschied zwischen Kundenbesuchen und Verkaufsgesprächen.* In vielen Fällen besuche ich nämlich den Betreffenden nur, ohne daß ich dabei versuche, einen Abschluß zu tätigen. Bei einem solchen Besuch hole ich Auskünfte ein oder bereite ein Verkaufsgespräch vor. Sie finden auf dieser Seite der Karte auch die Abkürzung ›*V. Abschl.*‹. Dies bedeutet die Anzahl der Versuche, einen Abschluß zu tätigen. Die Abkürzung ›*Abschl.*‹ bedeutet die Höhe der abgeschlossenen Versicherungen, die Abkürzung ›*K. Beratg.*‹ bedeutet Kundenberatung, die Abkürzung ›*Ev. K.*‹ heißt eventuelle Kunden. Unter ›*Club*‹ führe ich die Anzahl der Stunden auf, die ich im Klub verbrachte, um erfolgversprechende geschäftliche Kontakte herzustellen.«
Dann fragte ich: »Unter ›*Ersatz*‹ führen Sie dann wahrscheinlich den Kreis von Personen auf, aus dem Sie Ihre Liste in Aussicht genommener Kunden ergänzen?«
»Ja«, antwortete George, »es ist ähnlich wie bei einem Förster. Wenn

Vorderseite   Zeitverwendungsanzeiger

DURCH WISSEN ZUR SELBSTVERVOLLKOMMNUNG
ZEITVERWENDUNGSANZEIGER

Name _____ Tag _____ Datum _____
Zahl der verschwendeten Stunden _____ War der Tag gut genutzt Ja __ Nein __ Arbeitsplan

	genutzte Zeit	verschw. Zeit	Notwendige Verbesserungen	geplant	verwirkl.
1. Büroarbeit			GESCHÄFTLICH Wochenziel	Arbeitsbeginn	
2. Essenszeit					
3. Verabredungen			D	Arbeitsende	
4. Müßige Unterhaltung			Monatsziel		
1. Zu langer Kundenbesuch			PRIVAT	Abend	
2. Sport			D		
3. Familienpflichten			Jahresziel		
4. Lange Abende				Weiterbildung und Planung	
Selbstermunterung: Dein Schlüssel zur Unabhängigkeit			D		
geplant ☐   verwirklicht ☐

CHARAKTERZÜGE UND GEWOHNHEITEN
gute und weiterauszubildende   verbesserungsbedürftige und abzulegende
1. _____   1. _____
2. _____   2. _____
3. _____   3. _____

Rückseite   Erfolganzeiger

HEUTE LEISTUNG, MORGEN ERFOLG
ERFOLGANZEIGER

Kundenbesuche	Verkaufszeit		Kundenbesuche		Verkaufsgespräche		Ergebnisse				Weitere Zeitverwendung			
	Termin	Bes. Zeit	1.	2.	W. Bes.	1.	2.	W. Bes.	V. Abschl.	Abschl.	K.-Beratg.	Ev. K.	Club	Tel.	Essen
_____															
_____															
_____															
_____															
_____															

ERSATZ

	Name	Adresse	Alter	Einkommen	Kinder
1.	_____	_____			
2.	_____	_____			

Abendl. Bespr. ☐   Reisezeit ☐   Außendienst ☐   Büro ☐   Monatl. Kundenbes. ☐

Ziel ☐   Ziel ☐   Ziel ☐   Ziel ☐   Ziel ☐

man einen Baum fällt, muß man einen anderen pflanzen. Wenn ich nicht ständig für neue Namen sorgte, wäre ich bald aus dem Geschäft. Ungefähr 95 Prozent meiner Verkaufsgespräche führen schon beim ersten Mal zum Abschluß, da ich den Boden bei meinen vorherigen Besuchen vorbereite. Ich versuche es nie öfter als dreimal, mit einem in Aussicht genommene Kunden zum Abschluß zu kommen. Ich streiche dann eben seinen Namen von der Liste, denn ich will keinesfalls meine *Arbeitszeit* verschwenden.«

»Was bedeuten dann die zwei Reihen von Kästchen auf der zweiten Seite unten?«

»Die sind sehr wichtig. Man muß immer Ziele haben, und man muß sich klar darüber werden, ob man ihnen näher kommt. Da ich *jeden Tag eine neue Karte ausarbeite,* setze ich mir auch für jeden Tag bestimmte Ziele.

Wenn ich am Ende des Monats die gesammelten Karten überprüfe, dann ziehen alle Ereignisse wie in einem Film noch einmal an mir vorüber. Zuerst schämte ich mich dessen, was ich dabei zu sehen bekam. Aber weil ich mich schämte, machte ich auch Anstrengungen, mich zu bessern.«

Ohne Nachprüfen kein Erfolg!

Epiktet sagte: *Der Weg zur Hölle ist mit guten Vorsätzen gepflastert.* Er war wohlvertraut mit der Macht der Gewohnheit, und er wußte, wie schwer Gewohnheiten abzulegen sind. Auch George Severance weiß dies, ebenfalls Frank Bettger, Benjamin Franklin und auch Sie. Ich sage (und Epiktet würde mir zustimmen): Der Weg zum Himmel ist mit guten Vorsätzen gepflastert, wenn Sie Ihre Vorsätze in die Tat umsetzen und sich neue, gute Gewohnheiten anstelle Ihrer alten, schlechten Gewohnheiten zulegen.

Es mag sein, daß Sie den *Antrieb in sich fühlen,* Ihre guten Vorsätze zu verwirklichen. Vielleicht aber fehlt es Ihnen an den nötigen *Kenntnissen* oder Sie nützen die *Möglichkeiten* nicht, die Ihnen zur Verfügung stehen, so daß es Ihnen nicht gelingt, sich neue Verhaltens- und Denkweisen anzugewöhnen.

Aber Epiktet, Franklin, Severance und Bettger wußten, *was* zu tun war, und sie wußten auch, *wie* es zu tun war. Denn jeder von ihnen entwickelte und verwendete seinen eigenen *Erfolganzeiger,* der ihm half, Tag für Tag seine Vorsätze in die Tat umzusetzen. Auch Sie können sich einen solchen Erfolganzeiger herstellen, der auf Ihre besonderen Bedürfnisse zugeschnitten ist.

Was ist ein *Erfolganzeiger?* Für George Severance ist dies sein Zeitverwendungsanzeiger, für Benjamin Franklin war es ein kleines Buch. In seiner *Autobiographie* schrieb Franklin:

»Ich machte mir ein kleines Buch, in dem ich je eine Seite einer der dreizehn Tugenden zuwies. Ich unterteilte jede Seite mit roter Tinte, so daß ich sieben Spalten hatte, eine für jeden Tag der Woche, und bezeichnete jede dieser Spalten mit einem Buchstaben für den betreffenden Wochentag. Diese Spalten unterteilte ich mit dreizehn roten Linien und setzte vor jede dieser Linien den Anfangsbuchstaben der Tugenden. Wenn ich dann bei meiner abendlichen Selbstprüfung entdeckte, daß ich an dem betreffenden Tag gegen eine dieser Tugenden verstoßen hatte, so pflegte ich an die entsprechende Stelle einen schwarzen Punkt zu setzen.«

In seinem Buch »Vom Mißerfolg zum Erfolg« legt Frank Bettger genau dar, wie er Franklins Prinzip anwandte. Statt eines Buches benutzte er dreizehn Karten, die er — wie auch George Severance — praktischer fand als ein Buch. Wie George Severance und Benjamin Franklin schrieb er auf jede dieser Karten einen Selbstansporn. Auf seiner ersten Karte »Begeisterung« war der Selbstansporn: *Um begeistert zu sein — handle begeistert!*

Diese Männer verwendeten ihre Erfolganzeiger für mehrere Zwecke, u. a. auch um ihre täglichen Leistungen überprüfen zu können. Jedes erfolgreiche Unternehmen betrachtet es als unerläßlich, die Leistungen in regelmäßigen Abständen zu überprüfen. Der einzelne unterwirft seine Gewohnheiten nur in den seltensten Fällen einer solchen täglichen Prüfung. Darin aber liegt ein Geheimnis des Erfolges begründet:

Ohne Nachprüfen kein Erfolg.

Es wird Ihnen viel leichter fallen, die guten Vorsätze, die Sie zum Jahresbeginn gefaßt haben, auch in die Tat umzusetzen, wenn Sie sich selbst jeden Tag *überprüfen* und sich immer wieder von neuem bemühen.

Ehe ich Ihnen aber Hinweise gebe, wie Sie Ihren eigenen Erfolganzeiger am besten anlegen, möchte ich noch einmal die Wichtigkeit der Nachprüfung betonen. Denn Sie müssen an sich selbst und an andere glauben; dieser Glaube darf aber nicht blind sein.

Seien Sie ehrlich mit sich selbst

»Wenn Sie ein ehrlicher Mensch sind, werden Sie die einem anderen gemachten Versprechen auch erfüllen. Genauso wichtig ist es aber, daß Sie *mit sich selbst ehrlich sind*. Wenn Sie sich also ein Versprechen machen, erfüllen Sie dieses Versprechen auch! Wenn Sie sich an Ihre Versprechungen nicht halten wollen, so unterlassen Sie es doch von vornherein, Versprechungen zu machen!« sagt George Severance.

An Ihnen liegt es!

Machen Sie nunmehr ein feierliches Versprechen:
Ich verspreche mir selbst:

1. Daß ich meinen eigenen Erfolganzeiger entwerfe, ehe ich heute ins Bett gehe.
2. Daß ich die nächsten 30 Tage mindestens 30 Minuten jeden Tag dem Studium, Nachdenken und Planen widmen werde. Daß ich eine kraftvolle Anstrengung machen werde, mich selbst zu vervollkommnen und den größten Nutzen aus meinem Erfolganzeiger zu ziehen.
3. Daß ich sofort eine neue Serie von 30 Tagen beginnen werde, wenn ich an einem einzigen Tag mein Versprechen nicht halten sollte, mich eine halbe Stunde lang in der oben beschriebenen Art meiner Selbstvervollkommnung zu widmen.
4. Daß ich jedes Mal, ehe ich mich eine halbe Stunde der Selbstvervollkommnung widme, um Gottes Rat und Führung bitten und der göttlichen Macht für die mir zuteil gewordenen Gnaden danken werde (zählen Sie sie einzeln auf).

Die folgenden Hinweise können Ihnen dabei nützlich sein:
Zeichnen Sie die Karte zunächst mit Bleistift auf ein Blatt Papier. Später, wenn Sie die für Ihre Zwecke passendste Form entwickelt haben, können Sie sich die Karte vervielfältigen oder drucken lassen.

Auf der ersten Zeile sollte ein Selbstansporn stehen. Sie können dieses Motto in regelmäßigen Abständen austauschen, jedoch nicht häufiger als einmal pro Woche.

Geben Sie dem Ganzen einen passenden Namen, z. B. »Mein Erfolganzeiger«.

Wenn es Ihnen schwerfällt, selbst eine Form dafür zu finden, so können Sie aus den in diesem Kapitel gezeigten Formen die für Sie passende übernehmen.

Lassen Sie Platz frei, in den Sie entweder die Verwirklichung eines Zieles oder einen augenblicklichen Mißerfolg eintragen können. Manche ziehen es vor, statt dessen ihre relativen Fortschritte zu vermerken.

Führen Sie die positiven Charaktereigenschaften auf, die Sie erwerben wollen. Zum Beispiel, wenn Ihre Schwäche in einem Hang besteht, andere Menschen zu täuschen, so schreiben Sie an diese Stelle: »Sei wahrheitsliebend« oder »Wahrheit«.

Da das Feuer der Begeisterung nur allzu leicht erlischt, sollten Sie jeden Tag mindestens fünf Minuten lang einen inspirierenden Text lesen. Nun müssen Sie für sich selbst denken. Nur Sie haben die Macht, Ihre Gedanken zu lenken und Ihre Gefühle zu beherrschen. Aus diesem Grund müssen Sie auch ihren Erfolganzeiger selbst entwerfen, wenn er einen wirksamen Einfluß ausüben soll. Nur durch eigene Anstrengungen erreichen Sie eigenen Nutzen.

ZUSAMMENFASSUNG

Wenn Sie Ihre täglichen Gewohnheiten schriftlich festhalten, haben Sie damit das wirkungsvollste Hilfsmittel bei Ihrer Suche nach Erfolg in Händen. Wenn Sie sorgfältig Buch führen, werden diese Aufzeichnungen zu einem Spiegel jeder Ihrer Anstrengungen und jeder Ihrer Taten. Und diese Aufzeichnungen werden Ihnen eine verblüffende Kraft verleihen, Ihrem Leben eine neue Richtung zu geben. Entwerfen Sie noch heute unter Anwendung der in diesem Kapitel beschriebenen Grundsätze Ihren eigenen Erfolganzeiger.

KAPITEL 20

Der Verfasser als sein eigener Kritiker

»Ein kleiner Tropfen Tinte wird zu einem Gedanken, der Tausende, vielleicht sogar Millionen beschäftigt«, schrieb Byron in seinem »Don Juan«.
Diesen Gedanken stellte ich an den Anfang meines Buches. Denn der Zweck dieser Veröffentlichung ist es, den Leser anzuspornen:

1. Die drei einfachen und leicht verständlichen Begriffe zu lernen und anzuwenden, die für jeden Menschen und für jede Tätigkeit erforderlich sind, wenn sie von dauerndem und bleibendem Erfolg begleitet sein sollen. Diese drei Grundsätze stellen den Wesenskern meines Werkes dar. Denn jeder Mensch, der diese drei Grundbestandteile des Erfolges auf seine Tätigkeit anwendet, wird unfehlbar Erfolg haben.
   Ansporn zum Handeln: Das, was Sie zum Handeln anspornt, weil Sie handeln wollen.
   Praxis oder das Wissen-Wie: Die besonderen Methoden und Fertigkeiten, deren Anwendung Ihnen immer und in jedem Fall Erfolg sichert. Es handelt sich hier um die richtige Anwendung des eigenen Wissens. *Das Wissen-Wie wird zur Gewohnheit* durch die tatsächliche, wiederholte *Erfahrung.*
   Fachkenntnisse: Die Kenntnisse der Tätigkeit, der Dienstleistung, des Produktes, der Methoden, der Techniken und Fertigkeiten, mit denen Sie es insbesondere zu tun haben.

2. Sich jeden Tag zu bemühen, sein Wissen zu vervollkommnen und seinen Gesichtskreis zu erweitern.

3. Aus eigener Kraft ein besserer Mensch zu werden und ständig bestrebt zu sein, die Welt für sich und für seine Mitmenschen schöner und besser zu machen.

4. Die Gewohnheit zu entwickeln, nützliche Grundsätze zu entdecken, zu lernen und anzuwenden, gleichgültig, wo man auf diese Grundsätze stößt: bei der Lektüre, bei den Menschen seiner Bekanntschaft oder bei den alltäglichen Erfahrungen.

5. Zu finanziellem Wohlstand und geschäftlichem Erfolg zu gelangen, wenn auch das *Hauptgewicht auf den wahren Reichtümern des Lebens* liegt.

6. Seine Gefühle, sein Handeln und sein Leben nach einer lebendigen und kraftvollen Philosophie einzurichten, die in der Verwirklichung der ethischen Gesetze der jeweiligen Religionsgemeinschaft besteht.

7. Die wahren Reichtümer des Lebens zu suchen und zu finden.

Noch einmal: *Ein kleiner Tropfen Tinte wird zu einem Gedanken, der Tausende, vielleicht sogar Millionen beschäftigt.* Und ein Selbsthilfebuch hat dem Leben von unzähligen Tausenden von Menschen eine Wendung zum Besseren gegeben. Nehmen Sie zum Beispiel Fuller Duke.

Mein Geist hat sich geöffnet

Fuller war ein erfolgreicher Verkäufer, und er arbeitete auch mit großem Erfolg als Verkaufsleiter für mich, ehe er erblindete. Wie alle anderen Mitarbeiter, erhielt auch er in regelmäßigen Abständen Bücher zur Selbstvervollkommnung. Fuller ist glücklich verheiratet, Vater von sechs prachtvollen Jungen und fünf wundervollen Mädchen.
Und noch etwas: Fuller Duke ist von einem lebendigen Glauben erfüllt. Dies hat sich schon früher bei vielen Gelegenheiten erwiesen und trat auch jetzt wieder in einem Brief zutage, den er mir kürzlich sandte und aus dem ich den folgenden Abschnitt zitiere:
»Ich war bei einem der besten Augenspezialisten von Amerika. Er unternahm alles, um mein Augenlicht zu retten, und ich war zutiefst bestürzt, als sich bei der abschließenden Untersuchung herausstellte, daß jede weitere Behandlung und jeder weitere chirurgische Eingriff nutzlos sein würden.
Ich fragte mich, was nun in Zukunft werden solle: eingedenk der Tatsache, daß jede Widrigkeit des Schicksals in sich den Keim eines gleich großen oder sogar noch größeren Vorteils birgt, und unter Anwen-

dung des unfehlbaren Erfolgssystems wurde ich *zum Handeln angespornt* und machte mich sofort daran, das nötige *Wissen-Wie* und die erforderlichen *Fachkenntnisse* zu erwerben, mit deren Hilfe ich den Umfang der mir durch mein Schicksal auferlegten Beschränkungen feststellen konnte. Tiefbewegt kam ich zu dem Schluß, daß ich mich nur auf einem Umweg zu meinem endgültigen Ziel befinde.
Seit dem letzten Donnerstag habe ich mit vielen Fachleuten, Männern in leitenden Positionen und Geschäftsleuten gesprochen und dabei erfahren, daß ich in einem dreimonatigen Kurs sowohl die Blindenschrift als auch ohne die Hilfe anderer allein zu reisen lernen kann — kurz gesagt, daß ich in dieser Zeit lernen kann, ein normales Leben zu führen. Mein Denken ist durch und durch positiv, und mir sind viele neue Einfälle gekommen...
Selbstverständlich werde ich meine Suche nach Heilung niemals aufgeben. Ich hoffe, daß auch ich meine positive geistige Einstellung darlegen kann, indem ich beweise, daß ich auch jetzt noch fähig bin, Erfolge zu erzielen.
Es ist meine feste Überzeugung, daß die Zeit der Wunder noch nicht vorüber ist und daß, wenn Gott so will, die Gebete meiner Familie und Freunde erhört werden.
Wenn auch meine Augen geschlossen worden sind... mein Geist ist geöffnet worden.«
Die beste Methode für Sie und mich, unseren Geist offenzuhalten, ist, uns weiterzubilden.

Erweitern Sie Ihren Gesichtskreis

»Unter Erziehung verstehen wir die Entwicklung der edelsten Eigenschaften des einzelnen. Wir suchen das geistige, körperliche und moralische Wohl des Kindes zu fördern!« sagt Dr. K. Richard Johnson, Präsident der Pädagogischen Hochschule in Illinois.
Und Paul Molloy erzählt uns in seinem lustigen und lebenswahren Buch »And Then There Were Eight« (Und dann waren es acht, Double Day & Co. New York):
»... die wirkliche Erziehung des Kindes beginnt nicht erst in der Schule oder Kirche; sie beginnt auf den Knien der Mutter.«
»... wenn sich Eltern und Kinder besser zusammenrauften, dann wäre

es später weniger wahrscheinlich, daß sie jeden Kontakt zueinander verlören.«

». . . ich weiß zwar nicht, was die Jugendpsychologen dazu sagen würden, wir aber haben nach der Theorie gehandelt, daß ein Kind, das gescheit genug ist, gekochte Rüben abzulehnen, wenn sich Plätzchen auf dem Tisch befinden, auch gescheit genug ist, seine Spielsachen selbst aufzuräumen.«

Und was mich betrifft, so erscheint mir der Rat eines Mannes, der selbst Kinder hat und Erfahrung, wie man sie aufzieht, wertvoller zu sein als der Rat eines Kinderpsychologen, der Vorschriften über Kindererziehung macht, ohne selbst je Kinder aufgezogen zu haben.

Aus diesem Grunde fühlte ich mich auch berufen, dieses Buch zu schreiben. Denn wenn es darum geht, Menschen aller Berufe und Gesellschaftsschichten zum Guten anzuspornen, so habe ich die nötige Erfahrung, die erforderlichen Kenntnisse und das Wissen-Wie gesammelt.

Der strenge Erzieher mit dem guten Herzen

Arthur Ward ist der Leiter der Erziehungsanstalt von Chicago. Er ist bekannt als der »strenge Erzieher mit dem guten Herzen«. Mehr als ein Drittel seiner Zöglinge sind Gewohnheitstrinker — wie auch Ward es war. Durch den Zuspruch seiner Frau und seines geistlichen Beraters gewann er aber den Mut, »nein« zur Versuchung des Trinkens zu sagen; und da er ein Mensch ist, der etwas aus sich gemacht hat, kann er auch diejenigen begeistern und zum Guten führen, die vom gleichen Laster heimgesucht sind, das er überwand.

Er weiß, daß *Hoffnung* ein Zauberwort des Ansporns ist, und auf dieser Grundlage entwickelte er sein *Unternehmen Hoffnung*. Wenn seine männlichen und weiblichen Zöglinge die Anstalt verlassen, dann legen sie Wert auf ihre äußere Erscheinung und tragen in ihrem Herzen eine Philosophie der Hoffnung. Denn im Rahmen des *Unternehmens Hoffnung* wurde jeder von ihnen neu eingekleidet, und jeder von ihnen wurde mit den Grundsätzen des Erfolges durch positive Geisteshaltung vertraut gemacht.

»Man könnte sagen, daß das Thema *Unternehmen Hoffnung* die Geschichte meines Lebens bildet«, sagt Ward. »Für mich stellt dies den wahren Reichtum des Lebens dar — die Belohnung dafür, daß man anderen geholfen hat, den besten und vollsten Anteil am Leben zu haben.«

ZUSAMMENFASSUNG

Dieses Kapitel stellt eine Zusammenfassung der ganzen Buches dar. In ihm treten die Strömungen zutage, die sich verborgen durch das ganze Buch ziehen. Die wahren Reichtümer des Lebens wurden in den Mittelpunkt gerückt. Denn wenn Sie diese suchen, werden Sie auch zu Wohlstand und Erfolg gelangen.

In einer seiner Reden gab Gouverneur Price Daniel von Texas das folgende Beispiel: »Ein südamerikanischer Politiker, der uns vor vielen Jahren besuchte, wurde gefragt, warum der materielle Fortschritt Nordamerikas den von Südamerika so weit übertroffen habe. Er antwortete darauf: ›*Die Menschen, die Nordamerika besiedelten, suchten Gott. Die nach Südamerika kamen, suchten nach Gold!*‹«

Der Schatz ist gefunden...

Eine alte Hindu-Legende erzählt:

Als die Götter die Welt schufen, sagten sie: »Wo können wir die wertvollsten Schätze verbergen, so daß sie nicht verlorengehen? Wie können wir sie verstecken, so daß die Lust und die Begierde der Menschen sie nicht stehlen oder zerstören können? Was können wir tun, um sicherzugehen, daß diese Reichtümer von Generation zu Generation vererbt werden zum Nutzen der Menschheit?« Und so wählten sie in ihrer Weisheit ein Versteck, das so augenscheinlich war, daß es niemand sah. Dorthin brachten sie die wahren Reichtümer des Lebens, die die magische Eigenschaft besitzen, sich immer wieder selbst zu ergänzen. In diesem Versteck kann jeder Mensch in der ganzen Welt diese Schätze finden, wenn er das *unfehlbare Erfolgssystem* anwendet.

DIE WAHREN REICHTÜMER
DES LEBENS
SIND IM HERZ UND IM GEIST
DER MENSCHEN VERBORGEN!

UNSERE REIHE AKTUELLER SACHBÜCHER
in Balacron mit Goldprägung und cellophaniertem farbigem Schutzumschlag

Dr. phil. Heinz Ryborz **DIE UNIVERSELLEN KRÄFTE IHRER PSYCHE**

Prof. Ryborz zeigt in diesem Buch seine in der Praxis bewährten Methoden der Entspannung und Meditation auf. Mit Hilfe dieser Techniken kann jedermann die universellen seelisch-geistigen Kräfte sowie auch das Niveau seiner Bewußtheit optimal entwickeln und im Leben entfalten. Konkrete Anleitungen, einfache Techniken, erstaunliche Wirkungen. 228 Seiten, 4 Abbildungen, Best.-Nr. 1195.

Dr. phil. Joseph Murphy **DIE MACHT IHRES UNTERBEWUSSTSEINS**

Unser Unterbewußtsein lenkt und leitet uns, ob wir wollen oder nicht. Dieses leichtverständliche Buch des dreifachen Doktors zeigt, wie wir die unermeßlichen Kräfte des Unterbewußtseins nach unserem Willen und für unsere Ziele nutzen und für uns schöpferisch einsetzen können. 245 Seiten, Best.-Nr. 1027.

Claude Bonnafont **DIE BOTSCHAFT DER KÖRPERSPRACHE**

Worte täuschen nur zu oft, Signale des Körpers nicht. Die bekannte Psychologin hat aufgezeichnet, was für Sie Informationswert hat. Anhand von Haltung und Bewegung, von Gebärden, Mienenspiel und zutage tretenden Vorlieben usw. erkennen geschärfte Beobachter erst die wahren Absichten und nutzen ihr Wissen privat und im Berufsleben. 263 Seiten, Best.-Nr. 1191.

A.-M. Cobbaert **GRAPHOLOGIE**

Für den Kenner ist die Schrift ein zuverlässiges Mittel, andere (und sich selbst) im Innersten zu erkennen: sie enthüllt Temperament, Charakter, Gesundheit, Talente, ja sogar Vorleben und Zukunftschancen. Hier ist jetzt das leichtverständliche Expertenhandbuch, das jeden zum Kenner macht. 290 Seiten, 270 Schriftproben, Best.-Nr. 1089.

Dr. phil. J. Brothers **IN 10 TAGEN ZUM VOLLKOMMENEN GEDÄCHTNIS**

In diesem Buch verrät die bekannte Psychologin und Gewinnerin der 64.000-Dollar-Frage im amerikanischen TV-Quiz ihr „Rezept", ein normales Gedächtnis in kürzester Zeit auf Superform zu trainieren. Ihre Methoden kann jedermann anwenden. 236 Seiten, 69 Abbildungen, Best.-Nr. 1031.

H. W. Gabriel **MACHT UND EINFLUSS ÜBER ANDERE**

Dieses Buch bietet einen bis in alle Einzelheiten ausgearbeiteten Plan, der uns zeigt, was wir tun und sagen, wie wir denken und sein müssen, um Persönlichkeitsmacht zu gewinnen und eine Machtpersönlichkeit zu werden. Ihr fällt der Erfolg, wie das Buch an vielen Beispielen zeigt, mühelos zu. 243 Seiten, Best.-Nr. 1009.

Werner J. Meinhold **SPEKTRUM DER HYPNOSE – DAS GROSSE HANDBUCH**

Ein Standardwerk, das bisher fehlte: es ist eine unentbehrliche Hilfe für jeden heilkundlich und pädagogisch Tätigen und zugleich ein faszinierendes Buch praktischer Lebenshilfe für jedermann. Von Prof. Dr. D. Langen empfohlen. Konkrete Techniken und Suggestionsformeln zur Anwendung im Alltag und auf Fachgebieten. Mit Register und Begriffserklärungen. 456 Seiten, Best.-Nr. 1207.

ARISTON VERLAG · GENF
CH-1225 GENF · RUE PEILLONNEX 39 · TEL. 022/48 12 62